**RELIURE SERRÉE
ABSENCE DE MARGES INTÉRIEURES**

VALABLE POUR TOUT OU PARTIE DU DOCUMENT REPRODUIT

Couvertures supérieure et inférieure
manquantes.

EN ÉGYPTE

ET

EN PALESTINE

EN ÉGYPTE
ET
EN PALESTINE

~~~~~~~~

SOUVENIRS DU PÈLERINAGE DE 1891

PAR

UN PÈLERIN LYONNAIS

DELHOMME ET BRIGUET, ÉDITEURS

Paris | Lyon
13, rue de l'Abbaye, 13 | 3, avenue de l'Archevêché, 3

1892

BESANÇON. — IMPR. ET STÉRÉOTYP. DE PAUL JACQUIN.

AVANT-PROPOS

Je viens de prendre part au dixième pèlerinage de pénitence en Terre Sainte, organisé par les Révérends Pères Augustins de l'Assomption. Nous n'avons pas fait ce que l'on est convenu d'appeler un « Voyage en Orient, » car nous n'avons visité ni Damas, ni les montagnes du Liban, ni Constantinople, ni Athènes. Peut-être, une autre année, le pèlerinage ira-t-il dans ces contrées, où l'on rencontre une foule de souvenirs chrétiens. Notre but a été simplement de parcourir les lieux sanctifiés par le divin Maître, ces lieux qui ont vu éclore la religion à laquelle nous devrons un jour le bonheur du ciel. Au départ, nous avons cependant fait un détour par l'Egypte, afin d'y vénérer les souvenirs de la Sainte Famille. Pourrait-on le regretter? Ce détour n'était-il pas le complément obligé de notre pèlerinage? Nous cherchions la trace des pas de Notre-Seigneur Jésus-Christ, et nous l'avons rencontrée partout où nous sommes allés. A Nazareth, à Tibériade, en Samarie, à Jérusalem, à Bethléem, au Jourdain, tout nous a parlé du Sauveur. Ici, il est né; là, il a vécu; c'est ici qu'il est mort; c'est par là qu'il a passé durant ses courses apostoliques. Aussi notre cœur a-t-il été rempli d'inoubliables consolations. « C'est le plus beau voyage que l'on puisse faire avant celui du ciel, » a dit l'auteur d'un rapport lu en présence de S. E. le cardinal-archevêque de Lyon, le 24 août 1891. Rien de plus vrai.

J'avais voulu fixer dans des notes, entièrement personnelles, les impressions et les incidents de notre pèlerinage, aussi bien que l'aspect des lieux que j'ai visités. Au bout de trois mois, quand on me demandait le récit de mon voyage, je prêtais mes notes et me dispensais d'entrer dans de longs détails. Ces notes tombèrent un jour entre les mains d'un ami. Il les trouva, paraît-il, intéressantes, et exigea de moi une promesse de les publier. J'avais confiance en son jugement, d'autant plus qu'il n'épargnait pas la critique à certains passages; je cédai à ses instances.

Il a donc fallu modifier sensiblement mes pauvres notes. Il y avait à corriger le style, chose beaucoup plus difficile que de refondre complètement le travail. Mon ami a bien voulu se charger de ce soin. A lui était la faute, à lui a été la pénitence. D'autre part, il m'a paru nécessaire d'établir des divisions par chapitres: la clarté l'exigeait. Voilà pour la forme.

Quant au fond, j'ai dû, dans la rédaction de ces notes, me proposer un but bien déterminé. J'ai voulu essayer, non seulement d'intéresser et d'instruire le lecteur, mais encore de lui inspirer le désir de faire à son tour le pèlerinage de Terre Sainte. Le but est bien vaste peut-être ; mais, si je pouvais réussir quelque peu, je serais largement récompensé de mon travail.

J'ai voulu distraire, et pour cela, j'ai laissé la plupart des anecdotes qui se trouvaient dans les notes intimes.

J'ai voulu instruire ; c'est pourquoi j'ai introduit quelques détails dans les descriptions et cru bon de donner quelques aperçus historiques, sans m'engager toutefois dans de longues dissertations. Je ne suis pas en effet un savant ; je ne donne pas d'aperçus nouveaux ; mon seul mérite, si mérite il y a, c'est d'avoir réuni en un seul volume, de peu d'étendue, des détails épars dans d'autres ouvrages parfois considérables.

Enfin, je voudrais inspirer le désir de faire le pèlerinage des Lieux saints. Ceux qui se proposent de visiter la Palestine hésitent ordinairement entre ces deux manières de faire le voyage : suivre le pèlerinage annuel de pénitence, ou partir en simple caravane avec quelques amis. Je n'hésite pas, pour mon compte, à conseiller la première manière. La seconde ne peut guère convenir qu'à ceux qui ont de la fortune. Or, même en partant avec le pèlerinage, ces derniers pourront toujours se procurer, avec leurs ressources, les soulagements dont ils auraient joui en simple caravane. D'autre part, comme les petits désagréments inhérents à une caravane nombreuse seront largement compensés par les avantages du pèlerinage ! Le pèlerin sentira sa piété et sa foi se développer ; son patriotisme sera grandement satisfait ; et ne sera-ce pas pour lui une consolation, au milieu des épreuves de l'heure présente, que de pouvoir se dire : j'ai contribué à faire respecter et aimer en Orient le catholicisme et la France ? Il ne faut point l'oublier : un voyage est un agrément personnel, un pèlerinage est une manifestation. Aux yeux des Orientaux, notre pèlerinage personnifie et incarne en lui-même la France catholique. Quand nous passions dans les rues d'Alexandrie, du Caire, de Jérusalem, ce n'était pas *nous* qui passions, c'était la *France catholique.* Quant à ceux que Dieu n'a pas favorisés des dons de la fortune, ils ne peuvent que partir avec le pèlerinage, mais presque tous le peuvent. Les Pères de l'Assomption donnent des billets de passage gratuits, et il est assez facile d'en obtenir un. Alors, si l'on sait se borner, la dépense sera peu considérable. L'auteur du rapport dont j'ai parlé tout à l'heure signale un jeune homme qui, en faisant la course de Tibériade, n'a pas dépensé plus de trois cents francs. On s'imagine parfois que ce voyage présente de grandes difficultés. Je suis entré, à ce sujet, dans quelques détails pratiques sur la manière de s'y prendre. Je n'ai pas tout dépeint en beau ; on ne m'aurait peut-être pas cru. Mais en signalant les difficultés que l'on peut rencontrer, j'espère avoir montré qu'elles ne sont pas trop grandes, et qu'avec un peu de courage on peut aisément les surmonter. D'ailleurs, j'ai fait le voyage complet. En n'en faisant que la partie la plus intéressante, Nazareth, Jérusalem, — et même Tibériade, si l'on n'est pas absolument trop faible de santé, — on n'a aucune inquiétude à avoir.

Le respectueux souvenir que j'ai gardé de NN. SS. les évêques, du R. P. Bailly, et de quelques autres personnes, m'avait amené à en esquisser dans mes notes un portrait destiné à les rappeler souvent à ma mémoire et à mon cœur. Je n'ai pas cru devoir supprimer ces portraits en livrant ces notes au public. Si leur modestie s'en trouve blessée, qu'ils veuillent bien me pardonner. Faut-il ajouter, au risque d'aggraver encore ma faute, que tout ce que j'en ai dit est au-dessous de la vérité?

Naturellement, puisque je m'adressais au public, il m'a fallu reviser les descriptions, la partie historique et critique, ainsi que les détails techniques. Dans ce travail, — je le dis une fois pour toutes, afin de ne pas surcharger le texte de notes trop considérables, — je me suis servi des ouvrages suivants :

1° Liévin, *Guide Indicateur des Sanctuaires et Lieux historiques de la Terre Sainte*, 3 vol. in-12, 1887. C'est dans cet ouvrage que j'ai pris la plupart des renseignements techniques sur la population, les dimensions des édifices, etc.

2° Mislin, *les Lieux Saints*, 3 vol. in-8°, 1876.

3° Victor Guérin, *la France catholique en Egypte*, in-8°, 1889.

4° L'abbé Vachet, *Pèlerins et Touristes*, 2 vol. in-8°, 1885.

5° R. P. Ollivier, *la Passion*, in-8°, 1891.

6° Fouard, *Vie de Notre-Seigneur Jésus-Christ*, 2 vol. in-12, 1890.

7° Enfin, plusieurs récits des derniers pèlerinages, lesquels m'ont permis de m'assurer que mes appréciations et mes impressions n'étaient pas trop en désaccord avec celles de mes devanciers.

Afin de compléter le travail, j'ai donné, dans les appendices, les chants et les poésies que nous avons entendus durant notre pèlerinage, et qui nous ont le plus charmés. Je remercie ici les auteurs de m'avoir permis de les publier.

J'espère avoir été exact. S'il m'est arrivé de me tromper, c'est de bonne foi, et je me déclare prêt à rétracter tout ce qui pourrait sortir de la plus entière vérité.

En partant, je m'étais dit :

> Je reviendrai dans peu conter de point en point
> Mes aventures à mon frère.
> . . . .
> Je dirai : j'étais là ; telle chose m'advint.

Je pensais alors à ma famille, à mes amis, à ceux que je reverrais au retour. Voilà pourquoi mon petit carnet ne me quittait pas et devenait chaque soir le confident de mes pensées. J'étais loin de me douter que cette intimité serait un jour trahie ! Cher lecteur, je n'ose ajouter, comme dans la fable :

> Mon voyage dépeint
> Vous sera d'un plaisir extrême.
> . . . .
> Vous y croirez être vous-même.

Je n'ai certes pas cette prétention. Je ne vous demande qu'un peu de patience et beaucoup d'indulgence. Puissiez-vous vous dire, après avoir lu : « Eh bien ! allons voir, nous aussi, si tout ce que dit ce livre est vrai ! *Transeamus usque Bethleem !* » (*Luc.*, II, 15.)

Le 25 décembre 1891.
En la fête de la Nativité de Notre-Seigneur.

EN ÉGYPTE & EN PALESTINE

SOUVENIRS DU PÈLERINAGE DE 1891

CHAPITRE PREMIER

LE DÉPART

Les pèlerins lyonnais, qui avaient voulu profiter des billets à prix réduit concédés par la compagnie P.-L.-M., devaient prendre, à Perrache, le train de 8 heures 7, le jeudi 9 avril 1891. Quelle date! Elle fera certainement époque dans ma vie! C'est qu'en effet le pèlerinage de Jérusalem ne se fait, en général, qu'une fois; un prêtre n'a ordinairement ni les loisirs ni les ressources nécessaires pour entreprendre plus souvent ce voyage lointain. Et cependant, que de facilités y ont apportées le progrès moderne avec la vapeur, et les Pères de l'Assomption avec leur direction éclairée [1]!

Donc, à sept heures et demie, je me trouve à la gare; je retire mes bagages, que j'avais consignés au dépôt; et après avoir salué quelques amis, qui causent devant

---

[1] Voyez l'appendice A.

leur compartiment, j'en choisis un où je puisse m'étendre un peu et dormir. Malheureusement, j'ai pour voisins des jeunes gens qui chantent et s'amusent ; et je n'ose point affirmer qu'ils ne l'aient pas fait pour m'être désagréables. Je ne puis m'empêcher de penser à la triste situation de l'Europe actuelle au point de vue chrétien. Manquer de respect à la religion et à ses ministres est, aux yeux d'un trop grand nombre, une plaisanterie inoffensive, dont on aurait bien tort de se fâcher. Pour un peu, ces braves gens diraient : « Il faut bien que la jeunesse s'amuse ; bah ! ce sont des enfants ! » Au fait, la chose importe peu en elle-même. Mais ce qui est profondément triste, c'est l'état d'esprit que dénotent ces enfantillages. Notre esprit moderne est tout imprégné de rationalisme ; il est égaré par la lecture quotidienne des mauvais journaux : de là viennent toutes nos misères au point de vue moral et religieux. En Orient, au contraire, prêtres, popes, rabbins, ulémas (1), sont environnés du respect de tous, au moins extérieurement. Un musulman n'injurie pas un prêtre, quel qu'il soit. Si c'est un prêtre de sa religion, il l'aime ; si c'est un prêtre d'une religion étrangère, il pourra le haïr, le maltraiter à l'occasion, mais se moquer de lui, jamais ! Et pourquoi cela ? Parce que ces peuples sont neufs et ont le culte des traditions ; parce qu'ils n'ont pas encore éteint au fond de leur cœur ce sentiment que la nature elle-même y a déposé, et qui nous enseigne le respect à l'égard de Dieu et de ceux qui en tiennent la place sur la terre. Il est convenu d'avance que les Orientaux sont des barbares, et que nous devons leur porter le flam-

---

(1) Popes, prêtres grecs ; — rabbins, docteurs juifs ; — ulémas, docteurs musulmans.

eau de la civilisation. Soit ; qu'on leur procure le bienfait des inventions modernes, mais qu'on laisse aux missionnaires le soin de former leur esprit. Et puis, ne soyons pas si dédaigneux à l'égard de ces peuples ; il y a du bon chez eux, et peut-être ne ferions-nous pas mal de leur faire quelques emprunts.

Cependant la locomotive m'entrainait le long de la vallée du Rhône. Un arrêt à Montélimar vint m'arracher à ces réflexions peu gaies ; mes voisins débarrassèrent la place, et je pus enfin reposer. Vers cinq heures et demie, au matin du 10 avril, nous débarquons à Marseille. Le ciel est gris et maussade ; de temps en temps, quelques gouttes de pluie viennent nous rappeler que nous ne sommes pas encore en Orient.

Au sortir du compartiment, il m'est facile de distinguer les pèlerins des autres voyageurs, rien qu'au nombre de malles et de colis qu'ils portent avec eux. Plusieurs Pères de l'Assomption sont venus à notre rencontre. Les omnibus sont rangés en ordre de bataille devant la gare, tout prêts à nous recevoir. Nous nous y empilons, et vite au *Poitou*.

Les rues boueuses que nous traversons nous donnent une piètre idée de Marseille. Heureusement que toute la ville n'est pas là, et que la Cannebière n'a rien de commun, sans doute, avec ces chemins malpropres ; autrement les Marseillais n'auraient pas le droit d'être fiers ! Une demi-heure plus tard, les voitures nous déposent à l'entrée du *Poitou*.

Tout d'abord, il faut aller réclamer son numéro de cabine. Il nous est remis par des pèlerins dévoués, arrivés dès la veille. Pour moi, je reçois le numéro 239. Comme le *Poitou* est amarré au quai, il est facile de l'escalader. A l'entrée, se tient gravement assis devant une table le restaurateur. Il indique à chacun l'endroit du bateau où se trouve sa cabine; des garçons de service vous y conduisent. Le numéro 239 se trouve dans le faux pont d'avant. Je m'y rends, je dépose mes bagages, et sans éprouver d'autre impression pour le moment, je me hâte de revenir prendre une voiture pour aller à Notre-Dame de la Garde. J'en descends au bas d'un petit jardin, dans lequel j'entre avec mes compagnons. Il faut monter et monter longtemps avant d'arriver même au pied du sanctuaire. Enfin, au bout de vingt minutes, je rencontre un escalier qui aboutit à la basilique. J'entre dans la crypte et je suis assez heureux pour pouvoir célébrer la sainte messe presque aussitôt. Elle m'est servie par un brave homme, qui vit des petites étrennes qu'on lui donne à cette occasion.

Après la messe, je monte à l'église supérieure, dont on achève en ce moment les mosaïques. Là se trouvent réunis les pèlerins pour la première fois. La messe est presque achevée : j'ai donc manqué l'allocution de Monseigneur de Tulle. J'aurai l'occasion de l'entendre souvent durant le pèlerinage. Après le dernier évangile, Monseigneur donne la bénédiction du saint Sacrement, et le R. P. Bailly, directeur spirituel du pèlerinage, s'avance à la table de communion pour nous donner les premiers avis. Ils peuvent se réduire à deux : nous avons d'abord à faire tous le sacrifice de notre vie : dans un voyage comme celui-ci, il faut être prêt à toute éventualité, et si Dieu voulait choisir parmi nous une victime d'expiation, nous devrions accepter avec bonheur. Le second avis était que, le bateau partant à dix heures et demie, il ne fallait pas nous mettre en retard. Cet avis était nécessaire : l'année dernière, certains pèlerins, pour l'avoir négligé, durent attendre le bateau suivant, et arrivèrent avec un retard de quinze jours.

On nous lit alors un bref de Léon XIII, approuvant le pèlerinage, le bénissant et lui accordant un grand nombre de faveurs spirituelles : permission pour les prêtres de célébrer chaque jour le saint sacrifice ; autorisation de conserver le saint Sacrement dans un endroit convenable, et de donner la bénédiction chaque soir; et enfin, pouvoir au R. P. Directeur de déléguer, pour la confession des pèlerins, les prêtres qu'il croira utile. Le R. P. Bailly a usé le plus largement possible de cette dernière autorisation, et tous nous avons conservé les pouvoirs que nous avions dans nos diocèses respectifs.

A la fin de cette lecture, Mgr Denéchau bénit les croix, et nous allons les recevoir à la table de communion, au chant des croisés : *Dieu le veut! Dieu le veut!* On avait été obligé de nous prier de ne pas les mettre sur nos poitrines dans la ville de Marseille. Eh! quoi donc? la croix risquerait-elle d'être insultée à Marseille plus que dans l'Egypte musulmane, ou dans la Jérusalem juive? Il le faut bien, puisqu'on a cru cette précaution nécessaire. Et la liberté de conscience est un dogme de la république! allons donc! En conséquence, je serre pieusement ma croix dans mon porte-monnaie, jusqu'à ce que je sois sur le *Poitou*, hors de la portée de nos chers libres penseurs, et je vais prendre mon déjeuner dans un petit restaurant situé à gauche de la basilique. Bien m'en a pris, car sur le bateau, le premier repas n'a été servi qu'à midi et demi.

C'est en omnibus et en tramway que je rejoins le *Poitou*, vers dix heures. J'achète un pliant [1], et je reste

---

(1) Le pliant est un petit meuble nécessaire pendant la traversée, car les bancs du navire ne sont pas suffisants pour tous les pèlerins. Il faut avoir soin d'y mettre son nom, si l'on veut le retrouver facilement.

sur le pont en attendant l'arrivée de Mgr l'évêque de Marseille. Vers onze heures, il arrive; presque aussitôt commencent les exorcismes du navire. Ils sont très longs, mais aussi fort beaux. Tous les esprits bienheureux, les anges et les saints, sont tour à tour invités à venir protéger notre vaisseau, et le malin esprit est sommé, au nom de Dieu, de le respecter. On dirait qu'à la voix du Pontife, Dieu retire à Satan le pouvoir qu'il lui donne quelquefois sur les éléments. C'est debout, sur le gaillard d'arrière, et dans un silence ému et respectueux, que nous assistons à cette cérémonie. Monseigneur bénit ensuite les deux grandes croix du pèlerinage; une messe basse est célébrée, et Notre-Seigneur vient prendre possession du navire qu'il doit habiter pendant six jours. A l'élévation, le petit obusier du *Poitou* annonce ce grand événement.

Pendant ce temps, la sirène jette vers le ciel ses cris déchirants : les échos se les renvoient, en les rendant encore plus lugubres. Ah ! c'est qu'en ce moment il se passe quelque chose de grand. Sur ce frêle navire, plus de quatre cents personnes vont confier leur vie aux flots capricieux; un seul, déchaîné par la tempête, pourrait leur ravir l'existence. Il faut donc bien que l'on annonce à toute la ville le départ des voyageurs, et qu'on en convie les habitants chrétiens à prier un peu pour eux. Je n'ai jamais rien entendu d'aussi lamentable que cette voix de la sirène, répercutée par les échos des montagnes qui entourent le port de Marseille; je n'ai rien entendu jamais d'aussi solennel. C'est un adieu.

Oui, adieu, terre de France; malgré tout tu nous es chère ! Nous pouvions nous laisser aller à ces impressions; à la fin de la première messe à bord, la dernière amarre était lâchée. Tout doucement d'abord, puis plus rapidement, le *Poitou* s'écarte du quai, et franchit le pont qui domine l'entrée de la rade. A ce moment, les mouchoirs s'agitent sur la rive de France, on y répond du *Poitou*; le canon tonne, et d'une voix forte, quoique un peu émue, les trois cent cinquante pèlerins entonnent l'*Ave maris stella* : c'est un adieu à Notre-Dame de la Garde, c'est une prière adressée à la reine de la terre et des cieux.

Et quand, au bout d'un quart d'heure, eut disparu la silhouette de nos amis sur le rivage, tous nous nous regardons et nous échangeons nos pensées. Nous partons.... reviendrons-nous tous?.... A notre retour, trouverons-nous encore tous nos amis et tous nos parents?.... Deux mois sont bien longs et pendant ce temps que de choses peuvent se passer!.... Les premiers instants du départ sont ainsi un peu tristes, et c'est tout naturel. Aussi, pour faire diversion à toute noire pensée, le commandant fait sonner la cloche du déjeuner ; il est midi et demi.

CHAPITRE II

EN MER

Tandis que nous sommes emportés loin du pays qui nous a vus naître, examinons un peu notre nouvelle demeure et ceux qui nous entourent.

Le *Poitou* est un beau navire à deux mâts. Voilà tantôt vingt-cinq ans qu'il tient la mer, et, cette année même, il a été réparé en l'honneur des pèlerins. Aussi paraît-il tout fier de sa robe neuve de couleur un peu sombre, mais en harmonie avec les sentiments qui doivent animer le cœur des pèlerins de pénitence. Non pas que des pèlerins doivent être tristes, bien au contraire; mais enfin un pèlerinage de pénitence suppose toujours une certaine gravité, qui n'exclut pas la joie et même une franche gaieté. Notre navire mesure environ cent mètres de long. Comme tous les navires, il peut se diviser en trois parties principales : l'avant, l'arrière et le centre. D'immenses toiles le recouvrent et nous protègent contre les ardeurs du soleil.

Le *Poitou* a cinq étages : c'est d'abord le pont, sur lequel nous passerons tout notre temps, en dehors des exercices de piété, des repas et de la nuit. Sur le pont sont installés, tout à l'avant, les magasins de provisions et divers services. Entre le mât de misaine et le centre du navire, sont placés l'appartement du commandant, les cabines de l'état-major et de quelques passagers de première classe. En allant du centre à l'arrière, on voit successivement la cuisine, la machine, la salle à manger et les cabines des premières.

Au-dessus du pont s'élève, tout à fait à l'avant et tout à fait à l'arrière, une plate-forme. Sur la plate-forme de l'avant nous pouvons circuler librement. Sur la plate-forme de l'arrière, ou dunette, on a établi la chapelle. Enfin, au centre du navire, on trouve une troisième plate-forme, assez étroite et à deux étages, mais disposée dans le sens de la largeur : c'est la passerelle. C'est là que les officiers font le quart et que se tient le timonier. Le gouvernail est une simple roue que ce dernier fait tourner dans un sens ou dans un autre, selon qu'il veut aller à droite ou à gauche.

Au-dessous du pont, il y a trois étages : l'entrepont, le faux pont et la cale. Dans l'entrepont, à l'avant comme à l'arrière, on a établi les cabines, la salle à manger et le salon des secondes.

De cet étage, on descend au faux pont. C'est là que sont les couchettes, et à l'avant, la salle à manger des troisièmes. Des hublots, ou ouvertures rondes, ont été placés de distance en distance le long des flancs du navire, et permettent à la lumière et à l'air de pénétrer soit dans l'entrepont, soit dans le faux pont. Il est agréable d'avoir sa couchette située à portée d'un hublot ; mais les hublots du faux pont ne peuvent presque jamais s'ouvrir, parce qu'ils sont à fleur d'eau.

Comme notre navire a été aménagé pour les pèlerins, les troisièmes n'ont que deux rangs de couchettes superposées. D'ordinaire, il y en a trois. Ces couchettes sont alignées, à l'avant, sur deux rangs à droite et deux rangs à gauche : au milieu se trouve le réfectoire, séparé du dortoir par des rideaux. En secondes et en premières, les cabines sont séparées par des cloisons : elles contiennent deux, quatre et même six couchettes. J'ai entendu plusieurs personnes préférer l'organisation des troisièmes, comme offrant une plus grande quantité d'air respirable [1].

Et maintenant que nous avons examiné notre nouveau logement, faisons connaissance avec ses habitants. Un mot d'abord de la direction du pèlerinage : elle est composée d'une dizaine de Pères assomptionnistes, à la tête desquels se trouve le R. P. Vincent de Paul Bailly. C'est un homme de cinquante-cinq à soixante ans. Ses cheveux taillés en brosse, sa barbe, longue et en éventail, sont d'un gris argenté. Sa figure est ovale, et ses traits bien marqués. Le sourire est presque toujours sur les lèvres, ses yeux sont profonds et d'une vivacité indicible. On reconnaît l'homme de dévouement et de sacrifice, qui se donne sans calculer, qu'aucun obstacle ne saurait arrêter. Le P. Bailly a la parole facile, vive et entraînante ; elle est pleine de couleur et souvent assaisonnée de sel gaulois : il excelle dans le genre avis. Avec lui, les ennuis deviennent des agréments ; les contretemps, des événements tout à fait prévus et dans l'ordre ; un malheur se change presque en bonheur ; quand il fait chaud, évidemment nous jouissons d'une température bien raisonnable ; s'il fait froid, c'est une délicieuse fraîcheur, et ce qu'il y a de mieux, c'est que vous-même, vous, qui au fond du cœur êtes tenté de maudire le froid, la chaleur, le contretemps, la mésaventure, en l'écoutant, vous devenez de son avis.

Après le directeur spirituel, c'est le directeur tem-

---

[1] Voyez l'appendice B.

porel : le R. P. Alfred. De taille moyenne, les cheveux longs et blonds ainsi que la barbe, l'air grave et presque rêveur, il a, en dépit des apparences, la parole douce et harmonieuse.

Au troisième rang brille le frère Camille. C'est du moins le religieux qui parait le plus affairé et le plus actif après les deux premiers. Il n'est pas encore prêtre, il le sera sous peu. Taille au-dessus de la moyenne, bien membré, cheveux blonds, visage coloré, regard puissant et dominateur : tel est le frère Camille ! Il a passé plusieurs années à Jérusalem : il sait fort bien mater un Arabe avec la cravache ; avec les Européens, il se contente d'une parole brève et autoritaire : on dit que dans l'intimité il est charmant.

Je me reprocherais d'oublier le frère Jean de la Croix. Il ressemble un peu au frère Camille, mais il est brun, et sa parole ainsi que son regard sont doux et pénétrants. Il possède une voix magnifique, douce, sympathique, émouvante, et la manie merveilleusement : c'est le maitre de chœur de notre cathédrale.

Parmi les Pères, il faut encore nommer le Père Marie-Jules : il a le visage allongé et parait un peu souffrant, il est poète à ses heures et charmera plus d'une fois nos repas du soir.

Citons enfin le P. Louis de Montfort, homme charmant dans sa simplicité et sa bonhomie, et plusieurs jeunes frères, qui resteront à Jérusalem et y achèveront leurs études, pour éviter le service militaire, qui les atteindrait en France. Nous sommes maintenant obligés de nous expatrier si nous voulons sauvegarder plus sûrement notre vocation !

Et les pèlerins ! C'est avec eux que nous allons vivre pendant près de deux mois ; il faut bien faire un peu connaissance ! Ils sont au nombre de trois cent soixante environ : deux évêques, cent soixante prêtres, une centaine d'hommes et de jeunes gens, une centaine de dames et de demoiselles de tout âge.

Nos deux évêques d'abord. L'un est Mgr Denéchau, évêque de Tulle; l'autre Mgr Koppès, évêque de Luxembourg. Mgr Denéchau est le premier évêque français qui aille à Jérusalem depuis le temps des croisades. Je ne parle pas évidemment de nos évêques missionnaires, qui ont pu visiter les Lieux saints. Monseigneur de Tulle a cinquante-neuf ans ; voilà douze ans qu'il gouverne son diocèse : c'est lui que sa dignité appellera à présider la plupart de nos cérémonies religieuses, soit à bord, soit sur terre. Tout en lui respire la bonté et une aimable simplicité. De temps en temps, il sera aidé par Monseigneur de Luxembourg. Ce prélat, auquel on donnerait une cinquantaine d'années, a bien voulu venir avec nous, quoique de nationalité étrangère. Il est de haute taille, paraît d'une vigueur peu commune, montre un visage toujours aimable et gracieux : ses manières sont simples, il vous prévient plus qu'il ne vous attend ; son affabilité est extrême, on se sent facilement porté vers lui. Quoique de langue allemande, il parle le français avec une pureté extraordinaire ; il sait manier parfois le calembour, et n'était un accent assez prononcé, on le croirait né Français.

Parmi les prêtres, nous comptons plusieurs vicaires généraux, quelques missionnaires diocésains, un religieux dominicain. Presque chaque diocèse est représenté au moins par un prêtre : le diocèse de Lyon en compte huit ; Paris, Grenoble, Valence, Bordeaux, ont envoyé une nombreuse délégation : c'est Lyon qui a envoyé le plus de prêtres ; Bordeaux vient ensuite ; Paris n'en compte que trois. Eu égard à la population des diocèses, il me semble que Viviers, Valence, Avignon, Grenoble, viendraient en tête.

Les hommes sont au nombre de quatre-vingt-huit, de tout âge et de toute condition : l'un d'entre eux vient pour la huitième fois. Les diocèses de Paris et de Cambrai sont le plus abondamment représentés : ils ont envoyé chacun dix délégués. Lyon vient ensuite avec quatre. Parmi ces hommes de foi et d'énergie nous pouvons citer : M. Griffaton, avocat à la cour d'appel de Paris ; MM. le Bèle et Baille, docteurs en médecine ; M. Dupré, dont le dévouement aux œuvres de Paris est sans bornes ; M. Tréca, qui nous a charmés par ses poésies pleines de cœur et d'à-propos ; M. Dourdain, l'organisateur de nos fêtes ; M. de Fossa, journaliste. Les dames aussi se sont distinguées : soixante-dix-sept demoiselles, jeunes ou avancées en âge, vingt personnes mariées. Elles sont pour la plupart aussi intrépides que les hommes eux-mêmes : elles passeront une partie de leurs journées sur le pont, à préparer les costumes plus ou moins arabes des pèlerins, et à réparer les accrocs faits aux soutanes. J'ai remarqué une de ces dames, qui venait pour la septième fois. Non contente de cela, elle avait entraîné à sa suite plusieurs personnes, et payait le voyage à deux prêtres, ce que d'ailleurs elle avait fait les années précédentes. J'ai vu aussi une vieille demoiselle qui venait pour la cinquième fois. Terminons enfin cette statistique en mentionnant deux frères et une religieuse, et faisons remarquer qu'il y avait dix pèlerins étrangers à la France : deux Alsaciens, un Anglais, trois Belges, un Espagnol, un Suisse, deux Luxembourgeois (1).

Les pèlerins de 1891 sont confiés à la vigilance et au

---

(1) Voyez l'appendice C.

savoir d'un état-major au-dessus de tout éloge. Notre commandant, c'est M. Pierre-Jean Iporti. Bon, sous une apparence un peu froide, il a le teint basané par ses longues courses. Sa piété est exemplaire et nous édifie tous. Sous ses ordres se trouvent placés le capitaine Razouls et le lieutenant Marroc. Le capitaine est bien l'homme serviable par excellence ; il se multiplie, toujours aussi gai, toujours un sourire et un bon mot sur les lèvres. Quelques paroles feront mieux connaître ces deux hommes. Le commandant nous appelait : société *agréable, mais incommode*. C'est dire qu'on lui les soucis et les devoirs de sa charge s'associaient parfaitement à la plus extrême courtoisie. Une autre fois, c'était dans le port d'Alexandrie ; on venait de célébrer la messe pontificale. Après l'office, le capitaine nous dit : « C'est dommage que l'on n'ait pas pu dire cette messe en pleine mer, on aurait mieux prié. » Et en effet, déjà en rade, il nous fallait faire plus d'efforts pour maintenir notre attention au saint sacrifice.

Charmant aussi, le jeune docteur du bord, M. Lucien Steinmetz. Enfin, pour en finir avec l'état-major, citons MM. Chouquet et Latil, premier et second mécaniciens.

Sous leurs ordres ils ont toute une escouade de matelots, de novices et de mousses. Il y avait avec nous trois novices : l'un a vingt ans, il a fait sa première communion à bord en 1889 ; l'autre, natif de Saint-Tropez, a dix-huit ans ; enfin le dernier a seize ans, il est du Var, et a fait quelques études dans un petit séminaire. Il paraît appartenir à une bonne famille, mais il a fait un coup de tête, et maintenant il se mord les doigts, promettant bien qu'on ne l'y prendra plus. Deux jeunes mousses commencent leur apprentissage ; l'un, qui a douze ans, fera sa première communion au retour.

Ajoutez à tout ce personnel le restaurateur, avec ses chefs et une nuée de domestiques, et vous comprendrez facilement que l'ensemble de l'équipage se monte à quatre-vingts hommes. Nous n'avons eu qu'à nous louer de tous, à peu près sans exception. Ils étaient affables, obligeants. J'ai été surpris de n'entendre, durant la traversée, presque aucune parole malsonnante ; une seule fois j'ai saisi un blasphème, et rarement un mot grossier.

Nous savons maintenant où nous sommes et à qui nous avons affaire, reprenons notre récit.

Le port venait de disparaître, nous descendons prendre notre déjeuner. Les tables sont pleines : on se coudoie, on se presse, on commence à trouver que l'on est trop à l'étroit. Patience ! Au bout de cinq minutes, le navire subit un mouvement fort désagréable, de bas en haut et de haut en bas : ce n'est ni le roulis ni le tangage ; vous vous croyez mollement emporté vers le plafond de la salle, et tout à coup il vous semble que vous rentrez sous la mer : c'est charmant, surtout lorsqu'on est à table ! Sous l'influence de ce doux balancement, les visages pâlissent, l'un se lève après le potage, l'autre après la première bouchée de pain ; au premier plat, la moitié des consommateurs ont déjà vidé les lieux et aussi leurs estomacs. Au dessert, seuls quelques braves restent et se demandent quand viendra leur tour : pour moi le tour n'est jamais venu. Au contraire j'ai eu presque constamment un appétit dévorant. Puisse mon exemple encourager ceux qui redouteraient le mal de mer.

La nourriture des troisièmes est à peu près celle d'un séminaire : au second déjeuner, un hors-d'œuvre, un plat de viande, un de légumes, fromage, fruit, café, vin presque à discrétion ; au dîner, le potage et le reste comme le matin. Au premier déjeuner on vous sert le café et du pain. Il est bon, si l'on ne craint pas de s'embarrasser, d'emporter quelques petites provisions; il y a des jours où l'on sera heureux de retrouver cela pour le premier déjeuner, tant sur le bateau que dans le reste du voyage. La nourriture des secondes ressemble à celle d'une maison bourgeoise; en général, un plat de plus qu'en troisième, mais beaucoup plus de variété et meilleur choix des morceaux. Enfin, en premières, on jouit presque du luxe.

Quand, après déjeuner, je remonte sur le pont, humer l'air respirable, — car dans les salles il ne l'est guère, et il faut s'y habituer à toutes les odeurs de goudron, de peinture et de cuisine, — le spectacle qui s'offre à mes yeux me fait apprécier l'avantage de n'avoir pas le mal de mer. On voit des hommes, des femmes, appuyés sur le bastingage et laissant déborder dans les rigoles, qui circulent le long du navire, le trop-plein de leur cœur. On éprouve d'abord une certaine timidité à s'abandonner ainsi. On cherche un petit coin, les efforts sont discrets; mais à la fin on ne se gêne plus, et on se laisse aller autant qu'il est nécessaire. D'ailleurs, les mousses ne sont-ils pas là? Une de leurs grandes occupations est de balayer le pont; vous les rencontrez presque toujours le *sceptre* à la main, et ordinairement votre dîner n'est pas plus tôt sur le pont, que le balai l'envoie aux poissons.

Mais voici d'autres malheureux. Pour eux l'opération est terminée ou n'est pas encore commencée; ils sont étendus sur le pont, ils essaient par cette posture de conjurer la catastrophe ou de recouvrer leur équilibre. Leurs yeux sont éteints; leurs lèvres pâlies ne se desserrent pas; ils craindraient, en les ouvrant, de laisser échapper autre chose que des paroles.

Seuls quelques endurcis ou quelques oubliés par le terrible ennemi se promènent, contemplant les côtes de France, qui disparaissent à l'horizon, ou même chantent quelques cantiques.

Je monte sur l'avant ; je regarde cette immensité de la mer bleue ; le ciel, qui maintenant se découvre, vient mêler son azur transparent à celui plus foncé des flots. La vague caresse doucement les flancs de notre asile, tout fait prévoir un temps superbe.

Successivement à notre gauche, tout là-bas à l'horizon, nous apercevons la Ciotat, Toulon, Porquerolles et les îles d'Hyères ; plus loin encore, plus dans la brume, ce qui doit être les îles de Lérins et à sept heures la côte disparait ; nous ne voyons plus rien que le ciel et l'eau.

Cependant le vent fraichit et le roulis se fait sentir. Les hésitants, les retardataires, peu nombreux pourtant, finissent par mettre leurs cœurs à l'unisson du cœur des plus pressés, et le nombre des braves se restreint encore : ils peuvent maintenant se compter.

Ceux-ci, mais eux seuls, descendent dîner, à cinq heures : ils mangent d'un bon appétit. A leur retour sur le pont, ils voient les regards de leurs amis se diriger vers eux avec envie ; que vous êtes heureux ! semblent dire ces regards. Malgré tout, quelques pèlerins, qui ont déjà déchargé leur estomac, s'enhardissent ; ils mangent un bouillon sur le pont, l'air d'en bas étant encore trop lourd pour eux ; quelques-uns vont, ô imprudence ! jusqu'à boire un verre de vin et à sucer un morceau de viande.

Mais l'astre du jour termine sa carrière ; il vient de se plonger, à l'ouest, dans les flots qui nous portent ; il faut songer au repos.

Les valides et les moins malades se rendent sur la

dunette, où la chapelle a été dressée. On a fermé avec des toiles tout l'arrière du bateau ; l'autel est élevé contre le grand mât ; une lampe suspendue à une sorte de poutre nous annonce la présence du divin Maître, qui calma les flots de Tibériade : puisse-t-il apaiser ceux de la Méditerranée et ramener le calme dans les cœurs souffrants !

M. l'abbé Jaime [1] se met à l'harmonium, le Père Jean de la Croix entonne, les pèlerins chantent les prières de la bénédiction. Quel spectacle ! Le ciel bleu sombre, les étoiles scintillantes, les flots clapotant et venant doucement se briser contre les flancs du navire, le ronflement sonore de la machine : tout fait naître dans l'âme une profonde émotion. On n'entend pas, comme à terre, durant les nuits d'été, le cri du grillon ou le chant de la cigale ; la nature semble morte autour de nous, et seuls, bercés sur les flots, nous élevons nos voix vers Dieu et lui demandons de nous bénir.

Après la bénédiction, le R. P. Bailly se lève et donne les avis pour le lendemain. Il nous prophétise la fin de tous les maux, et il sera bon prophète. Monseigneur de Luxembourg nous raconte qu'il vient de Rome, que Léon XIII a béni les pèlerins tout particulièrement, et il nous donne la bénédiction papale.

Huit heures et demie viennent de sonner. Il faut descendre à sa couchette. J'ai toujours abhorré la gymnastique ; au séminaire, je cherchais sans cesse un prétexte pour m'en dispenser. Aujourd'hui, je m'en repens, et je vois, par expérience, qu'il est bon de savoir faire un peu de tout. Tout en dégringolant

---

[1] M. l'abbé Jaime, dont nous avons tous pu apprécier le talent musical et l'entrain, est décédé à la Motte (Var), le 1er septembre 1891.

l'échelle qui conduit au faux pont, je me posais mentalement ce problème : comment faire pour escalader ma couchette? Je me voyais réduit à coucher sur un banc du réfectoire, faute de savoir faire un *rétablissement*, lorsque j'aperçus, à la lueur des lampes, les lits voisins du mien occupés par leurs propriétaires. Eh ! ne pourrai-je pas faire ce qu'ils ont fait? Je quitte ma soutane et mes souliers, je pose délicatement le pied gauche sur le bord du lit de mon inférieur, prenant bien garde de le blesser ; je me soulève sur les poignets, je mets le genou droit sur le bord de ma propre couchette, et je me glisse dessus. Il me faudra prendre garde pendant la nuit : un mouvement trop brusque, un soubresaut dans un cauchemar, pourraient envoyer ma tête contre le plafond ou contre la barre de fer qui se trouve juste au-dessus. Me voilà étendu sur mon étroit matelas ; j'ai un traversin et un oreiller suffisamment tendres ; je ramène mes couvertures larges et longues comme des mouchoirs de poche, je suis bien sûr que demain tout sera défait, sinon à terre. Je m'aperçois que mon voisin de derrière est très obligeant, il me présente ses pieds en guise d'oreiller. Comme cet oreiller vivant pourrait troubler mon sommeil, je le prie de conformer sa taille à la longueur de son lit de Procuste ; il s'exécute et j'essaie de dormir.

Quoiqu'un peu lentement, le sommeil se décide à clore mes paupières. Malheureusement nous sommes dans un dortoir. Dès trois heures, des ecclésiastiques pressés — ils s'étaient probablement couchés la veille à midi — se lèvent, et, sans précaution, vont dire leurs messes. A cinq heures, j'en fais autant, et je monte à la chapelle. Tout autour du bastingage de la dunette, on a fixé une planchette assez large ; et c'est dessus que l'on a préparé les autels : une boîte contient la pierre sacrée, les nappes, les ornements. Deux ustensiles de plus sont utiles pour célébrer en mer : une espèce de petite plaque en métal, qui protégera l'hostie contre le vent, et un poids rond et peu épais, mais assez lourd, qui empêchera le calice de tomber, si le navire a des mouvements un peu brusques. Je puis célébrer assez commodément, nous nous servons la messe les uns aux autres.

Depuis le matin, nous sommes en vue des côtes de Corse. Mais elles sont trop loin pour que l'on puisse bien les distinguer.

Vers huit heures, nous apercevons sur notre gauche l'île de Capraja, puis l'île d'Elbe : nos jumelles se braquent sur cette terre célèbre, et longtemps nous cherchons à découvrir l'endroit où vécut, durant quelques mois, Napoléon Ier. C'est ensuite l'îlot de Pianozza, tout plat, comme son nom l'indique, et Monte-Cristo, espèce de pain de sucre, qui lève sa tête au-dessus des flots.

La mer est très calme. La joie renaît sur les visages ; seuls, quelques entêtés s'obstinent à faire la mine et à bouder contre le déjeuner. Désormais, il y aura deux tables se succédant immédiatement. J'ai choisi la seconde, parce qu'on y est moins serré et plus vite servi. C'est dire qu'on reste moins longtemps enfermé dans les salles.

Nous montons sur la passerelle, point culminant du navire. avec quelques amis ; nous entonnons l'*Ave maris stella*; de l'avant, où un groupe se forme, on nous répond.

A midi, le P. Bailly fait une conférence aux prêtres. On distribue les autels : il y en a vingt-deux ; par conséquent, nous serons six ou sept par autel. Lyon a le sion à lui tout seul : c'est l'autel de Saint-Jean-Baptiste.

Cependant la journée s'organise. Les Pères directeurs ont fixé le programme. A neuf heures, chapelet médité : c'est le R. P. Gros, dominicain, qui en est chargé. A une heure et demie, deuxième chapelet : le R. P. Noguès, de Lourdes, le récite et indique les intentions de chaque dizaine; nous n'oublions personne : la cinquième dizaine est toujours pour le commandant du navire et son équipage. A trois heures et demie, le chemin de la croix : chaque station est prêchée. Enfin, après le dîner, à huit heures, chapelet, sermon, bénédiction et avis. A dix heures, tous doivent être au moins couchés et l'on ne doit plus rien entendre. On ne doit pas se lever avant quatre heures et demie. C'est un règlement parfait : il assure le repos de chacun et occupe utilement la journée.

Vers trois heures du soir, ce jour, 11 avril 1891, le roulis recommence à faire des siennes. Peu de monde à dîner. On se demandait tristement comment la nuit allait se passer; l'inquiétude régnait sur les fronts. J'avais élu domicile au centre du navire, entre la cuisine et la passerelle. Tout à coup un jeune homme de Roubaix monte sur une estrade qui se trouvait là; il entonne une chanson comique : « *Les pompiers d'Alexandrie.* » La foule se rassemble, on rit de tout cœur, on applaudit frénétiquement; on le rappelle, il recommence; puis il entonne le « *Fils à Sébastienne,* » et tous reprennent en chœur. A la fin de la séance, on avait oublié le mal de mer. L'élan était donné; désormais tous les soirs, à six heures, nous aurons notre petite récréation, et tous s'y prêteront de bonne grâce, prêtres et laïques.

Aux avis, le P. Bailly nous annonce que le lendemain

on ne pourra pas probablement célébrer de messe.
Nous nous couchons avec la perspective d'un mauvais
temps continu ; je passe la nuit sans dormir. Le roulis
étant très violent, mon lit penchait sans cesse de droite
à gauche et *vice versa;* j'avais une peur horrible d'en
être précipité et d'aller rouler sur le plancher.

Cependant l'aube du 12 avril paraît ; la mer est toujours démontée. Nous assistons et nous communions
presque tous à une messe célébrée au maître-autel
avec mille précautions.

A huit heures, on dit une seconde messe, à laquelle
tout l'équipage assiste en tenue. J'ai remarqué l'expression de foi profonde qui animait tous ces visages de
marins. Un détail : ils font la génuflexion devant le
saint Sacrement avec une grande piété et ne craignent
pas de porter le genou jusqu'à terre. En l'honneur du
dimanche, les matelots ont tenturé la chapelle avec des
drapeaux aux couleurs les plus variées.

Après le déjeuner, afin de neutraliser le roulis et
d'augmenter notre vitesse, on déploie la voile de misaine ; c'est une opération intéressante à voir. Le procédé réussit ; et, ce soir, nous aurons gagné trois
heures sur l'année passée.

A midi, le commandant fait le point. Chaque jour
ainsi, il examinera la longitude et la latitude par lesquelles nous serons, et il l'affichera au centre du
navire. Outre ces deux indications, il inscrit chaque
jour le nombre de milles parcourus dans les vingt-quatre heures, et le nombre de milles qui restent à parcourir ; enfin il indique la direction d'Alexandrie par
rapport à nous. On a dressé aussi une grande carte
marine contre la cuisine. Chaque jour, le commandant
trace au crayon bleu la distance parcourue depuis la
veille. M. l'abbé Bidault, curé du diocèse d'Autun, a

recruté un chœur de chantres : la plupart des Lyonnais en font partie. A une heure et demie, on chante les vêpres en faux bourdon.

Cependant, peu à peu la mer se calme ; les vagues reprennent tranquillement leur place. Vers deux heures, nous commençons à apercevoir la cime du Stromboli. De loin, il fait l'effet d'une pyramide légèrement tronquée.

Entre temps, nous nous amusons à voir les marsouins exécuter leurs bonds formidables contre les flancs du navire.

Il est quatre heures ; nous côtoyons le Stromboli. Nous passons à deux kilomètres à peine du volcan. Il est situé sur le sommet nord-ouest de l'îlot ; on en voit la fumée ; d'aucuns prétendent même voir un peu de flamme. Sur le flanc nord-est, on aperçoit un village ; entre ce village et le cratère, il y a un promontoire terminé par une chapelle ; sur le flanc occidental est un autre village, dont nous voyons les habitants entrer dans l'église. Les maisons en sont blanches et basses ; de loin on croirait qu'elles se confondent avec le rocher. Plusieurs pèlerins croient voir de belles vignes ; il est possible qu'ils aient raison. A droite, nous avons plusieurs des îles Lipari ; elles sont rangées en demi-cercle et semblent faire escorte au volcan.

Peu à peu tout disparait ; nous sommes encore en pleine mer, mais ce n'est pas pour longtemps. Vers cinq heures et demie, nous voyons les côtes de Sicile. On se hâte de donner le sermon et la bénédiction à sept heures, afin que nous puissions assister à l'entrée du *Poitou* dans le détroit de Messine. Malheureusement la machine et le sermon ne s'accordent guère : l'une va trop vite, l'autre trop lentement ; et, quand nous descendons sur le pont, nous avons déjà passé Scylla et Charybde sans nous en apercevoir. Nous sommes en face de Messine. Comme il fait nuit, nous n'en voyons guère que les lumières. Les becs de gaz, alignés le long du rivage, semblent une illumination en notre honneur.

Une heure après, à notre gauche, sur la côte de Calabre, on aperçoit Reggio ; la ville est illuminée comme Messine. Et en contemplant ainsi ces deux rivages, dans les ténèbres, sous un ciel splendide, je me rappelle instinctivement les grandes scènes dont ils furent témoins. Je revois en songe Enée, Aceste, Hiéron, Denys, Verrès et Cicéron ; puis les Normands, les Espagnols, les Français, les Bourbons d'Espagne, qui successivement s'emparèrent de cette Sicile et y régnèrent. Je me demande aussi si elle restera encore longtemps entre les griffes italiennes, et si ses destinées, autrefois si changeantes, seront désormais plus paisibles.

Au matin, après nos messes, nous assistons à un office de *Requiem* pour les pèlerins morts les années précédentes.

La journée se traîne assez péniblement ; nous ne verrons rien aujourd'hui. A midi, le P. Bailly fait une conférence sur l'Egypte. Hier, M. de Fossa en a fait une sur la presse [1].

Le temps continue à rester sombre ; l'air est frais, on a besoin de sa douillette d'hiver et même d'une couverture de voyage. Depuis un jour nous sommes entrés dans la mer Ionienne ; habituellement les courants de

---

[1] Il nous recommande le journal *la Croix*. C'est en effet un excellent journal, catholique avant tout, et sans attaches politiques. Depuis le 1ᵉʳ novembre 1891 nous avons un supplément hebdomadaire pour Lyon.

l'Adriatique l'agitent fortement, mais pour nous elle se montre clémente.

Cependant, aujourd'hui 14 avril, nous allons en sortir et gagner les côtes de Candie. Notre navire marche si bien que nous sommes en avance et qu'il nous faut ralentir le pas, pour ne pas arriver trop tôt.

Vers onze heures, nous sommes en vue de Candie. La côte sud de cette île est une masse rocheuse, à pic et profondément découpée. Les montagnes semblent courir sur trois lignes parallèles de l'est à l'ouest ; nous apercevons les cimes neigeuses de l'Ida.

Dans la soirée, nous passons devant deux rochers blancs, incultes, et qui semblent inhabités, au moins de notre côté. Ces rochers s'appellent Gavdo Paulo et Gavdo sur la carte marine dont nous nous servons. Ils portent le nom de Gaudos dans une carte de Drioux, et celui de Gozzo et Anti-Gozzo dans une autre carte de la Grèce moderne. On nous dit que c'est sur ces côtes que saint Paul fit naufrage ; d'autres placent cet événement de la vie du grand apôtre plus près de Malte, où l'on trouve une petite île, appelée aussi Gozzo. Au-dessus du rocher de Gavdo ou Gaydo, il y a un phare. Le commandant fait faire les signaux, mais personne ne répond. L'île se continue sur un espace assez long, bizarrement découpée en pics nombreux, peu élevés et très étroits. Cette fois, nous ne verrons plus de terre avant Alexandrie. Nous filons presque directement au sud, et après-demain, dans la nuit, nous serons au port.

Ce soir, la séance comique a été donnée par les Lyonnais. Ils ont imaginé de représenter une séance de *Guignol*. Les dames se sont chargées de confectionner les costumes dont on revêtira les poupées, faites et sculptées dans de grosses pommes de terre. Le thème de la pièce est celui-ci : Guignol et son épouse se mettent en route pour le pèlerinage de 1891. Inutile de dire que le succès est complet, que l'assistance rit aux éclats et qu'on redemandera une seconde représentation.

De nouveau la mer s'agite et le roulis se fait sentir. La nuit est fort mauvaise; à chaque instant, je crois être en tempête. A travers mon hublot, j'aperçois les flots courroucés qui viennent se briser violemment contre notre navire.

Enfin paraît l'aurore du 15 avril : c'est notre dernier jour en mer; demain nous débarquerons. Après la messe, on commence les préparatifs du départ; nous avons bien le temps, cependant. Le P. Bailly nous fait une conférence sur Alexandrie et ses souvenirs; les dames préparent les *couffieh* et les *abbaya*, c'est-à-dire les couvre-nuque et les manteaux blancs. On nous a bien recommandé pourtant de rester ici avec nos costumes européens; nous ne sommes pas encore en Orient.

En me réveillant, le 16 avril, je m'aperçois que nous entrons dans le port d'Alexandrie. Je m'explique maintenant l'agitation de la nuit; nous avons fait les cent pas pendant un certain temps, car on ne peut entrer dans la rade avant six heures.

Comme c'est la fête de saint Benoît Labre, nous chantons la messe votive du saint pèlerin, pour qu'il attire sur nous les bénédictions du ciel. C'est même une messe pontificale; Monseigneur de Tulle la célèbre.

Durant la matinée, les retardataires préparent la petite valise qui doit les suivre sur la terre d'Egypte; puis, tous sur le pont, nous contemplons la manœuvre. Le navire est arrêté, nous subissons la visite du service de la santé, on remplit les formalités d'usage.

Pendant ce temps, des barques sont venues de la ville. Les unes amènent des marchands, qui déjà en veulent à notre argent. Les autres, et celles-là sont plus intéressantes, nous amènent les chers Frères de la doctrine chrétienne, qui viennent nous saluer.

Enfin, permission nous est donnée d'aborder. Le *Poitou* s'avance lentement, conduit par un pilote indigène, cherchant son chemin à travers les navires et cent autres barques plus ou moins grandes.

Le port d'Alexandrie est assez beau. C'est un vaste demi-cercle, formé par la terre ferme et par l'ancienne île de Pharos, qu'on a reliée à la côte par une digue. Sur la gauche de la rade nous apercevons le palais du khédive, grand monument carré; en face, nous avons le quartier de la ville appelé *Marine*; il s'étale en éventail le long de la côte. A droite, nous voyons plusieurs rangées de moulins à vent et le village de Mex. La rade d'Alexandrie n'a peut-être pas par elle-même un véritable caractère de beauté. Mais c'est la première terre où nous abordons, nous voyons pour la première fois les palmiers et les constructions arabes; rien d'étonnant que nous éprouvions un sentiment voisin de l'admiration.

Tandis que les matelots attachent les amarres, nous examinons le quai. Il est plein de spectateurs que l'amitié ou la curiosité attire. Parmi les premiers, nous aimons à retrouver des sœurs de Saint-Vincent de Paul, des Frères, avec quelques-uns de leurs élèves, reconnaissables à leur costume et à l'air souriant de leurs visages. Parmi les curieux, les uns portent le pantalon, la redingote et le tarboush [1]: ce sont des Européens

---

[1] Le tarboush est un bonnet de feutre rouge, en forme de cône tronqué. Un gland noir et allongé part du sommet et retombe sur le côté ou l'arrière de la tête.

ou des indigènes partisans de nos modes. Les autres sont vêtus d'une longue tunique, jaune, blanche, bleue ou multicolore, serrée à la taille par une ceinture; plusieurs ont ajouté une redingote ou un pardessus noir; ce sont généralement des Levantins. Plus loin, nous apercevons des Arabes; ils ont la culotte bouffante, le veston et le turban. A la place du veston, quelques-uns ont une longue redingote à larges manches ou sans manches. D'ailleurs le tarboush et le turban vont également bien avec tous les costumes indigènes. Ces costumes varient presque à l'infini, et il faut être depuis longtemps dans le pays pour reconnaître la race ou la religion d'un homme à l'habit qu'il porte. Les visages que nous apercevons ne le cèdent en rien aux costumes pour la variété; ils vont du blanc le plus pur jusqu'au noir d'ébène, en passant par le brun et le noir cendré des Soudanais. Je remarque un de ces derniers : c'est un vieillard à cheveux blancs. Sa chevelure fait un étrange contraste avec la couleur de son teint.

Mais attention; la manœuvre est terminée; on a mis le pont de bois volant entre le navire et le quai : nous débarquons.

CHAPITRE III

ALEXANDRIE

En mettant le pied sur le sol d'Egypte, nous nous formons immédiatement en procession. Le drapeau français et les bannières du Sacré-Cœur et du Pèlerinage marchent en tête, fièrement portés par des hommes au cœur vaillant. Les dames s'avancent les premières, puis les laïques, enfin les prêtres; la procession est fermée par nos deux évêques, en rochet et en mosette.

Nous avançons au chant des cantiques : *Laudate Mariam; Je suis chrétien; Nous voulons Dieu*. Qu'il fait bon affirmer sa foi au milieu de ces populations qui ne peuvent comprendre la France que catholique, et pour qui cette France ne serait plus qu'un vain nom, du jour où elle cesserait d'être religieuse!

C'est au milieu d'une double haie de curieux que nous parcourons ainsi une grande partie de la ville européenne. Nous longeons d'abord une vaste rue perpendiculaire au port, jusqu'en un point où elle est coupée par une autre rue plus large, qui aboutit à la grande place d'Alexandrie, sur laquelle se dresse la statue équestre de Méhémet-Ali. Nous suivons cette rue dans la direction de l'est. Arrivés près de la place, nous trouvons, massées le long du trottoir, les sœurs de Saint-Vincent de Paul, avec leurs élèves et leurs orphelines.

Notre procession longe ensuite la place de Méhémet-Ali, au bout de laquelle nous prenons une rue à droite ; et bientôt nous sommes sur la place des Consuls. La façade sud de cette place est occupée par la cathédrale Sainte-Catherine, le couvent des Franciscains et l'école des Frères de la doctrine chrétienne. Un jardin avec une grande allée au milieu s'étend devant l'église. La fanfare des Frères nous attend sur le parvis, les élèves sont rangés le long de l'allée, et c'est au son des accords les plus charmants que nous pénétrons dans la basilique. Durant cette procession, qui a duré près d'une heure et demie, nous n'avons rencontré que des figures sympathiques. Peut-être, en examinant bien, aurait-on pu surprendre quelques sourires sur certains visages. Mais quand cela serait, il ne faudrait pas s'en étonner ; l'accoutrement de quelques pèlerins est si bizarre ! Et puis Alexandrie est habitée par un certain nombre d'Européens qui ont dû, pour une raison ou pour une autre, quitter leur patrie : ce n'est donc pas ici que nous pourrons nous rendre un compte exact des mœurs orientales.

Un Père franciscain nous souhaite la bienvenue ; on donne le salut, et nous nous rendons chez les Frères, où nous sommes cordialement reçus. En notre honneur les élèves exécutent un chant accompagné de la fanfare ; puis le Frère directeur, dans un petit mot aimable, met la maison tout entière à notre disposition. Qu'il est doux, sur la terre étrangère, d'entendre des paroles comme celles-ci : « *Chers pèlerins, vous êtes ici chez vous.* »

Tous les Frères disponibles et les plus grands élèves

s'offrent à nous pour nous servir de guides. Nous nous divisons par groupes de vingt à vingt-cinq, et nous commençons la visite de la ville.

Je vais voir d'abord l'église grecque schismatique. Elle est précédée d'une petite cour. Quand on y entre, on est surpris par les proportions de l'édifice. L'église est, en effet, assez petite, mais les voûtes sont très hautes; elle a trois nefs. Le style se rapproche du roman; la chaire est étroite et très élevée; elle a la même forme générale que les nôtres. Le chœur est placé derrière un immense retable ou panneau tout constellé de petites images (1). En ce moment, les popes chantent leur office dans le haut de la nef de droite.

A quelques pas, se trouve l'église copte schismatique. Elle est bâtie dans une rue assez étroite, et n'a rien de remarquable par elle-même. Dans une abside latérale, on voit le tombeau de saint Marc; on y montre aussi une châsse qui renfermerait un doigt de saint Georges; enfin, dans cette même chapelle latérale, on peut remarquer certaines peintures byzantines, qui semblent assez anciennes.

Nous allons ensuite à la colonne de Pompée. Cette colonne s'élève sur un petit monticule factice, près du quartier arabe et du cimetière musulman. Elle mesure vingt-neuf mètres de hauteur dans son ensemble; le piédestal, la base et le chapiteau sont formés par des blocs de granit grisâtre; le fût est en granit rose d'un très beau grain. Le chapiteau est creusé par-dessus, et il paraît avoir été destiné à porter une statue. Aujourd'hui, les savants sont à peu près unanimes à penser que cette colonne n'a pas été élevée en l'honneur du

---

(1) Ce retable, qui, dans presque toutes les églises grecques, sépare le sanctuaire de la nef, s'appelle « iconostase, » c'est-à-dire lieu où l'on place les images.

grand Pompée, mais bien en l'honneur de Dioclétien, par un certain Pompée, préfet d'Egypte en l'an 296.

Sur la route, en venant à la colonne de Pompée, nous avons rencontré plusieurs chars immenses, sur lesquels étaient des femmes musulmanes ; on nous a dit qu'elles venaient de pleurer sur la tombe de leurs maris.

Après avoir examiné la colonne, je me joins à deux pèlerins, et nous prenons une voiture pour aller visiter les jardins. Longtemps nous longeons les bords du canal Mahmoudieh. Il tire ses eaux de la branche du Nil appelée « Branche de Rosette, » et il a été reconstruit par Méhémet-Ali en 1819 ; 250,000 fellahs y travaillèrent pendant plus d'un an. Les bords en sont plantés d'arbres et couverts de villas, dont quelques-unes sont magnifiques ; c'est le rendez-vous de la haute société vers le soir.

Au bout d'une bonne heure de voiture, nous descendons devant les jardins du khédive. Ils sont fort beaux ; les arbres et les fleurs y sont superbes. Actuellement, au milieu d'avril, tout est vert et les fleurs printanières s'épanouissent, offrant aux yeux les couleurs les plus variées. Les dattiers mâles et femelles montrent, les uns, leurs gerbes d'étoupe, les autres, leurs régimes de fruits déjà formés. Les bananiers ont aussi leurs touffes de fruits, semblables à de gros haricots recourbés, presque mûrs. Malheureusement, si les allées de ces jardins sont bien dessinées et forment de gracieux bosquets ou massifs, elles sont mal entretenues ; la mauvaise herbe y pousse vigoureusement. Je remarque surtout une allée étroite bordée d'arbres, qui produisent des fleurs d'un bleu pâle assez semblables à des jasmins ou à des phlox pour la forme. Ces arbustes sont complètement fleuris et vous traversez une véritable haie de fleurs bleues.

Au sortir des jardins, nous remontons en voiture, et comme l'heure nous presse, nous prenons, pour rentrer, le chemin direct. Nous suivons une route plantée de tamarix splendides, qui forment une longue avenue. Nous atteignons bientôt le cimetière latin et la porte de Rosette. Là commence une rue bordée de maisons superbes, l'architecture et la teinte en sont variées presque à l'infini : c'est certainement la plus belle rue d'Alexandrie.

Enfin, après trois bons quarts d'heure, nous arrivons au port, nous dînons et allons prendre notre repos.

Aujourd'hui 17 avril, je me lève de bonne heure, et vais dire ma messe à la cathédrale. Les Pères franciscains ont mis tous les autels à notre disposition. Vers sept heures, j'ai fini, et j'assiste à la messe pontificale. Elle est chantée en musique par les élèves des Frères; c'est une messe de Batmann, avec *Credo* de Mercadante et accompagnement d'orchestre. Le commandant du *Poitou* y assiste. Je remarque, et ce sera la même chose dans tout l'Orient, que les soprani ont des voix de poitrine et un peu gutturales; ils arrivent difficilement aux notes élevées. C'est probablement la faute de leur langue, qui abonde en sons gutturaux. A part cette réserve, l'exécution est parfaite.

Après le déjeuner chez les Frères, nous montons en voiture pour aller visiter les catacombes d'Alexandrie, au faubourg de Mex. Nous roulons pendant près d'une heure sur une route poussiéreuse; à un moment, les roues de notre char s'enfoncent dans la poussière et la boue; nous devons descendre de voiture et donner un coup de main pour relever le véhicule. Enfin nous arrivons à Mex. Le village est sordide; il est placé sur une hauteur. C'est dans les flancs de ce plateau, sur les bords de la mer, que sont les catacombes.

Sous la conduite d'un Frère, qui court à l'assaut, et par une chaleur torride, nous parcourons la côte. Chemin faisant, nous rencontrons des enfants de cinq à douze ans, qui prennent un bain de pieds sur le rivage. De temps en temps nous trouvons des excavations ; on dirait des carrières de sable abandonnées. Au fond on reconnaît la place qu'ont occupée les *loculi*. Parfois la chambre elle-même est assez bien conservée et présente plusieurs rangs de tombes superposées. En somme, ce sont des catacombes ruinées. Imaginez-vous que le premier étage des catacombes de Saint-Calixte, par exemple, a été mis à jour, qu'on lui a enlevé sa voûte de terre ; que, par suite, l'intérieur en a été dégradé profondément, que par-ci, par-là, un ou deux *loculi* soient restés intacts, les autres étant ébréchés, détériorés ou démolis, et vous aurez une idée assez exacte des catacombes de Mex. Pendant une heure et demie, nous continuons cette course échevelée, montant et descendant, sans jamais nous arrêter, jetant un simple regard pressé et furtif dans les excavations. Nous retournons ensuite à l'endroit où les voitures se sont arrêtées. Mais elles ont disparu, et pour les rejoindre à la porte de la ville, il nous faut une demi-heure de marche, à travers une rue hideuse, où tout grouille : femmes voilées, enfants déguenillés ou à peine vêtus, animaux de toute sorte. Je ne regrette pourtant pas d'avoir parcouru cette rue : c'est une des plus arabes que j'aie vues.

A notre retour, nous trouvons le dîner prêt. Les bons Frères ont dîné à l'avance ; ils nous servent eux-mêmes, aidés de leurs domestiques, et nous comblent de soins attentifs. La cuisine est faite à l'européenne ; je remarque seulement deux desserts locaux : c'est d'abord du *loukoum*, espèce de gomme mélangée avec un parfum particulier et saupoudrée de sucre, et ensuite des bananes, à la chair ferme et musquée. J'en goûte avec plaisir, mais je crois qu'il ne faudrait pas en manger beaucoup pour être écœuré.

Aussitôt après le dîner, nous assistons à une séance récréative, que nous donnent les élèves des Frères. Il y a quarante-cinq ans que les Frères dirigent les écoles d'Alexandrie. Ils commencèrent par l'école gratuite en 1847. En 1853, ils posèrent la première pierre de l'établissement où ils sont aujourd'hui. Le bâtiment est vaste; on l'agrandit encore en ce moment. Le pensionnat payant compte actuellement près de quatre cents élèves; l'école gratuite en a au moins autant : les Frères évaluent à huit cents le nombre des enfants qu'ils dirigent; ils sont eux-mêmes au nombre de soixante. Ces enfants appartiennent à toutes les religions et à toutes les nationalités. Les Frères, qui sont Français en grande majorité, donnent leur enseignement en cette langue. Les élèves ont la plus grande liberté pour suivre chacun leur religion, mais il arrive assez souvent, et c'est une des grandes consolations de ces bons Frères, que, parvenus à l'âge d'homme, certains de leurs élèves passent du schisme ou de l'infidélité à l'Eglise catholique. Respectés et aimés de tous, les Frères font donc ici comme partout le plus grand bien, en même temps qu'ils étendent l'influence de la France. Aujourd'hui, la plupart des grands négociants, des banquiers, des hommes de professions libérales d'Alexandrie, ont été les élèves des Frères, et parlent le français.

Tout autour de la maison, à l'intérieur, règne un beau cloître; c'est au fond de ce cloître que le théâtre a été dressé. Les pèlerins ont tous pris place sur des sièges qu'on leur a préparés : nos évêques président. La séance commence par un chœur avec accompagnement de fanfare : *Salut aux Pèlerins*. J'ai pu en copier la musique, et un enfant d'une douzaine d'années m'en a remis, au sortir de la séance, les paroles copiées de sa main. L'écriture est bonne, l'orthographe presque irréprochable (1).

A ce premier chant succéda un dialogue entre cinq élèves : c'était un compliment à l'adresse des pèlerins et dans lequel fourmillaient les traits relatifs à la grandeur de notre patrie. Douze enfants parurent d'abord sur la scène et invitèrent les cinq acteurs à chanter le pèlerinage et la France. Alors chacun d'eux vint nous dire en sa langue les choses les plus aimables. Tour à tour l'arabe, l'anglais, l'italien, le grec et l'allemand célébrèrent notre pays, et l'un d'eux s'étant écrié, en interprétant un vers célèbre : *Car à tout cœur bien né la France est toujours chère*, les applaudissements éclatèrent de toutes parts avec enthousiasme. Vint ensuite un drame en deux actes, fort approprié à la circonstance : *Le retour du Croisé*. Le baron de Costerels s'est croisé, laissant au pays sa femme et un jeune enfant d'un an. Le comte de Saint-Pol, ennemi du baron, étant resté en France, brûle le château de Costerels. La femme du croisé périt dans l'incendie. Le jeune Loys, fils du baron, est sauvé par un domestique ; le comte de Saint-Pol, ayant perdu son fils, voit le jeune Loys et l'adopte. Cependant le baron de Costerels reste prisonnier pendant dix ans en Palestine ; le comte de Saint-Pol est en proie à des remords effrayants ; sa tendresse pour Loys, qu'il a appelé du nom de Tristan, peut seule le calmer un peu. C'est au retour du baron en France que s'ouvre la scène. Il s'enquiert de son fils auprès de ses vassaux ; personne ne peut lui répondre.

(1) Voyez l'appendice D.

Il va trouver le comte de Saint-Pol, qui avoue avoir fait incendier le château, et ajoute que Loys a péri dans l'incendie. Cependant le baron, mis en présence du jeune Tristan, sent son cœur s'émouvoir. Enfin, après plusieurs péripéties, le domestique qui a sauvé l'enfant reconnaît le baron et avoue son stratagème. Tristan redevient Loys; le baron et le comte se pardonnent : désormais l'enfant aura deux pères. Suit un chœur de Verdi, *Jérusalem*. Enfin l'orchestre termine. Les élèves des Frères se sont montrés vraiment artistes dans le débit de leur rôle : ils prononcent le français d'une manière assez pure et presque sans accent; tout au plus pourrait-on remarquer chez quelques-uns l'accent désagréable de nos méridionaux. Le petit Loys a été charmant : il doit être Français; son nom l'indique : Edouard Dégrange.

Après cette séance si intéressante pour des pèlerins français et catholiques, nous allons recevoir la bénédiction chez les RR. PP. Jésuites. Leur établissement est un vaste et beau collège, situé derrière celui des Frères, à cinq ou six minutes. Il a été fondé en 1882; c'est une conséquence de nos expulsions. En 1887, il y avait déjà cent cinquante élèves de toute religion et de toute nationalité. La spécialité de ce collège est l'enseignement secondaire. Un des Pères nous souhaite la bienvenue en des termes qui partent du cœur; il nous dit que le pèlerinage de l'an dernier a fait beaucoup de bien à la religion et à la France en Egypte. Enfin le salut est donné par Mgr Koppès.

Je prends ensuite une voiture, avec deux abbés de Lyon, et nous allons visiter la villa Antoniadis. Un bon Frère a fait monter sur le siège avec nous un jeune Maronite de leurs élèves, qui devra nous servir de guide. Il s'appelle Adm Marroum; il est né à Beyrouth, et vit avec sa mère et une sœur à Alexandrie ; il voudrait se faire prêtre. Cet enfant a une petite mine éveillée et intelligente ; il nous instruit de tous les artifices de notre cocher, et nous rend de vrais services. Lorsque nous arrivons à la villa Antoniadis, nous la trouvons fermée. C'est dommage, car c'est une des plus belles et des mieux entretenues d'Alexandrie. Elle a été bâtie par le banquier grec qui lui a donné son nom ; on y voit quelques statues et quelques ruines anciennes.

Au retour, nous visitons la maison de campagne des Frères. Les jardins sont très beaux, mais on les a plantés surtout d'arbres utiles. La maison d'habitation est d'un grand luxe ; malheureusement, il y a peu de meubles. Les Frères l'ont achetée telle quelle et à bon compte. Certainement ils ne l'auraient pas fait construire ainsi. Nous revenons ensuite par l'avenue des tamarix et la rue de la porte Rosette jusque chez les Frères. La promesse d'un *bakchiche* (1) fait marcher notre cocher bon train. Comme il était à l'heure, il voulait aller le plus lentement possible, et ne s'en cachait pas. La vitesse de la course nous fait sentir la fraîcheur, qui est grande ce soir. Mais tant pis ! il faut arriver à sept heures. Nous ne mettons pied à terre qu'à sept heures un quart cependant. Nous nous débarrassons de notre cocher, qui réclame plus qu'il ne lui est dû, nous disons adieu à Adm Marroum, et nous hâtons d'aller au souper, qui, heureusement, ne fait que commencer.

Après le souper, on amène un piano au milieu du ré-

(1) Pourboire. Ce mot signifie proprement une « gracieuseté. » Le *bakchiche*, dans l'esprit des gens de ce pays, n'est donc pas seulement la récompense d'un service, mais aussi une simple marque de bienveillance.

fectoire, et nous avons une nouvelle séance récréative. C'est d'abord un duo de piano et mandoline : il est charmant, et nous le bissons volontiers. Ensuite, six grands élèves, membres de l'Académie, débitent un poème dialogué sur « Alexandrie païenne, chrétienne et moderne. » Toute l'histoire de cette ville défile ainsi devant nos yeux : résumons-la en ajoutant quelques détails.

Sous les rois d'Egypte, il n'y avait, à la place qu'occupe aujourd'hui la ville, qu'un petit village appelé Racotis : c'est Alexandre le Grand qui fonda, en 312 avant Jésus-Christ, la ville qui a pris et perpétué son nom, sur une langue de terre située entre la mer et le lac Maréotis. Capitale de l'Egypte sous les Ptolémées et les Romains, elle a compté jusqu'à 900,000 habitants. A cette époque, les sciences, les arts et les lettres y florissaient : Manéthon, Euclide, Aristarque, l'illustrèrent, et c'est à l'instigation d'un Ptolémée que les Septante traduisirent les Livres Saints. Ses monuments faisaient d'Alexandrie une des plus belles villes de l'empire. De bonne heure, les chrétiens y furent nombreux : saint Marc en fut le premier évêque. Qui ne connaît les noms des Pierre, des Cyrille, des Athanase, qui en furent les pontifes ? Elle reçut le titre de patriarcat en mémoire de saint Marc. C'est dans son sein que naquit Arius, de triste mémoire. Elle fut longtemps le théâtre de luttes théologiques, comme elle avait été le centre d'écoles philosophiques célèbres : Plotin, Porphyre, Jamblique, du temps des païens, Origène, au nom du christianisme, y ont enseigné. En 640, elle fut prise par les musulmans et saccagée : sa bibliothèque incomparable fut brûlée. Sous la domination des Turcs, elle alla toujours en dépérissant. Les Français s'en emparèrent en 1798. Près de son port se livra la bataille d'Aboukir. Enfin, sous

Méhémet-Ali et ses successeurs, elle reprit un peu de prospérité. De 30,000 habitants qu'elle avait au commencement du siècle, Alexandrie est arrivée aujourd'hui à 280,000. Son commerce a repris depuis le percement de l'isthme de Suez, et il se développe toujours. La population se compose à peu près de 180,000 indigènes et 100,000 Européens. En 1882, à l'occasion de la révolte d'Arabi-Pacha, les Anglais, sous prétexte de rétablir l'ordre, ont bombardé Alexandrie. Ils y ont fait des dégâts incalculables; aujourd'hui cependant, les ruines sont à peu près réparées, mais on voit nombre de soldats anglais avec leurs habits rouges et leur petite toque noire se promener arrogamment dans les rues.

Nos jeunes artistes ont donc célébré, dans des vers magnifiques, les trois grandes périodes de l'histoire d'Alexandrie. Ils ont chanté Napoléon et ses victoires; et, comme je m'en étonnais, un Frère me dit que les Egyptiens détestaient les Anglais et aimaient beaucoup les Français. D'ailleurs, l'Angleterre n'est pas encore maîtresse ici : elle surveille, elle maintient l'ordre, pour me servir des termes reçus; mais elle n'exerce aucun protectorat officiel. Les Egyptiens sont donc libres de désirer le départ de ses soldats et de le dire. Pour qui veut y voir clair, il est bien évident cependant que la perfide Albion n'attend qu'une occasion pour rejoindre ses serres, et rester maîtresse [1].

A la fin de la séance, les membres de la conférence de Saint-Vincent de Paul et du cercle catholique nous sont présentés. Le président nous lit le compte rendu, dans lequel il insiste sur le bien opéré par les Frères.

[1] Les Egyptiens ont des soldats et une police à eux. Nous avons souvent rencontré des hommes vêtus d'une tunique et d'un pantalon gris, à bandes rouges. Etaient-ce des agents ou des soldats? Je n'ai pas souvenir.

Enfin, après cette soirée charmante et toute fraternelle, nous nous séparons pour retourner sur le *Poitou*.

Chemin faisant, je raconte à mes compagnons l'aventure dont j'ai été témoin. Un brave pèlerin, d'un certain âge, marchait derrière moi, près du quartier arabe. Il est accosté par un indigène, qui le bouscule ; comme le pèlerin se récrie et parlemente, l'autre enfile sa main dans le gousset de l'adversaire, et décampe au plus vite. Le pauvre vieillard regarde vivement dans sa poche, constate la disparition de quatre-vingts francs, crie, court à la poursuite du voleur. Mais celui-ci, qui n'était gêné ni par ses souliers ni par ses bas, avait déjà disparu dans une ruelle transversale, et notre compagnon en est réduit à se consoler, en lançant toutes sortes de malédictions contre les Arabes. Morale de l'aventure : tenez votre habit bien fermé, et ne portez dans les poches extérieures que l'argent strictement nécessaire.

Ce samedi 18 avril, je vais encore dire ma messe à la cathédrale, faute de pouvoir la dire chez les Pères Jésuites ou les sœurs Saint-Vincent. J'ai l'avantage cependant de pouvoir célébrer à l'autel de Saint-Marc, sur le corps même de sainte Apollonie ou de sainte Sabine, je ne sais pas au juste.

Comme j'ai ensuite un peu de temps avant le déjeuner, j'examine l'église en détail. Elle est dédiée à sainte Catherine, la patronne d'Alexandrie et une de ses gloires les plus pures ; ce sont les Franciscains qui la desservent. Ces Pères, presque tous Italiens, sont établis dans la ville depuis 1571. Mais ce n'est qu'à partir de 1834 qu'ils purent se bâtir un grand couvent et une grande église ; celle-ci fut achevée en 1850. Elle est dans le style italien, à trois nefs ; on y voit quelques tableaux qui n'ont rien de bien remarquable. La partie qui me plaît le plus est la chapelle de Saint-Marc, dans le fond de l'abside, du côté de l'évangile. A droite de l'église, se trouvent le palais de l'archevêque et le couvent ; à gauche, le collège des Frères. Sa Grandeur Mgr l'archevêque était en tournée pastorale pendant notre séjour; nous ne l'avons donc pas vu. Les Franciscains ont fondé, près du port, une nouvelle paroisse en 1881. Ils y ont adjoint deux écoles : une pour les garçons, qui reçoit près de deux cents élèves gratuits, et une pour les filles, sous la direction des sœurs franciscaines, laquelle comprend plus de trois cents enfants.

Les Franciscains, les Frères des écoles et les Jésuites, ne sont pas les seuls à élever la jeunesse d'Alexandrie. Les Lazaristes y ont une école apostolique pour les jeunes clercs; les sœurs Saint-Vincent recueillent chez elles près de mille enfants de toute condition; enfin, les religieuses de la Mère de Dieu ont fondé en 1882 une maison qui a quatre-vingts élèves, appartenant à de bonnes familles. Ce sont les sœurs Saint-Vincent qui ont hébergé nos dames durant notre séjour.

Cependant nous allons prendre un dernier déjeuner chez les Frères. Nous nous lestons bien, car le dîner n'aura lieu que fort tard. Lorsque nous sortons du réfectoire, nous trouvons les élèves massés dans les cours ; ils nous disent adieu, en applaudissant sur notre passage. Chers enfants, ils semblent vraiment nous aimer déjà ; leurs visages sont ouverts et aimables; leurs yeux nous disent qu'ils ont été heureux de nous voir. La gare du chemin de fer du Caire n'est pas loin. En un quart d'heure nous y sommes. Nous montons dans le train qui nous est destiné. Là encore nous retrouvons les élèves des sœurs et des frères. Quelques minutes avant le départ, ces derniers jouent, avec la fanfare, le *Salut aux Pèlerins*, et ils en chantent le dernier couplet, qui est ainsi varié :

>Adieu, croisés de pénitence !
>A vous nos cœurs, à vous nos vœux ;
>Donnez-nous de votre vaillance,
>Priez pour nous le Roi des cieux.

Oui, chers frères, chères sœurs, chers enfants d'Alexandrie, nous prierons le divin Maître, afin qu'il vous aide dans votre mission de dévouement, afin qu'il garde votre foi, ou qu'il vous fasse trouver la vérité, si vous ne l'avez pas encore.

Soudain, le sifflet de la locomotive retentit ; les bras se tendent vers nous en signe d'adieu ; les cris de *Vivent les Français ! Vivent les Frères ! Vivent les Alexandrins !* retentissent et se croisent de toutes parts. Nous sommes aussi émus que si nous quittions de vieux amis ou de vieilles connaissances. J'emporte d'Alexandrie un souvenir ineffaçable, le souvenir d'une des plus douces émotions que j'aie éprouvées sur la terre étrangère. Jérusalem elle-même ne pourra pas l'affaiblir ; ce n'est plus d'ailleurs le même genre d'impressions.

CHAPITRE IV

LE CAIRE

Nous voici lancés à grande vitesse vers le Caire, la capitale de toute l'Egypte. Je suis en troisièmes. Figurez-vous un de nos wagons français employés à transporter les bestiaux. A la place des quatre parois qui ferment le wagon complètement, mettez, à partir de la hauteur de la ceinture, des barres de fer allant d'un bout du wagon à l'autre, et espacées, dans le sens de la hauteur, d'une quinzaine de centimètres, vous aurez une idée assez exacte de nos véhicules. Il n'y a donc pas d'autres portières que celles qui sont placées en tête et en queue, pour laisser le passage. Cependant, il y a des bancs tout autour et au milieu du wagon dans le sens de la longueur. Nous sommes en plein air. Naturellement, nous allons recevoir toute la poussière et toute la fumée ; enfin, à la guerre comme à la guerre !

La ligne que nous suivons existe depuis 1855. Nous passons d'abord sur une chaussée, tout près du Birket-Marioul, ancien lac Maréotis, qui se trouve sur notre droite. A gauche, nous avons le canal Mahmoudieh. Une plaine immense s'étend tout autour de nous. Nous traversons des blés déjà mûrs et des champs de coton dont les plants, encore tout jeunes et assez semblables ceux du haricot, sont alignés dans un ordre parfaitement symétrique. De temps en temps apparaît un bouquet d'arbres, un bois de palmiers, ou encore un pauvre village de fellahs, dont les maisons ressemblent à des huttes de sauvages. Elles n'ont qu'un rez-de-chaussée ; une porte basse y donne entrée. Le toit en terrasse sert à tout : le fumier y sèche, les poules s'y agitent, et parfois les enfants leur tiennent compagnie. Nous croisons des chameaux à l'œil morne, à l'allure nonchalante, marchant à la file indienne, attachés quelquefois la tête de l'un à la queue de l'autre. Voici maintenant un Arabe, la pipe à la bouche, assis sur un baudet qui trottine ; plus loin c'est un riche, qui s'avance majestueusement à cheval. Nous traversons une foule de petits canaux dérivés du Nil et qui fertilisent le sol.

Tout en nous acheminant vers le Caire, recueillons-nous un peu et pensons à la terre que nous visitons. Rien au monde n'est grand et vénérable, au point de vue purement humain, comme la terre des Pharaons. Pour sonder les origines de son histoire, il faut remonter peut-être jusqu'à l'époque qui suivit immédiatement le déluge [1], et les monuments qui nous restent de sa civilisation primitive nous portent à croire que les Égyptiens ont connu les arts et l'architecture avant tout autre peuple.

« L'Égypte est un présent du Nil, » a dit Hérodote [2].

---

[1] Rien, dans la *Bible*, ne nous oblige à croire que la dispersion des peuples n'eut lieu qu'après la confusion des langues. Nous pouvons donc accorder aux savants une période de temps assez longue, sans toutefois y être forcés ; avant de s'inscrire en faux contre la *Bible*, ils doivent logiquement nous démontrer qu'ils ont raison, et ne pas se contenter de simples hypothèses plausibles, si l'on veut, mais sans fondement *absolument* certain.

[2] Livre II, 5.

C'est en effet ce fleuve, dont les anciens ignoraient la source, qui a donné naissance au Delta, la région la plus féconde de ce pays. Les savants modernes, ayant calculé l'apport annuel du Nil à l'extrémité du Delta, ont avancé que primitivement la Méditerranée formait ici un golfe, dont les eaux baignaient le territoire où se trouve aujourd'hui le Caire. Il est vrai qu'ils parlent d'une période préhistorique. On admet généralement qu'au temps des premiers rois, le Delta était à peu près ce qu'il est aujourd'hui. Si le Nil a formé le sol de l'Egypte, il lui a aussi donné l'abondance et la fertilité. Sans l'inondation annuelle du fleuve, l'Egypte serait un désert. Cette inondation commence vers le milieu de juin et dure trois mois. A cette époque, le Nil s'étend au loin, et les Egytiens ont sillonné le Delta de canaux qui répartissent plus régulièrement les eaux fécondantes. A quelques kilomètres au-dessous de Memphis et du Caire, le Nil se divise en trois branches principales : la branche Canopique, à l'ouest ; la branche Sébennytique, au centre, et la branche Pélusiaque, à l'est. Ces trois branches ont bien perdu de leur importance. Aujourd'hui on n'en compte que deux principales : la branche de Rosette, ancienne branche bolbitique, et la branche de Damiette, ancienne branche Phatmitique.

Il n'y a guère que la vingt-cinquième partie du territoire égyptien qui jouisse des bienfaits du Nil. Sur 400,000 kilomètres carrés, il y en a environ 16,000 habitables et susceptibles de culture. Ce territoire s'étend du 23° au 31° de latitude nord, et du 22° au 33° de longitude orientale, dans sa plus grande largeur.

Toutes les villes d'Egypte sont bâties dans la vallée du Nil et dans le Delta. La vallée, parfois assez étroite, court entre les monts Arabiques et les monts Libyques.

L'Egypte se divise naturellement en trois parties : la basse, la moyenne et la haute Egypte. La basse Egypte comprend tout le Delta jusqu'au Caire inclusivement. Les villes principales en sont : le Caire, Alexandrie, Aboukir, Damiette, Rosette, Tantah, Zagazig. Autrefois on y voyait : Héliopolis, Athribi, Bubastis, Momemphis, Saïs, Canope, Sébennytos, Xoïs, Bouto, Mendès, Tanis, Péluse. La moyenne Egypte s'étend depuis Giseh jusqu'aux environs de Syout; on y trouve les villes de Giseh, de Medinet-el-Fayoum, de Minieh. C'étaient autrefois Memphis, Monaït-Khoufou, Béni-Hassan, Hermopolis Magna. Enfin, dans la haute Egypte, on rencontre Syout, Girgeh, Dendérah, Karnak, Louqsor, Edfou, Assouan. C'est dans cette partie de l'Egypte que s'élevaient Thèbes aux cent portes, Eléphantine, Thini, Abydos, Syène. Les villes actuelles ne sont pas toutes bâties sur l'emplacement des villes anciennes. De ces dernières, bien souvent, il ne reste que des ruines, que les égyptologues aiment à fouiller.

Jusqu'au commencement de notre siècle, nous n'avions guère, pour nous renseigner sur l'histoire de l'Egypte primitive, que l'œuvre d'Hérodote, l'histoire de Manéthon, dont Jules Africain, Eusèbe et Georges le Syncelle nous ont conservé des fragments, Diodore de Sicile et quelques passages de la Bible. L'expédition d'Egypte, à la fin du siècle dernier et au commencement de celui-ci, nous a valu d'être les témoins heureux de la résurrection de l'Egypte ancienne. Champollion découvre le secret des hiéroglyphes ; de nombreux savants de toutes les nations se pressent sur ses traces : ce sont les Champollion le Jeune, les Lepsius, les de Rougé, les Birch, les Brugsh, les Rosellini, les Chabas, les Lenormant, les Mariette, les Maspéro, les Naville, pour ne citer que les principaux. Ils se sont mis à l'œuvre avec ardeur; ils ont déchiffré les hiéroglyphes de Louqsor et de Karnak; ils ont déchiré les entrailles de la terre, afin d'en faire surgir de nouvelles stèles et de nouveaux monuments. Pourquoi faut-il qu'un certain nombre de ces hommes travaillent avec des idées préconçues de rationalisme? Plusieurs semblent vouloir faire échec à la Bible et prétendent que leurs découvertes sont en contradiction avec le livre sacré. Nous n'avons qu'à lire le savant ouvrage de M. Vigouroux (1) pour nous convaincre que les données *certaines* de l'égyptologie viennent au contraire confirmer celles de la Bible.

Les travaux de nos savants ont donc tiré l'Egypte ancienne de l'obscurité dans laquelle elle était plongée depuis trois mille ans. De ses trente dynasties de rois, sept ou huit seulement nous sont totalement inconnues; et non seulement les papyrus et les monuments nous ont renseignés sur la vie politique des anciens Egyptiens, mais ils nous ont fait pénétrer jusque dans leur vie privée et nous en ont révélé tous les détails.

La plupart de ces savants attribuent aux Egyptiens une origine asiatique; la Bible nous enseigne que Misraïm, descendant de Cham, en fut le père. Le premier roi connu de l'Egypte fut Ménès ou Mini. Onze dynasties successives ou en partie simultanées régnèrent sur le pays jusqu'au temps d'Abraham. C'est probablement à la cour d'Amenemhat III, roi de la douzième dynastie, que ce patriarche passa quelque temps. Les Hycsos ou pasteurs, venus de l'Arabie, s'emparèrent de la basse Egypte et vinrent s'établir à Tanis, où ils fondèrent la quinzième dynastie. Ils occupèrent même l'Egypte entière pendant toute la durée de leur

---

(1) *La Bible et les découvertes modernes.*

seconde dynastie. C'est un roi de cette dynastie, Apapi II, qui fit de Joseph son premier ministre et qui devint propriétaire de tout le sol égyptien. Après une occupation de quatre cents ans ou environ, les Hycsos furent définitivement chassés de l'Egypte par Ahmès, chef de la 18ᵉ dynastie. La 19ᵉ dynastie commença avec Seti Iᵉʳ. Son fils Ramsès II eut un règne de soixante-six ans et persécuta les Hébreux. Moïse, né vers l'an 1573, vécut quarante ans à la cour de ce prince. Lorsqu'il y revint, en 1493, après une absence de quarante ans également, Menephtah était roi. C'est ce dernier qui laissa partir les Hébreux. La fin de la 19ᵉ dynastie, la 20ᵉ, la 21ᵉ, occupent les cinq cents ans qui séparent l'exode, de Salomon et Menephtah, de Psousennès II, dont la fille épousa le plus sage des rois. Sésac ou Sheshonk Iᵉʳ fit la guerre à Roboam et prit Jérusalem ; il régnait à Bubaste, aujourd'hui Zagazig. Deux siècles plus tard, les Ethiopiens envahirent le pays sous la conduite de Shabak, qui fonda la 25ᵉ dynastie. Sous la 26ᵉ, fondée par Psammétik Iᵉʳ, l'Egypte eut encore quelques années de splendeur. Mais en 525, Cambyse, roi des Perses, l'envahit et la soumit. Cependant quelques révoltes lui rendirent ses rois indigènes, jusqu'à ce qu'Alexandre la conquit à son tour. Sous les Lagides, avec Alexandrie pour capitale, l'Egypte arriva à son apogée. Enfin les Romains la réduisirent en province romaine, trente ans avant Jésus-Christ [1]. Lorsque l'empire romain se divisa, elle fit partie de l'empire d'Orient. Au vIIᵉ siècle, les mahométans s'en emparèrent. A partir du IXᵉ siècle, elle eut ses sultans indépendants, et le

---

[1] Dans cette notice historique, je me suis parfois inspiré de l'ouvrage de M. Maspéro : *Histoire ancienne des peuples de l'Orient.* Cet ouvrage est malheureusement fait dans un esprit absolument rationaliste.

Caire en devint la capitale. En 1511, le sultan de Constantinople chassa les mameluks de leur trône. Depuis lors, l'Egypte a été gouvernée par des pachas. Cependant, de 1798 à 1801, les Français y furent les maîtres. Méhémet-Ali, qui devint pacha en 1806, étendit au loin ses conquêtes et déclara la guerre au sultan. Mais l'Europe intervint, ne lui permit que de garder le titre de vice-roi, héréditaire dans sa famille, et le força à reconnaître la suzeraineté de la Porte. Le troisième vice-roi d'Egypte, Ismaïl, reçut le titre de khédive. En 1879, il fut déposé et remplacé par son fils Tewfick. Celui-ci eut à lutter, en 1882, contre Arabi-Pacha, qui s'était révolté. Les Anglais s'imposèrent pour rétablir Tewfick, et depuis cette époque, ils occupent l'Egypte, qui tend ainsi à devenir une colonie anglaise [1].

Sous le rapport religieux, les Egyptiens furent d'abord, comme la plupart des peuples, monothéistes. Mais bientôt la vérité s'altéra et se perdit chez eux. Ils tombèrent dans le polythéisme et dans un fétichisme monstrueux. Dès le premier siècle de notre ère, le christianisme se développa promptement dans le pays. Malheureusement, au ve siècle, la majorité des habitants se laissa entraîner dans les erreurs d'Eutychès. L'invasion musulmane vint achever l'œuvre de destruction religieuse. Aujourd'hui, la majorité des Egyptiens sont mahométans; un certain nombre de chrétiens indigènes sont hérétiques. Enfin on y compte quatre-vingt-cinq mille catholiques; on y a établi deux vicariats apostoliques, l'un pour les latins, l'autre pour les coptes, et deux préfectures apostoliques, l'une pour le Delta, l'autre pour la haute Egypte. Il serait question

---

[1] Tewfick est mort le 7 janvier 1892. Son fils, Abbas II, lui a succédé sans difficultés.

en ce moment d'y rétablir la hiérarchie catholique avec le concours de l'Angleterre.

Vers onze heures, nous arrivons à Damanhour. Le train stationne environ un quart d'heure. Tandis que nous sommes sur le quai de la gare, à regarder le pays, un enterrement vient à passer. Devant le cercueil marchent quelques hommes : deux portent le drapeau turc, de gueules, surmonté d'un croissant d'argent ; de chaque côté marchent deux autres porte-drapeau. Le cercueil est porté par quatre hommes ; il est à peu près de la forme des nôtres, mais le couvercle est beaucoup plus élevé et il n'a que deux faces, se coupant à angle droit. Derrière la bière viennent les femmes. Plusieurs d'entre elles remplissent l'office de pleureuses ; elles lèvent et étendent les bras, en cadence, en prononçant très fort certains monosyllabes, que je n'ai pu saisir. J'aurais voulu voir mettre ce mort en terre ; on m'a dit que les musulmans enterraient sans cercueil : je n'ai pas pu m'en rendre compte. Damanhour est une ville de 23,000 habitants, dont 800 catholiques ; les Franciscains y ont une église et une école.

Nous passons ensuite à Tell-el-Barout, où commence l'embranchement qui suit la rive gauche du Nil et va jusqu'à Syout. Plus loin, nous traversons sur un beau pont la branche du Nil appelée « branche de Rosette. » Nous arrivons à Kafr-ez-Zaïat. Sur 9,000 habitants, il y a environ, dans cette ville, 150 catholiques ; l'église et l'école sont dirigées par les Pères franciscains. Seize kilomètres plus loin, nous sommes à Tantah, grande ville de 80,000 habitants. De la voie ferrée on en aperçoit les hauts minarets ; mais la gare étant excentrique, on ne peut en voir rien autre chose. Tantah est une des villes saintes de l'islamisme ; elle était fanatique autrefois. Aujourd'hui, elle possède une église pour les latins et une autre pour les grecs : ils sont, ensemble, au nombre de 600 environ. L'église latine est desservie par les Pères des missions africaines de Lyon. Deux cents enfants sont instruits dans le collège et l'école gratuite, qu'ils y ont fondés. Les sœurs des missions africaines y élèvent aussi une centaine de jeunes filles.

Nous franchissons la « branche de Damiette » avant d'arriver à Benha-el-Assal. De Kelioub nous apercevons, dans le lointain, les Pyramides et des montagnes, qui rompent la monotonie du paysage que nous avons sous les yeux depuis Alexandrie ; à trois heures nous sommes au Caire.

Il nous faut un certain temps pour nous reconnaître et prendre chacun la voiture qui nous est destinée. Les Frères, qui sont venus nous attendre et nous saluer, nous aident, et enfin nous prenons place. Les uns vont à l'hôtel Royal, pour dix francs par jour ; les autres à l'hôtel Khédivial, ou à l'hôtel d'Orient, pour huit francs ; enfin les derniers logeront chez les Frères pour cinq francs. Chez les Frères, nous aurons le dortoir : ce sera le seul désavantage ; pour la nourriture, nous serons aussi bien et même mieux qu'à l'hôtel.

Nous partons. Après avoir traversé le quartier européen, nous atteignons, au bout d'une demi-heure, une rue transversale, pleine de poussière. Les chevaux et les roues s'y enfoncent : fouette, cocher ! inutile ; on ne peut avancer. De guerre lasse, l'estomac dans les talons, nous descendons et achevons à pied les cinq minutes de chemin qui nous restent à faire. En arrivant, nous montons au dortoir, déposons nos bagages sur notre lit, et descendons dans la vaste cour intérieure, où nous entendons un chœur : « Salut aux pèlerins, » exécuté par les élèves de la maison. Après cela, nous

nous mettons à table. Nous en avions grand besoin; depuis ce matin, huit heures et demie, nous n'avions rien pris, et il est quatre heures et demie. Là, comme à Alexandrie, les bons Frères se multiplient pour nous servir ; si nous couchons chez eux, c'est qu'ils ont rendu leurs pensionnaires à leurs parents, et qu'eux-mêmes coucheront où ils pourront, par terre, sur des nattes ou de simples matelas.

Le dîner achevé, nous allons tout près, à travers des rues très étroites et en zigzag, à la chapelle latine des Pères franciscains. Un des religieux nous souhaite la bienvenue, et nous recevons la bénédiction du saint Sacrement. Au retour nous prenons le thé, et, après quelques minutes de promenade sous les grands arbres, nous montons nous coucher.

Quel plaisir de pouvoir enfin coucher dans un vrai lit ! Sans doute, c'est dans un dortoir, mais on est au large, on peut se remuer et il n'y a pas de gymnastique à faire ! Ces dortoirs du Caire sont superbes : grands, hauts, bien aérés par d'immenses fenêtres, très proprement tenus, ils font plaisir à voir.

En attendant que le sommeil vienne, ce qui est assez long à cause des retardataires, je me remémore l'histoire du Caire, et je compte les endroits qui méritent une visite. Le Caire, en arabe *el Kahirah*, a été bâti vers l'an 970 et a toujours été, depuis, la résidence des souverains égyptiens. Plusieurs fois le Caire a été pris; la dernière fois, en 1882, par les Anglais. C'est une ville de 500,000 habitants, quelques-uns disent un million. Il est difficile en effet de se rendre compte de la population. Ce qu'il y a de certain, c'est que, dans les rues et les bazars, il y a presque constamment une grande affluence et que les murailles, au dire de M. Victor Guérin, ont vingt-quatre kilomètres de tour. La ville est bâtie sur la rive droite du Nil, un peu au-dessus de l'endroit où le fleuve se divise en deux branches principales, et au pied du Djebel el Mokattam. Une partie de la ville et la citadelle sont même assises sur les flancs de cette montagne. Parmi les nombreux quartiers du Caire, j'ai retenu les noms des suivants : Choubrah, où se trouve la gare ; el Mouski, habité par les Européens en grande partie ; Ismaïliah, autre quartier européen ; Coronfish, où habitent les Frères. Au Caire même, relativement à l'étendue de la ville, il n'y a que peu de chose à voir. Ordinairement, on visite les mosquées du sultan Hassan et d'El Azhar, la citadelle, les tombeaux des califes, les jardins de l'Esbékièh ; aux environs de la ville, on va voir Matarieh et Héliopolis, Gisch et les pyramides, le vieux Caire, les ruines de Memphis. Enfin, on fait quelques promenades dans les rues et les bazars, pour se rendre compte du cachet oriental de la capitale de l'Egypte.

Nous commençons nos visites, le dimanche 19 avril, par le vieux Caire. A six heures moins un quart, je suis dans la cour, attendant la première voiture ; car je veux dire la sainte messe à la chapelle, but du pèlerinage, et nous sommes nombreux dans les mêmes dispositions. Mon plan réussit ; nous partons les premiers, ayant dans notre voiture trois autels ; nous sommes sûrs de ne pas trop attendre.

Nous traversons le quartier européen, aux larges avenues plantées d'acacias. Les maisons en sont immenses, tantôt bâties en carrés longs, tantôt présentant des façades en zigzag, dont chaque fenêtre forme un angle rentrant. C'est aussi le quartier des palais de la famille khédiviale ; à son extrémité sont les cimetières chrétiens. A cinq kilomètres au sud-ouest de ce quartier européen on arrive à une ville vraiment arabe, qui est pour ainsi dire le faubourg du Caire, après avoir été la capitale de l'Egypte musulmane, sous le nom de Fostat. Aujourd'hui ce quartier s'appelle le vieux Caire ; son vrai nom est Masr-el-Atikah.

Il faut descendre de voiture. Je m'empare d'un autel, et nous avançons par des rues tortueuses, étroites, qui semblent inhabitées. Au bout de dix minutes environ, nous arrivons à la porte de l'église copte schismatique, bâtie au-dessus de la grotte qui a servi d'habitation à la Sainte Famille pendant quelque temps. Nous pénétrons par une porte de côté, qui donne accès d'abord dans une cour, puis dans l'église. Je me hâte de descendre à la crypte, et plaçant mon autel sur une espèce d'*arcosolium* situé au fond de la grotte du milieu, je célèbre la messe, le premier, en cette même place, que l'on me dit être la plus sainte et la plus précieuse de toutes, parce que l'enfant Jésus y aurait été déposé.

Je visite ensuite la crypte. Elle a trois nefs. Dans la nef du milieu se trouvent trois niches en forme de four à pain, ou d'*arcosolium* ; l'une au fond de la nef : c'est là que j'ai célébré ; les deux autres, dans les parois de droite et de gauche. Dans la nef de droite, il y a un bassin dont on se sert pour le baptême. Justement, ce dimanche-là, les coptes célèbrent la « fête du baptême, » et nous voyons baptiser cinq enfants. La cérémonie est très longue. J'ai vu que le baptême se donnait par immersion, et que l'on faisait un très grand nombre d'onctions sur tous les membres de l'enfant, qui est confirmé de suite après son baptême. J'ai entendu quelques prêtres s'étonner de ces cérémonies ; mais les coptes unis ont les mêmes, et elles sont approuvées à Rome. A la fin de la cérémonie, j'ai vu le prêtre remonter tenant entre ses mains, à la hauteur du visage, la boîte des saintes huiles. Il avait en même temps un cierge, et chantait tout seul sur un rythme assez désagréable.

Pendant que les baptêmes se faisaient dans la crypte, les coptes célébraient la messe dans l'église supérieure. Elle a duré longtemps. Je n'ai jamais rien entendu d'aussi étrange, d'aussi peu mélodieux que leur chant. Il m'a semblé voir que leur pain d'autel ressemble assez à une petite brioche ronde et un peu gonflée. Pendant que Monseigneur de Tulle célèbre la messe de communauté, un prêtre copte s'avance et nous invite à chanter. Aussitôt nous entonnons le *Credo*. Au beau milieu, voilà que notre copte se met à crier ses leçons ; nous cessons. Mais cela ne fait pas son compte ; il s'arrête aussi, et veut que nous continuions. Nous chantons donc tous ensemble ; je me demande comment notre pauvre évêque pouvait dire sa messe. Combien nous aurions été plus heureux si, au lieu de cette union purement matérielle des voix, il y avait eu entre nous l'union de la foi et des cœurs.

Mais puisque nous en sommes aux coptes, il faut dire un mot sur leur compte. On appelle ainsi les indigènes de l'Egypte. Quelques-uns sont catholiques, ont un vicaire apostolique résidant au Caire, et un séminaire, dirigé par les Pères jésuites, pour la formation du clergé indigène. Mais presque tous sont schismatiques et professent l'hérésie d'Eutychès, qui n'admettait qu'une seule nature en Jésus-Christ. Ils se sont même laissé pénétrer plus ou moins par le mahométisme, et de graves auteurs prétendent qu'aujourd'hui ils n'ont plus les formules nécessaires à la validité du baptême et de l'Eucharistie. Ils ont un patriarche au Caire, des évêques en plusieurs endroits, et un clergé ignorant. Leur langue liturgique est le copte, mais ils ne comprennent plus guère que l'arabe. Les couvents d'Egypte, en particulier ceux de Saint-Antoine et de Saint-Paul, dans la Thébaïde, sont habités par leurs moines. Les coptes ont aussi quelques couvents de femmes. Un de leurs évêques disait à un catholique qu'ils se rallieraient volontiers à Rome, mais qu'ils craignaient une certaine partie du clergé. Ils comprennent très bien leur décadence ; aussi sont-ils bienveillants à notre égard. Cependant ce n'est pas sans difficulté que nous avons pu célébrer la messe au vieux Caire, à cause du dimanche. Ne semble-t-il pas que Dieu laisse subsister ces hérétiques, comme d'ailleurs les Grecs, les Arméniens, les Nestoriens, pour prouver aux protestants et aux libres penseurs l'origine divine des sacrements? Ils sont séparés de Rome depuis le Ve siècle, et ils ont les sept sacrements : donc ces sacrements n'ont pas été institués par l'Eglise romaine.

J'examine ensuite l'église. D'après le R. P. Julien [1], elle date au moins du IXe siècle et peut-être du VIIIe. Elle a trois nefs séparées par des colonnes, dont les chapiteaux sont reliés par une architrave de bois. Au premier abord cependant on croirait qu'il n'y a qu'une seule nef, car tous les entre-colonnements, excepté les deux plus proches du chœur, sont complètement fermés par des cloisons. Chaque nef se termine par une abside avec un autel. L'abside du milieu forme le sanctuaire ; elle est curieusement décorée. Le maître-autel est un peu en arrière de l'embrasure de la simple porte, qui du sanctuaire conduit au chœur. De chaque côté de cette porte, on voit de riches panneaux, sur lesquels se détachent quelques tableaux de genre byzantin. Au milieu du chœur se trouve le pupitre où on lit les leçons. Un treillage fort remarquable sépare ensuite le

[1] Voir les articles parus dans les *Missions catholiques*, en 1887.

chœur de la partie réservée aux fidèles. On descend dans la nef par deux ou trois marches. Cette nef est divisée elle-même en trois compartiments par une double balustrade très simple : entre le treillage dont j'ai parlé et la première balustrade se trouve le compartiment des hommes ; entre les deux balustrades est un espace vide, assez étroit, et dont j'ignore l'usage ; enfin, entre la seconde balustrade et le fond de l'église est la place des femmes. Cette église n'est pas voûtée et on en voit la charpente laissée à nu.

Nous avons le temps de bien l'examiner et de suivre toutes les cérémonies des coptes, tandis que nos prêtres achèvent leurs messes. Comme les grecs, les coptes sont prodigues d'encensements. Leurs vêtements sacerdotaux sont assez riches et de couleur blanche, je crois. Enfin, vers dix heures, nous sortons et nous allons, à travers un chemin où l'on a de la poussière jusqu'aux chevilles, visiter la mosquée d'Amrou ou des Mille-Colonnes.

C'est la plus ancienne mosquée d'Egypte. Elle forme un vaste rectangle, au milieu duquel se trouvent la fontaine et le bassin pour les ablutions. Une large porte très massive y donne accès. Le côté par lequel nous entrons est occupé intérieurement par un simple portique à un seul rang de colonnes. A droite et à gauche, au contraire, règnent deux portiques à trois rangs de colonnes. Enfin, au fond, on aperçoit la mosquée proprement dite, avec ses sept nefs vastes et grandioses. On ne peut s'empêcher d'admirer cette forêt de colonnes, quoique l'édifice soit délabré. On est en train de le réparer. Quand nous voulons sortir, les gardiens réclament *backchiche*. Comme on a payé en bloc, nous refusons de donner en particulier. Ils se fâchent et menacent de fermer la porte ; ils essaient même de mettre leur menace à exécution. Je profite d'une poussée qui se produit pour sortir. Bientôt tout s'arrange par l'intermédiaire d'un Père, qui fait entendre raison à ces forcenés. Nous reprenons nos omnibus, et vers onze heures et demie, nous sommes de retour à nos hôtels ou chez les Frères.

Après le dîner, je pars, avec quelques amis, faire une petite course en ville. Nous faisons le tour de notre quartier, le Coronfish. Les rues sont étroites et sales; bon nombre de maisons sont en ruines : en Égypte, comme en Orient, on ne répare presque pas; on bâtit plus loin. Nous rencontrons une mosquée qui a l'air d'avoir une belle architecture; nous entrons. C'est la mosquée d'Al-Mahmoud. Au milieu est un immense tombeau, qu'on nous dit être celui de ce sultan. On rencontre dans ces vieilles rues un grand nombre de maisons de style, et de style ancien : il faut s'y connaître mieux que nous pour l'apprécier. Nous sommes attristés de voir comme le dimanche est profané dans ces pays. Presque toutes les boutiques sont ouvertes. Cela nous montre combien peu de chrétiens il y a ici. Pour les musulmans, le jour du repos, ou plutôt le jour de la prière, car le travail ne leur est pas défendu, est le vendredi; pour les juifs, c'est le samedi.

Au retour chez les Frères, nous prenons place pour la séance qu'on va nous offrir. Les fauteuils et les bancs sont disposés sous une immense salle d'ombrage. C'est la fête patronale du pensionnat, et les parents assistent à cette séance, qui est présidée par M. Denaud, gérant du consulat de France, en l'absence du consul, M. d'Aubigny, rappelé en France. Au premier rang nous avons quatre évêques : les deux du pèlerinage, puis l'évêque arménien d'Alexandrie, en résidence au Caire, et un évêque grec, modèle d'humilité. Élu par une faction schismatique, le pape lui confirma son titre, une fois la réunion opérée ; lui n'en voulut point, et en esprit de pénitence, il se retira au Caire, où il vit dans l'estime de tous.

Comme nous arrivons en retard, on nous place tout à fait devant, au second rang, dans des fauteuils. La séance s'ouvre à deux heures. Le long des murs qui entourent la salle d'ombrage, sur des estrades élevées, sont rangés les élèves des Frères. Nous nous demandons d'où peuvent sortir tant d'enfants ; il y en a de tous les âges. C'est que les Frères ont au Caire au moins trois établissements : un collège avec quatre cents élèves payants, et une école gratuite avec six cents élèves, qui datent tous deux de 1854; puis une seconde école gratuite, qu'ils ont fondée à Choubrah ou à Ismaïliah, je ne me rappelle plus exactement ; ils estiment le nombre de leurs enfants à douze cents. C'est un magnifique résultat ; tous ces enfants parlent le français et aiment la France ; il n'y a, pour s'en convaincre, qu'à regarder leurs visages épanouis à notre vue et à remarquer comme ils nous saluent avec affection, en portant la main au front, à la bouche et au cœur, selon la manière orientale.

La séance débute par un chœur en l'honneur du pèlerinage, comme à Alexandrie [1]. Ce chœur, à la musique entraînante, accompagné par la fanfare, faisait le plus bel effet ; j'avoue cependant que nos cœurs avaient été plus touchés par celui d'Alexandrie. Ce dernier avait-il une note plus humaine et plus sentimentale, tandis que celui que nous venons d'entendre paraît plus religieux et plus austère ? Le chœur d'Alexandrie parlait de l'amour des Alexandrins pour la France ;

---

[1] Voyez l'appendice B.

celui du Caire parle des sentiments qui doivent nous animer nous-mêmes. Nous sentions-nous mieux chez nous à Alexandrie qu'au Caire? Etait-ce parce que la première impression est plus vive et plus durable? Peut-être pour tous ces motifs à la fois.

Suivent un grand nombre de pièces de vers, de chansonnettes, de romances : il y en a dix-sept. J'ai remarqué les *Adieux de Jeanne d'Arc*, avec solo par Emile Bondil, dont la voix de soprano est bonne; *Beautiful isle of the sea*, romance anglaise; la *Marche khédiviale*, air national d'Egypte; *l'Hymne français*, grand chœur. Milliadès Vogiazis débite en grec les « aventures d'Ulysse; » le débit est bon. Nous avons encore d'autres morceaux en italien, en arabe, en allemand; enfin un drame en trois actes : l'*Epreuve, ou la vertu couronnée*. Un homme a deux neveux : il déteste l'un et l'a déshérité en faveur de l'autre. Un ami veut lui faire comprendre qu'il favorise le coquin et déshérite l'honnête homme. Pour faire la preuve, l'oncle à héritage fait semblant d'être mort; l'heureux héritier accourt, bouleverse la maison et veut se hâter de voir le testament fait en sa faveur. Le déshérité vient aussi; mais lui, il regrette sincèrement son oncle. L'oncle se convainc *de auditu* qu'il a été joué, que le déshérité a été calomnié par son frère, et, plein de colère, il ressuscite aux yeux de ses neveux stupéfaits. Le testament est changé. Dans ce drame, le fils du déshérité est charmant, il captive l'intérêt des spectateurs. Durant les entr'actes, la musique instrumentale se fait entendre. Tout se termine vers cinq heures et demie. En somme, bonne séance, quoique un peu longue.

Après cette récréation, nous recevons la bénédiction dans la chapelle des Frères. Cette chapelle est trop petite; le supérieur, Frère Gervais-Marie, cherche en ce moment à l'agrandir ; on fait une quête, parmi nous dans ce but. Nous assistons dans le divan à la réunion de la conférence de Saint-Vincent de Paul du Caire et de France. On nous lit le compte rendu de l'année courante. Les résultats sont consolants. Ensuite, plusieurs membres du pèlerinage parlent des œuvres auxquelles ils contribuent ; en particulier, M. Griffaton, de Paris, nous parle des catéchismes aux jeunes enfants, et il prononce cette parole qui me donne à réfléchir : « Nous prenons ces enfants dès six ans ; car si, à six ans, ils sont capables de s'instruire des sciences humaines, comme la loi le suppose en les faisant entrer dès lors à l'école primaire, ils sont pareillement capables d'apprendre les éléments de la religion ; or, s'ils le peuvent, ils doivent le faire. » La cérémonie se termine par la bénédiction des évêques, et nous allons souper.

CHAPITRE V

MATARIEH. — LES PYRAMIDES

Le lundi 20 avril, je dis ma messe à cinq heures, dans l'église paroissiale des Franciscains. Ces religieux sont établis au Caire depuis 1571. L'église actuelle, située au quartier de Coronfish, date de 1852. Il faut traverser un véritable dédale de rues pour y arriver. Elle est dans le style italien, et à trois nefs. Les Pères Franciscains ont encore une succursale dans le quartier d'Ismaïliah et à Boulak.

Après la messe et un rapide déjeuner, nous allons à la gare prendre le train pour Matarieh. Tandis que nous stationnons sur le quai, nous voyons un Arabe faire ses ablutions dans le canal, sans aucun respect humain. A six heures et demie, le train se met en marche, et bientôt nous voyons sur notre droite les superbes bâtiments du nouveau collège des Pères jésuites, appelé collège de la Sainte-Famille. Les Jésuites sont au Caire depuis 1879; leur but est de former un clergé copte indigène; ils ont actuellement vingt-deux séminaristes. Pour les aider à élever gratuitement ces enfants, ils ont fondé un collège payant où l'on donne l'enseignement secondaire : ce collège a actuellement près de deux cents élèves.

Une demi-heure après, nous arrivons à Matarieh. Au sortir de la gare, nous longeons, pendant un bon quart d'heure, des jardins et quelques habitations nouvelles. En effet, Matarieh est devenu un but de promenade pour les Caïrotes et aussi un lieu de villégiature. Dans un de ces jardins, on voit le sycomore gigantesque qui, suivant la tradition, a servi d'abri à la Sainte Famille. Cet arbre a sept mètres de circonférence; il semble très vieux. Cependant, la plupart des auteurs ne le font remonter qu'à deux cents ans. Il serait le rejeton de celui qui abrita l'Enfant Jésus; car les racines de cet arbre, comme celles de l'olivier, ne meurent pas. On l'a entouré d'une barrière de bois. Tous les habitants, même les musulmans, l'ont en grande vénération.

On célèbre une messe de communauté au pied d'une de l'arbre; un grand nombre de prêtres célèbrent aussi, soit dans l'enceinte, soit autour. Les Jésuites du Caire ont construit une maison de campagne et une chapelle, à une petite distance de l'arbre. Après la messe, un des Pères nous fait une allocution de circonstance.

Nous passons ensuite devant la source de Matarieh. Il est avéré aujourd'hui que ses eaux ne viennent pas du Nil : c'est peut-être la seule source de l'Egypte. Comme le sol s'est exhaussé, on a établi une *saquieh* (1) pour en puiser l'eau. La *saquieh* ou *sakièh*, appelée *noria* dans le midi de la France, est une simple roue garnie de petits seaux. Un bœuf fait tourner la roue : les seaux vont tour à tour puiser l'eau au fond du puits et la déversent dans des canaux construits à cet effet. Selon la tradition, cette source aurait jailli à la prière de

---

(1) Il est assez difficile de déterminer le genre de ce mot. Je l'ai lu au féminin dans un ouvrage : je suis cet exemple.

la sainte Vierge. Nous y puisons respectueusement : l'eau est très fraîche et excellente.

Tout à côté, sous une vaste tonnelle, les bons Pères jésuites ont préparé un déjeuner froid : saucisson, fromage, oranges. Nous lui faisons honneur, et comme Héliopolis n'est qu'à dix minutes, nous nous hâtons d'y aller. C'est là que Moïse serait né; Joseph, lui aussi, y aurait habité : on sait que sa femme, Aseneth, était fille de Putipharé, prêtre d'Héliopolis(1). Un grand et célèbre collège de prêtres du soleil y était établi; Platon y vint étudier. Plus tard, au passage du divin Enfant, les idoles d'Héliopolis tombèrent et se brisèrent. Mais déjà la ville avait changé et était bien déchue. Strabon, qui vivait cinquante ans avant Notre-Seigneur, dit qu'il n'y restait qu'un petit nombre d'habitants. Aujourd'hui, c'est bien pis encore; on y voit quelques misérables huttes, et, au milieu d'un champ de blé entouré de cyprès et de saules, qui semblent pleurer sur les ruines de la ville, un obélisque. C'est le plus ancien que l'on connaisse; il a résisté aux attaques du temps et il tient bon, vénérable témoin des grandeurs passées. Comment a-t-il échappé au pillage? Comment n'orne-t-il pas aujourd'hui quelque place ou quelque musée de l'Europe? Cela tient probablement à ce que sa base et son piédestal sont profondément enfoncés dans la terre. On lui donne environ vingt-neuf mètres d'élévation : huit ou neuf mètres sont ensevelis sous le sol. La partie visible de ce monolithe merveilleux mesure encore vingt et un mètres; elle est couverte d'hiéroglyphes se rapportant à Ousortasen Ier (2), qui vivait environ 3,300 ans avant

---

(1) *Gen.*, XLI, 45.
(2) D'après la chronologie de Chabas, Ousortasen ou Ousirtesen appartenait à la 12e dynastie.

Jésus-Christ. L'obélisque a fait partie d'un temple du soleil qui existait encore au commencement de notre ère. C'est dans la plaine d'Héliopolis, du côté du Nil, que Kléber battit les Turcs le 19 mars 1800. Que de sang versé dans cette campagne d'Egypte! Et pour quel résultat? Au moment où les Egyptiens, émerveillés du courage de nos soldats, apprenaient de nos missionnaires la langue et l'amour de la France, notre gouvernement les abandonnait et laissait faire une puissance rivale. Et cependant, j'ai entendu un capitaine de la police, au Caire, me dire que si, en 1882, les Français étaient venus, à la place des Anglais, pour rétablir l'ordre, le Caire, au lieu de fermer ses portes, les aurait ouvertes toutes grandes!

Mais quittons Héliopolis. En coupant à travers champs, nous arrivons, par d'étroits sentiers, à la ligne du chemin de fer. Ici commence le désert. Du sable mouvant et encore du sable; aucune végétation; au loin, les montagnes de la Thébaïde. Cependant au milieu de ce désert, à une demi-heure de la gare, on aperçoit une oasis toute close de murs, avec des allées fleuries : c'est un parc d'autruches, établi ici, il y a quelques années, par une compagnie française. Dans un élégant chalet, au centre de l'enclos, sont les couvoirs. Le sol environnant est recouvert de sable, afin d'empêcher la trépidation. Pour savoir si l'œuf est bon, on le place d'abord dans une lucarne exposée à la lumière du soleil; si l'œuf est liquide, on le laisse de côté ; si, au contraire, il est plein, on le met couver. A cet effet, on le dépose dans des boîtes garnies de sable, que l'on maintient à une température toujours égale. Quand l'œuf éclôt, l'autruche est grosse comme un canard ordinaire. J'ai vu de ces oiseaux qui avaient trois ou quatre jours. Plus tard, on les place dans des parcages contigus, établis tout autour de l'enclos. Là, les autruches vivent en plein air ; mais on a soin, bien entendu, de leur couper les ailes. Les unes ont encore tout leur plumage, noir ou blanc ; les autres n'ont qu'un léger duvet ; d'autres viennent d'être dépouillées. Ces dernières sont horribles à voir. Après avoir fait le tour de ces parcages, nous montons sur la terrasse du chalet, et notre vue s'étend, d'un côté, sur la plaine de Matarieh, de l'autre, vers le désert. Ici c'est Nitrie et Scété, illustrés par les nombreux anachorètes des premiers temps ; là-bas, tout au fond, bien loin, c'est sans doute la Thébaïde, séjour des Paul et des Antoine. En redescendant, nous achetons quelques plumes d'autruche : c'est de l'actualité ; puis, retraversant la plaine de sable, nous rentrons à la gare et bientôt nous filons sur le Caire.

Vers deux heures, nous partons en voiture pour aller visiter la citadelle. Nous descendons au bas de la colline ; nous passons la porte dite *Bab el Azab*, et nous trouvons alors dans le sentier étroit et sinueux, où Méhémet-Ali fit massacrer les mameluks, le 1ᵉʳ mars 1811. Les murs sont d'une épaisseur formidable. Arrivés sur la plate-forme, nous visitons la mosquée de Méhémet-Ali. C'est ce prince qui l'a fait construire, en 1829, à la place du palais de Saladin. On entre par une porte latérale, qui donne dans la grande cour, au milieu de laquelle est la fontaine des ablutions. Tout autour règnent des portiques en albâtre ; le sol me semble pavé de marbre. Au moment où nous entrons, des Arabes accroupis se lèvent précipitamment et font des gestes désespérés. Nous avons compris ; on nous avait d'ailleurs prévenus : il faut quitter ses souliers ou louer des babouches. Prenons donc ces babouches, qui sont beaucoup trop larges, et entrons en traînant le pied.

Tout d'abord on est frappé de la somptuosité de l'édifice. Tous les murs et toutes les colonnes sont revêtus d'albâtre et de malachite; le pavé est couvert de riches tapis. Sous le dôme, il y a six ou sept lustres concentriques, de sorte que celui qui est à l'extérieur est immense. Lorsque tout cela est allumé, l'effet doit être magnifique. Au fond, devant nous, est le *mihrab*, endroit vers lequel on se tourne pour prier; à droite, près du *mihrab*, est le *mimbar*, ou chaire à prêcher; on y monte par devant. A droite, près de la porte d'entrée, est le tombeau de Méhémet-Ali, lourd et massif. Nous sortons et examinons l'extérieur de la mosquée. Les proportions en sont grandioses; l'édifice est recouvert d'une vaste coupole flanquée de quatre autres demi-coupoles et de deux minarets, très élancés, très grêles, qui se terminent par une flèche renversée, en forme d'éteignoir. Il est certain que ces dimensions sont disproportionnées. Les Caïrotes sont fiers de cette mosquée, les connaisseurs regrettent qu'elle n'ait pas assez le style oriental; pour moi, qui suis un profane, je la trouve riche et fort belle.

Nous faisons ensuite une promenade sur les remparts. On y jouit bien de la plus belle vue qu'on puisse imaginer. Vous avez tout le Caire à vos pieds; les minarets de ses deux cent cinquante mosquées émergent au-dessus des toits en terrasse; au loin le Delta, les pyramides, les montagnes de la Thébaïde; c'est superbe.

En redescendant, nous allons visiter *Bir Youssouf*, ou puits de Joseph. On en a attribué l'origine au patriarche de ce nom; mais il a été construit par Saladin, dont le prénom était Joseph ou Youssouf. Il est carré et a quatre-vingt-huit mètres de profondeur. On y descend par un plan incliné tournant, mais si doux que les animaux y passent facilement; il est divisé au milieu en deux étages, et à chaque étage un système de *sakieh* amène l'eau. Afin de donner du jour à la descente, la paroi de droite, qui donne sur le centre du puits, est percée, de distance en distance, par des arcades. Je ne prends pas la peine de descendre jusqu'en bas; la montée, pour revenir au jour, me fait peur.

Pour sortir de la citadelle, nous passons au milieu d'un poste d'habits rouges. Et dire que nous aurions pu si facilement être les maîtres ici !

Les voitures nous conduisent jusqu'à l'entrée des bazars. Rien n'est curieux comme ces bazars d'Orient. On appelle « bazars, » ici, les rues dans lesquelles se tiennent les marchands. Souvent telle rue ne donne asile qu'à telle ou telle branche de commerce : ainsi le bazar des marchands d'étoffes, le bazar des libraires, des bouchers, des épiciers, etc., c'est la rue où se tiennent les épiciers, les libraires, etc. Ordinairement ces bazars sont dans des rues très étroites et mal tenues : dans les grandes rues, il y a des magasins, comme chez nous. Les objets les plus précieux sont entassés à la porte de boutiques ignobles ou dans l'intérieur. Rarement il y a une arrière-boutique; on n'habite pas dans ces bazars. Le soir on rentre et on ferme tout dans l'étroite encoignure formée par le magasin, et l'on va vivre ailleurs. Souvent, pour abriter les marchandises, ces bazars sont couverts, de sorte que ces rues ne sont jamais éclairées par les rayons du soleil. Nos passages de Lyon, par exemple le petit passage de l'Argue, peuvent en donner une idée; mais en Orient, c'est encore plus étroit. Je réprime mes envies d'acheter; il faut être raisonnable et penser que j'ai encore cinq semaines de voyage.

Je fais ensuite un tour dans les rues de la vieille ville, rues tortueuses et étroites, dans lesquelles le soleil pénètre à peine. Je contemple ces maisons aux façades percées seulement de minces ouvertures ou garnies par les *moucharabieh*. Les *moucharabieh* sont des espèces de balcons étroits défendus par une grille à mailles serrées derrière laquelle on aperçoit de temps en temps la silhouette de quelque musulmane, qui charme les loisirs de sa captivité en regardant les passants. Au Caire, le costume est plus oriental qu'à Alexandrie. Sans doute l'habit européen y est très répandu aujourd'hui; mais le plus grand nombre des indigènes a gardé son costume national. Ce costume ne laisse pas que d'être très varié.

Après cette courte visite, je prends un landau, avec quelques confrères, et nous parcourons le quartier européen. Ce quartier n'est pas très fréquenté quand le soleil y donne. Nous allons au consulat de France prendre un renseignement. Il est bâti dans une belle avenue et ses proportions sont assez élégantes. Je vais ensuite rendre visite à un médecin lyonnais, qui est établi ici depuis plusieurs années, et nous rentrons. La journée a été bien remplie.

Aujourd'hui 21 mai, nous allons aux Pyramides. J'ai dit ma messe à une heure du matin dans la chapelle des Frères, et à six heures et demie nous sommes en voiture. Nous traversons le quartier d'Ismaïliah, et arrivons au pont du Nil. Il faut parcourir douze kilomètres pour aller de la place de l'Esbékiéh aux Pyramides. Le pont du Nil, appelé Kasr en Nil, est très beau; il a été bâti par les Français. Deux lions énormes en gardent l'entrée. Ici le fleuve paraît large comme le Rhône dans le parcours de Lyon. Les flots sont jaunes et le courant ne paraît pas trop rapide (1). Un peu en amont du pont, nous apercevons l'île de Roudah, où, d'après une tradition, Moïse aurait été exposé. Nous

---

(1) Il faut dire que nous sommes à l'époque des plus basses eaux.

suivons ensuite une superbe route bordée d'acacias. On dit que le khédive la fit planter en quelques jours, lors du voyage de l'impératrice Eugénie en 1868. Le pays environnant est d'une rare fécondité.

Huit kilomètres séparent le pont du Nil des Pyramides. Depuis quelque temps notre cheval du milieu nous donnait des inquiétudes ; au moment où le cocher tire les rênes pour l'arrêter, il s'abat. Nous plaignons son sort, mais nous nous hâtons de gagner le plateau. Brusquement la végétation a cessé, devant nous des collines de sable, et les Pyramides. Pour y arriver, on gravit un chemin en pente douce ; de chaque côté, un mur en maçonnerie retient le sable mouvant. Malgré cela, le vent a souvent entraîné le sable dans le chemin ; aujourd'hui encore il nous jette la poussière dans les yeux, et notre parasol nous sert autant à nous garantir du sable que du soleil. Arrivés au sommet du plateau, nous sommes au pied de la pyramide de Chéops, la plus élevée des trois. De près, elle ne produit pas l'effet auquel on s'attend. C'est une masse de blocs de pierre étagés les uns sur les autres, de manière à former des gradins d'inégale grandeur et d'inégale hauteur. Autrefois, elle était revêtue de marbre, et, par conséquent, ses parois étaient lisses : on ne pouvait donc y monter. Ce sont les califes qui, en prenant ces marbres pour orner leurs mosquées, ont rendu l'ascension possible. La plus grande pyramide, bâtie par Chéops, a 137 mètres de hauteur verticale et 180 mètres de hauteur oblique ; elle comprend 203 gradins. Primitivement, avant d'être découronnée, elle avait 142 mètres. Son périmètre est de 920 mètres [1]. Les faces en sont parfaitement orientées.

---

[1] Victor Guérin. — Tous les auteurs ne sont pas d'accord sur les dimensions des Pyramides.

On croit communément aujourd'hui que ces pyramides étaient destinées à servir de tombeaux. Plusieurs de ceux qui les ont fait construire n'ont pas pu, selon l'expression de Bossuet, « jouir de leur sépulcre. » A Giseh, il y a trois pyramides principales : celle de Chéops et celle de Chéphrem ont à peu près les mêmes dimensions ; celle de Mycérinus est beaucoup moins haute que les deux autres. On peut les visiter toutes les trois.

On célèbre tout d'abord deux messes au pied de la grande pyramide. C'est peut-être la première fois que le fait se produit. Ainsi s'accomplit la prophétie de Malachie : « En tout lieu s'offre à mon nom le sacrifice sans tache (1). » Nous prions aussi pour les soldats français morts à la bataille des Pyramides en 1798. Cette bataille n'eut pas lieu au pied même de ces monuments, mais bien dans la vaste plaine qui s'étend au nord. Après la messe, un missionnaire nous adresse quelques mots bien sentis. Il commence comme Massillon : « Dieu seul est grand ! » Les Bédouins nous regardent curieusement. Leur costume diffère un peu de celui des Arabes. Ils portent un voile serré tout autour de la tête par deux cercles de crins tressés, et ils ont un *burnous* rayé de noir et blanc.

Cependant on organise l'ascension ; les conventions sont faites avec le *cheik* du village : nous n'aurons rien à payer. Aussitôt les Bédouins jeunes et vieux se saisissent de nous. Ordinairement, ils se mettent trois à chaque voyageur : deux tirent par les bras, un pousse par derrière. Je n'en prends qu'un. Pour vous exciter ils vous parlent des « quarante siècles. » Le mien est insinuant ; quand je veux m'arrêter, lui, qui veut redescendre pour prendre d'autres voyageurs, me presse et s'écrie :

---

(1) *Mal.*, i, 11.

« Français bons, Français courageux. » Je fais la sourde oreille et je dis : « doucement, doucement. » C'est qu'il me faut faire des écarts de jambes étranges pour escalader ces blocs ! J'arrive au tiers environ de la hauteur ; je me trouve en ce moment sur l'arête nord-est. Je m'arrête pour me reposer ; cette pause m'est fatale. Je veux me retourner pour contempler le paysage ; hélas ! un vent frais vient me frapper au visage, je ne vois à droite et devant moi que le vide ; ce vide semble m'attirer. Je me hâte de me retourner contre la masse de pierres. Je m'assois sur un bloc et je reprends mes esprits. J'en ai assez, et je commande la descente. A mon avis, elle est encore plus pénible que la montée, et j'ai bien soin de regarder le gradin suivant, pour ne pas aller me précipiter dans le vide.

En bas, je rends grâces à Dieu, je reprends ma douillette et mes affaires, que j'avais confiées à une dame charitable, et je me rends au Sphinx. Il faut marcher pendant dix minutes au milieu du sable. Le Sphinx est un énorme lion accroupi, avec face humaine. Son œil mesure un mètre quarante, sa bouche deux mètres trente ; le colosse tout entier a vingt mètres de hauteur ; encore sa base est-elle ensevelie sous les sables. Cette statue, dont le nez a été mutilé, regarde l'Orient ; on ne sait pas au juste quel en a été le but ni l'objet.

Tout à côté du Sphinx sont les restes d'un temple superbe. C'est un vaste rectangle à trois nefs ; les piliers de granit rose sont énormes ; on y montre aussi deux chambres, dans l'une desquelles il y a un puits.

Après cette visite, j'avise un chameau, et voulant voir quelle impression j'éprouverais sur le dos de cet animal-là, j'appelle son conducteur qui, moyennant un franc, consent à me faire véhiculer. Quelques coups de fouet, quelques cris forcent ma monture à se mettre à genoux ; je m'installe sur son dos et un nouveau coup de fouet la fait se relever brusquement. Ce sont les pieds de derrière qui commencent ; aussi, je me sens porté en avant, et je vois le moment où je vais passer par-dessus la tête de ma bête. Heureusement les pieds de devant opèrent la même évolution ; je suis rejeté en arrière et me trouve en équilibre. D'un pas majestueux mon chameau s'avance ; ses immenses enjambées me balancent de l'avant à l'arrière *et vice versa;* en somme, ce n'est pas trop désagréable. A un moment donné le guide veut le faire trotter, mais je n'entends pas de cette oreille et le force à maintenir le pas. Rien n'est curieux comme de voir les Arabes ou les Bédouins accroupis sur un chameau. Les uns sont entièrement à cheval sur la selle ou sur les sacs de marchandises, qui en tiennent lieu ; les autres ramènent les jambes du même côté, en faisant faire à l'une d'elles le tour de la bosse ; d'autres enfin croisent les jambes sur le cou de l'animal, en avant de la bosse. Revenu devant la grande pyramide, je m'accroche à la bosse de ma monture ; celle-ci se met à genoux et me laisse tranquillement opérer la descente. Comme si un franc n'était pas assez cher, mon guide veut *bakchiche;* j'ai bien envie de lui en donner un à coups de cravache ; je me retiens cependant.

Immédiatement je descends dans les chambres de la pyramide. Ici il faut absolument un Arabe pour vous tenir et faire de la lumière. L'entrée est située sur la façade nord, à une certaine hauteur au-dessus de la base. Dès le seuil, on descend ou plutôt on glisse sur un plan incliné assez raide. On a bien taillé dans le marbre de petites cavités très peu larges et très peu profondes ; mais elles sont trop éloignées les unes des autres, on ne les voit pas suffisamment, de sorte qu'il est facile de les manquer. On descend par cette galerie jusqu'à trente-deux mètres au-dessous de la base. Ici, on fait quelques mètres horizontalement, puis on remonte difficilement jusqu'à une petite salle rectangulaire, dite « chambre de la reine : » elle est vide. Pour y arriver, il y a un pas difficile et dangereux, où le guide est obligé de vous enlever, à la montée, et de vous recevoir sur ses épaules, à la descente. Après la « chambre de la reine » vient une nouvelle galerie très singulière. De chaque côté de la paroi, il y a une espèce de trottoir, très étroit et en plan très incliné, avec des places creusées pour mettre les pieds. Entre les deux trottoirs, le vide; un faux pas vous y précipiterait facilement. Enfin on arrive à « la chambre du roi, » belle salle de dix mètres de long sur cinq de haut et cinq de large. Les parois sont en blocs de granit poli. Au fond est un grand sarcophage de granit rose, qui a certainement contenu une momie ou qui était destiné à la recevoir : aujourd'hui il est vide. Mon guide fait brûler quelques mèches de magnésium et la chambre est superbement éclairée. Cependant la chaleur est étouffante, c'est à peine si l'on peut respirer, enseveli qu'on est sous cette masse de blocs; il faut sortir au plus vite. Mais allons doucement, car si je glissais, je ne sais trop où je m'arrêterais. L'accident ne se produit pas; et c'est avec bonheur que je respire à pleins poumons l'air extérieur. Mais voilà ! il faut payer, et mon guide n'en a jamais assez. Je lui donne 2 fr. ; naturellement il en voudrait davantage. En tout cas j'ai bien fait de ne le payer qu'à la sortie; il eût été dans le cas de me laisser en plan s'il avait tenu l'argent plus tôt.

Cependant, je suis mouillé à tordre, des pieds à la tête; déjà le gros du pèlerinage est en voiture; je vais prendre une pleurésie évidemment, si je fais comme les autres. Les Frères ont fait apporter un tonneau de bière, où l'on peut aller se désaltérer. Ce n'est pas ce qu'il me faut. J'aperçois un magnifique établissement au bas du plateau; j'y vais, et quoiqu'il soit tenu par des Anglais qui vous écorchent, je prends un café noir bien chaud : *prius est vivere !* J'avais confié ma bourse à une brave dame, ne gardant avec moi que mon porte-monnaie, juste garni de ce qu'il fallait. Il me faut courir toutes les voitures pour retrouver ma trésorière ; je rentre cependant en possession de mon bien et je puis trouver une place dans un des derniers véhicules.

En une heure nous arrivons au palais de Giseh. Le khédive nous a fait une grande faveur en nous permettant d'y dîner malgré le Ramadan ; il a consenti néanmoins, en voyant qu'il ne lui était pas possible de nous *mahométaniser.* Le palais et les jardins de Giseh ont été construits par le khédive Ismaïl, et auraient coûté 82 millions. Avant de visiter, mettons-nous à table : le besoin s'en fait sentir. Pour table, pour siège, nous avons la verdure d'un pré ; pour carafes, des outres immenses ; pour mets, de la viande froide, du fromage, des oranges, le tout apporté par les Frères ; avec cela de vraies fourchettes et de vrais couteaux. Le repas se prend assez gaîment et promptement. Quelques pèlerins essaient de faire boire ou manger nos serviteurs musulmans ; ils s'y refusent avec énergie. Si on les voyait, si on les dénonçait, ils seraient punis. Avec cela, sans doute, ils ont une certaine conviction religieuse, au moins quelques-uns, et je les admire de supporter tout le poids du jour et de la fatigue sans rien prendre. Que de catholiques se dispensent du jeûne ou de l'abstinence avec bien moins de raisons! Il est vrai qu'ils n'ont pas à craindre la prison, mais peut-être aussi sont-ils moins fortement trempés !

Nous partons trois ensemble pour faire le tour des jardins. Ils sont fort bien dessinés, émaillés des arbres les plus beaux et des fleurs les plus merveilleuses. Toutes les allées sont pavées de mosaïques variées ; un petit fleuve parcourt le jardin et un petit lac le rafraîchit. Des grottes artificielles, artistement dessinées, fournissent au visiteur un abri contre les ardeurs du soleil ; de petites collines, élevées par la main des hommes, permettent d'avoir une vue d'ensemble de ces lieux enchanteurs.

Mais il est deux heures ; la visite du musée va commencer. Le musée de Boulak a été, en effet, transporté ici, et les richesses en ont été rangées dans les beaux appartements du palais du khédive maintenant inoccupé. Ce palais est bâti dans un style presque européen, avec de larges et nombreuses fenêtres ; le luxe seul y est oriental. Les pièces sont vastes et fort belles, magnifiquement décorées, au moins celles qui ne servent pas au musée. Malheureusement nous ne pouvons en voir qu'une partie. Nous parcourons successivement les différentes salles du musée ; les collections y sont disposées sous les titres de : monuments *religieux, funéraires, civils, historiques*. On voit une quantité d'amulettes, de dieux et demi-dieux, de statues grandes et petites, de médailles, de stèles, de fragments sculpturaires, on admire surtout les momies et les cercueils d'un grand nombre de rois ou de personnages importants. Les sarcophages varient beaucoup de forme et de grandeur : les uns sont en bois, les autres en pierre ; ceux-ci sont bas, ceux-là élevés. En général, ils ont la forme d'une boîte longue, largement elliptique à la hauteur des épaules, et se terminant en rond derrière la tête. Un bon nombre de ces cercueils possèdent leurs momies. Quand une momie a paru assez bien conservée, on a remplacé par un verre le couvercle du sarcophage. On peut donc voir un certain nombre de ces rois d'Egypte emmaillotés dans leurs bandelettes ; la face et les mains sont seules découvertes ; les pieds le sont aussi quelquefois. Je m'arrête longuement devant la momie de Rhamsès II, le Sésostris des Grecs. C'est lui qui commença à persécuter les Hébreux, et c'est son fils Ménephta Ier qui vit son armée engloutie dans les eaux de la mer Rouge.

A quatre heures nous sortons du musée. Je monte en voiture, et nous allons un peu plus loin visiter l'*aquarium* construit par Ismaïl. C'est une merveille de dessin pittoresque. En 1882, les Anglais en ont brisé les verres, de sorte qu'aujourd'hui il est à sec et par conséquent vide de poissons.

Au sortir de l'*aquarium* un brave missionnaire vient nous inviter à visiter le village nègre, qui est tout près. Nous n'y allons pas tous : je suis, pour mon compte, enchanté de la visite. C'est là que Mgr Sogaro, successeur de Mgr Comboni, comme vicaire apostolique du Soudan central, attend le moment favorable pour rentrer dans ce pays troublé par le Mahdi et ses troupes. Il a déjà racheté un certain nombre de nègres soudanais; il a marié ensemble les plus âgés, il garde avec lui les jeunes gens. Chaque ménage occupe une maisonnette dans le style du pays; à un bout du village est la maison des Pères; l'église est au centre. Nous allons d'abord chez les Pères. Nous sommes accueillis par les sons d'une joyeuse fanfare; sept ou huit négrillons de quinze à vingt ans soufflent à qui mieux mieux un pas redoublé. Ils ont l'air de nous dire : « Voyez donc comme nous sommes forts et savants. » Il me semblait entendre une de ces fanfares, comme il y en a dans certains cirques ambulants, qui donnent des représentations de village en village. Nous applaudissons à la fin ; c'est déjà beaucoup pour ces pauvres enfants. Nous visitons les classes : la plupart des enfants ont la figure couverte de balafres : ils ont l'air bons néanmoins et ils sont baptisés. Je leur demande leur nom en italien, car les Pères sont italiens et leur apprennent leur langue ; cependant ils enseignent aussi un peu de français. A l'infirmerie, j'en vois quelques-uns étendus sur de misérables grabats ; l'un d'eux paraît très mal ; à ses côtés un autre enfant, armé d'un plumeau, chasse les mouches de dessus son visage : c'est touchant. Puis nous montons sur la terrasse, d'où l'on a une belle vue ; j'y trouve Mgr Sogaro avec deux pèlerins. Pauvre évêque ! Il n'a pas un bout de violet : sa soutane est bien râpée ; mais il est jeune encore et espère pouvoir pénétrer dans sa mission avant de mourir. Enfin, fanfare en tête, nous allons recevoir la bénédiction dans la chapelle. Elle est bien petite et bien simple ; tous les officiants sont nègres, les enfants de chœur en soutane et en rochet se rangent autour de l'autel, un prêtre nègre donne le salut. Les enfants chantent le *Tantum ergo* sur l'air : *Les anges dans nos campagnes*, etc. Il me semble encore entendre leurs petites voix de poitrine, aiguës et nasillardes ; c'est triste à entendre et cela m'impressionne. Enfin un Père alsacien nous parle de l'œuvre et implore notre charité. C'est avec bonheur que je dépose mon obole dans l'assiette qui nous est présentée par deux enfants. Puisse cette œuvre être le commencement de la régénération religieuse de l'immense Soudan !

Nous nous hâtons de rejoindre les voitures et repartons pour le Caire. Nous passons près des jardins de l'Esbékiéh, une des merveilles de la ville. Rien n'a été négligé pour les rendre charmants. Les kiosques, les cafés, les parterres, les fleurs et les arbres, le lac artificiel qui le rafraîchit, tout y plaît. Malheureusement un prêtre ne peut guère y aller le soir. Or, la journée a été bien occupée, et nous partons demain. On montre dans ces jardins l'endroit où Kléber a été assassiné. Tous ces détails me sont fournis par un homme charmant, capitaine de la police au Caire et par-dessus tout excellent catholique. Enfin nous rentrons harassés, et, avant de nous coucher, nous préparons nos sacs pour le départ.

Du Caire j'emporterai un excellent souvenir; je n'aurai qu'un regret, c'est de n'avoir vu ni les tombeaux des califes, ni les mosquées d'El-Azhar et d'Hassan, ni Memphis. Quelques pèlerins mieux avisés sont allés visiter ces dernières ruines et sont revenus enchantés. Peut-être n'ont-ils pas vu tout ce que nous avons vu nous-mêmes; il faut savoir se contenter de ce que l'on a.

Ma dernière soirée au Caire a été délicieuse. Après le souper, je suis monté sur la terrasse des Frères; et, comme c'est une des plus belles du Caire, j'ai joui pendant un bon moment d'un magnifique spectacle. De tous côtés je voyais les balcons des hauts minarets illuminés en l'honneur du Ramadan. Le Ramadan, nul ne l'ignore, est le carême des musulmans. Ils ne doivent ni manger, ni boire, ni fumer, depuis le lever du soleil jusqu'à son coucher. A ce moment, un coup de canon annonce le commencement de la nuit, et alors les musulmans rentrent chez eux pour prendre leur repas, et même, s'ils le veulent, passer la nuit en festins, quittes à dormir le lendemain toute la journée. J'ai assisté à Jérusalem à la fin du Ramadan. Pendant trois jours on festine; pendant trois jours les fanfares se font entendre et le canon tonne : c'est ennuyeux à l'excès pour ceux qui ne sont pas musulmans. A l'effet magique produit par ces mille feux des minarets du Caire se joignait celui de la lune alors dans son plein et laissant tomber sa clarté sur les terrasses des maisons. De temps à autre on voyait des ombres errer sur ces toits plus bas que le nôtre ; ajoutez à cela une brise tiède et embaumée, un ciel d'une transparence incomparable : c'était féerique. On a eu raison de chanter les nuits d'Orient. A nos pieds, le Caire s'endormait ; hélas ! il dort pour longtemps encore peut-être à l'ombre de la mort ! Oh ! quand donc brillera sur cette ville le soleil de la vérité ! En effet, malgré les Frères, les Franciscains, les Jésuites, les Sœurs du Bon-Pasteur ou de Saint-Joseph, les catholiques y sont encore bien peu nombreux relativement à la population.

Le mercredi 22 avril, nous déjeunons à cinq heures et demie ; le bon Frère Gervais remplit nos poches pour notre dîner, car nous ne trouverons rien en route, et à six heures nous nous dirigeons vers la gare.

Il me restait à faire une expérience au Caire : je l'ai faite ce matin. Vous avez entendu vanter la commodité, les charmes, les atours des ânes du Caire. J'ai voulu les essayer : cela est facile à qui veut s'en offrir le plaisir. A tous les coins de rue, des moukres, ou guides, vous crient : *Bom boudi, Massieh, bom boudi*. Je croyais d'abord que c'était le nom arabe de l'animal. J'ai fini par comprendre que cela voulait dire tout simplement : « bon baudet. » Donc, monté sur une excellente petite bête grise, je me rends à la gare, sans vergogne, puisque l'âne est également bien monté par le riche et par le pauvre.

J'ai eu soin de changer ma monnaie égyptienne, qui ne me servira plus en Terre Sainte. Il m'a fallu quelque temps pour m'habituer à cette monnaie ; mais actuellement je m'y reconnais bien. Les principales pièces de monnaie, toutes en argent ou en métal, sont les suivantes :

La demi-piastre (1), 0 fr. 125, de la grandeur d'une pièce suisse de 0 fr. 20.

La piastre, 0 fr. 25, de la grandeur d'une pièce de 0 fr. 20 française ;

La double piastre, 0 fr. 50, de la grandeur d'une pièce de 0 fr. 50 ;

Le demi-medjidié, 1 fr. 25, de la grandeur d'une pièce de 1 franc ;

Le medjidié, 2 fr. 50, un peu plus grand qu'une pièce de 2 francs ;

Le double medjidié, 5 fr., à peu près notre écu de 5 francs.

Dans les comptes, il faut faire attention si l'on compte par grosse piastre de 0 fr. 25 ou par petite piastre de 0 fr. 125.

Je donne ma dernière piastre à un enfant qui me harcèle du cri : « Cirage, mon bère (2), cirage, » et je me mets dans un wagon en tout semblable à celui qui nous a amenés d'Alexandrie. A six heures et demie, le train s'ébranle : en route pour Ismaïlia.

---

(1) La demi-piastre s'appelle encore petite piastre ; alors la piastre proprement dite prend le nom de grosse piastre.

(2) Les Arabes n'ont pas notre consonne *P*. Mon *bère* signifie donc : mon père.

CHAPITRE VI

DU CAIRE AU CARMEL

Nous reprenons d'abord la direction d'Alexandrie jusqu'à Benha, où nous tournons vers l'est. Après avoir parcouru quatre-vingts kilomètres environ, nous arrivons à Zagazig (1). Ici nous avons un bon quart d'heure d'arrêt; il y a un buffet à la gare. Mais quel buffet! Tout y est entassé presque sans ordre. On y trouve des poulets rôtis sur de la fiente de chameau, et qui, par conséquent, ont retenu un goût *sui generis*, des œufs durs, des oranges, des dattes, de petites galettes au goût aigre. Des enfants déguenillés et sales viennent nous offrir ces divers comestibles. Tandis que nous examinons ce tableau, je m'entends appeler par mon nom et je vois devant moi le P. Villard, un de mes anciens condisciples de Saint-Nizier. Sa belle barbe l'a bien changé, aussi m'a-t-il reconnu le premier. Nous nous embrassons cordialement et causons un peu. Si nous avions eu plus de temps, il m'aurait emmené visiter la maison des missions africaines, où il est, ainsi que le collège, établi en 1878, et qui a aujourd'hui une

---

(1) C'est l'ancienne Bubastis, résidence de la XXII⁰ dynastie des rois d'Egypte.

centaine d'élèves. Presque autant de petites filles fréquentent l'école tenue par les Sœurs des missions africaines. A Zagazig, sur 20,000 habitants, il y a environ trois cents catholiques.

Mais bientôt il faut se dire adieu ; le train va partir. Sans doute, c'est une grande joie pour le bon Père de revoir des compatriotes ; de notre côté, nous ressentons un légitime orgueil à la pensée que l'un de nous travaille ici à la gloire de Dieu et à l'extension de son règne. Nous traversons maintenant la terre de Gessen, appelée aujourd'hui par les savants Goshen. C'est là que les enfants de Jacob vinrent s'établir (1). Ce pays est encore très fertile : il produit beaucoup de coton, que l'on prépare dans de nombreuses usines à Zagazig, à Tantah et ailleurs. Le blé aussi y est abondant. Nous longeons le canal d'eau douce qui va du Caire à Suez.

Cependant, plus nous approchons d'Ismaïlia, plus la plaine devient aride ; nous sommes bientôt en plein désert. Nous dînons avec les provisions qui garnissent nos poches ; et à onze heures et demie nous débarquons.

Ismaïlia a été fondée en 1863 sur les bords du lac Timsah. La population européenne est d'environ 3,000 habitants. Il y a une église catholique et une école tenue par les Pères Franciscains ; il me semble cependant avoir entendu dire qu'actuellement il y a des Frères des écoles chrétiennes ; les Sœurs Franciscaines y ont aussi une école pour les filles.

De la gare au port, nous suivons une magnifique avenue d'acacias. Mais la chaleur est torride ; et, au

---

(1) *Gen.*, XLVIII, 6. Les travaux récents de M. Naville dans le Delta ne laissent plus aucun doute sur l'identification de la terre de Gessen.

lieu d'examiner, nous nous hâtons d'aller au bateau. Là deux vapeurs nous attendent : nous avons tous payé 3 francs pour la traversée du canal. Ceux qui avaient des billets de premières et de secondes sur le *Poitou* prennent place sur l'*Ibis*. Ceux qui avaient des billets de troisièmes, sur le *Poitou* toujours, montent sur un immense remorqueur.

A une heure et demie nous levons l'ancre. Nous remontons d'abord le lac, puis nous entrons résolument dans le canal de Suez. Je ne connais rien d'aussi triste que ce canal. Pendant sept heures de temps, nous allons être enfermés, à droite et à gauche, dans des remblais de sable; pas la moindre vue; un seul village, celui d'El-Kantarah. De temps en temps, une maisonnette en guise de station; tout le long, des bouées coniques indiquent le passage. Comme le canal est à peine large comme la Saône à Lyon, deux gros bâtiments ne peuvent pas y passer de front; on a donc établi des garages, et ordinairement ce sont ceux qui se dirigent vers Port-Saïd qui laissent passer ceux qui vont à Suez. Quatre ou cinq fois nous voyons renouveler le manège, et il faut longtemps pour jeter l'ancre ou la lever.

Vers cinq heures et demie, nous voyons à notre gauche une immense étendue d'eau, dont nous sommes séparés par une simple digue. C'est la mer ! Port-Saïd va être là ! Ah bien oui ! ce n'est que le lac Menzaleh, et longtemps encore nous courons en vue de ces eaux trompeuses. Enfin, à huit heures et demie, nous apercevons le phare, et bientôt nous accostons le *Poitou* en rade de Port-Saïd. La dernière heure de notre voyage a été particulièrement désagréable. A la chaleur torride avaient succédé une fraîcheur et un vent très ennuyeux. On cherchait en vain une place pour se mettre à l'abri de la froidure; d'ailleurs nos estomacs étaient singulièrement creux. Le soleil, se couchant derrière les sables, nous avait offert un agréable spectacle, sans nous faire oublier nos misères. Enfin nous avons eu notre première journée de pénitence : il faut bien avouer que c'était temps.

En somme, la traversée du canal de Suez peut et doit même se faire une fois; mais certainement deux seraient de trop. Si ce canal avait été fait par les Anglais ou les Allemands, on n'y trouverait aucun charme. C'est un bel ouvrage, il a coûté beaucoup d'argent et de peine, il est très utile pour le commerce, mais une prison est souvent très utile et n'a rien d'agréable.

Nous voici donc en vue de Port-Saïd. Cette ville, qui est la clef de l'extrême Orient, date de 1859. Elle est bâtie sur une langue de terre entre le lac Menzaleh et la Méditerranée. On a conquis du terrain sur le lac, dont on a comblé une large bande. Aujourd'hui, la ville a 4 ou 5,000 habitants européens. L'église est desservie par les Franciscains; l'école de garçons, tenue par les Frères des écoles, compte deux cents enfants, et cinq cents jeunes filles environ sont élevées par les Sœurs du Bon-Pasteur.

C'est avec joie que nous retrouvons le *Poitou* et son équipage. Inutile de dire qu'en arrivant nous nous empressons d'aller prendre notre repas. Quand nous remontons sur le pont, un spectacle féerique s'offre à nos regards. Dans le lointain nous voyons des navires lancer des gerbes de lumière électrique, qui viennent se refléter dans les eaux. Devant nous ce sont d'autres navires dont la mâture se dessine merveilleusement sous le ciel bleu. Mais « à quelle heure partons-nous ? » Il nous est répondu que l'on attend le retour des vaguemestres, qui sont allés porter nos lettres en ville. Nous appelions ainsi les trois pèlerins qui ont bien voulu se charger de notre correspondance. Ils sont partis depuis sept heures, et il en est neuf et demie. Les heureux mortels! Ils ont pu voir Port-Saïd et ses rues coupées en carrés. Probablement qu'ils s'amusent là-bas, tandis que nous languissons ici ! Enfin ils arrivent dans leur barque, et vers dix heures du soir, nous levons l'ancre. Terre d'Afrique, adieu! Demain nous serons en Terre Sainte!

La nuit est excellente. Après les messes et le déjeuner, chacun range son bagage. C'est qu'ici c'est une affaire compliquée ! On nous distribue deux pancartes, l'une blanche et l'autre vermillon. La première porte en gros caractères : Jérusalem; la deuxième : Caïffa. Ceux qui vont en Samarie ne doivent emporter avec eux que le strict nécessaire ; ils laissent sur le *Poitou* les gros bagages, qu'ils retrouveront à Jérusalem. Ceux qui vont simplement à Nazareth et à Tibériade peuvent se contenter d'un sac. Pour mon compte, je garde avec moi mon sac en bandoulière et aussi un bissac que je mettrai aux bagages chaque matin, pour le retrouver le soir au campement.

Vers une heure et demie, nous sommes en vue des côtes de Palestine. Peu à peu le promontoire du Carmel se détache, nous le tournons et nous venons jeter l'ancre dans la baie qui s'étend entre Caïffa, d'un côté, et Saint-Jean-d'Acre, de l'autre.

Le coup d'œil de la baie de Caïffa est superbe. La ville s'étend sur les dernières pentes de la montagne et à ses pieds. Elle est entourée de magnifiques plantations : l'olivier, la vigne, le chêne vert, toutes sortes de plantes et de fleurs y croissent en abondance.

Tandis que nous tournions le cap, nous avons chanté

de tout notre cœur l'*Ave maris stella*. Oui, nous avons bien à remercier Marie de nous avoir donné une traversée en somme excellente. Il nous est doux de penser qu'elle va aussi nous ouvrir la Terre Sainte ; et comme le dira le Père Carme chargé de nous recevoir, nous sommes sûrs qu'elle gardera notre entrée et notre sortie. Nous voilà donc arrivés au terme de nos désirs, au but véritable de notre pèlerinage. Salut, ô Palestine ! ô terre des miracles et de la promesse ! A chacun de nos pas désormais nous trouverons un souvenir divin. Quel charme dans cette parole : C'est ici, c'est là !.... De grâce, oublions la science moderne pour quelques jours. A l'en croire, il faudrait refaire la tradition ! Eh bien, non ! la tradition est consolante : elle affirme, et la science doute. Réservons nos hésitations pour les endroits où la tradition ne s'est pas affirmée. Visitons pieusement ces lieux bénis, avec esprit de foi : au retour nous étudierons si nous voulons. Alors nous aurons le temps de peser le pour et le contre ; et, après une étude sérieuse, nous donnerons presque toujours raison à la tradition. Que si parfois nous lui donnons tort, eh bien ! ce sera dans notre chambre, bien loin des lieux consacrés. Ici le temps nous manque pour nous faire une opinion ; ce serait gâter notre bonheur que de vouloir trop raisonner. Marchons dans la simplicité de notre cœur, et il surabondera de joie et d'impressions délicieuses.

Cependant le Frère Liévin, quelques Frères des écoles, le R. P. prieur du Carmel, M. le comte de Piellat, sont arrivés sur une barque surmontée du drapeau tricolore ; ils viennent nous saluer. Le Frère Liévin est un homme de soixante-dix ans, qui a encore toute la vigueur de la jeunesse. Il est plutôt petit et d'une forte corpulence. Une longue barbe blanche s'étale sur sa poitrine et lui donne un air de patriarche. Voilà longtemps qu'il sert de guide aux caravanes de Terre Sainte. Il a étudié, quoique simple Frère, la topographie des Lieux Saints dans ses plus petits détails, et les palestinologues, pour me servir de ce barbarisme, apprécient beaucoup son savoir, qui n'est jamais en défaut. Son *Guide en Terre Sainte*, imprimé chez les Pères Franciscains de Jérusalem, est le meilleur ouvrage de ce genre. On désirerait cependant qu'il en fît paraître une nouvelle édition. La dernière, qui date de 1887, est déjà un peu en retard, surtout pour ce qui concerne les nouveaux monuments de Jérusalem et les quelques découvertes qui ont été faites depuis. Le Frère Liévin est Belge de naissance, ce qui explique quelques tournures de phrases un peu singulières que l'on trouve dans son ouvrage (1). Le *Guide* de Bædeker est excellent aussi comme topographie. Mais au point de vue religieux, il laisse beaucoup à désirer. Il ne parle pas à l'âme comme l'autre. Son auteur est d'ailleurs protestant et Allemand; il est donc exposé à adopter certaines opinions de l'école protestante et allemande, qui aujourd'hui s'occupe beaucoup de démolir, sans trop savoir comment rebâtir.

Le comte de Piellat, lui, est Lyonnais. Il paraît avoir de cinquante à cinquante-cinq ans. Petit de taille, cheveux longs et barbe grisonnante, il est très actif, et se trouve toujours là au bon moment pour rendre service. Il a fondé, avec sa fortune personnelle, un bel hôpital à Jérusalem. Quand on le voit, on croirait reconnaître un de nos anciens chevaliers du temps des croisades.

Enfin, à trois heures, le débarquement commence. Nous sommes à environ un kilomètre de la plage. Des

---

(1) Voir l'appendice F.

barques viennent nous prendre. Les pilotes se disputent pour nous aborder les premiers et recevoir les premiers pèlerins. Le commandant Iperti est obligé de se tenir à la tête de l'escalier pour maintenir l'ordre.

En débarquant au port, nous nous agenouillons et baisons la terre avec amour pour gagner l'indulgence plénière ; puis nous allons à l'église paroissiale latine desservie par les Pères Carmes : c'est là qu'est notre rendez-vous. Une chose me frappe tout d'abord : les habitants d'ici ont l'air moins sales qu'en Egypte ; les robes et les visages me semblent mieux entretenus et mieux lavés. Ici le costume qui domine est la tunique longue avec ceinture et tarboush.

Nous traversons Caïffa. C'est une petite ville de 9,000 habitants, dont 2,600 catholiques, 1,200 hérétiques, 2,000 juifs et 3,000 musulmans. Les Frères des écoles tiennent l'école des garçons, et les dames de Nazareth, dont la maison mère est à Oullins (1), celle des filles. La ville porte aussi le nom d'Iléfa ; on l'assimile généralement à Helba, dont il est parlé au livre des Juges (2) comme faisant partie de la tribu d'Aser. Au temps des croisés, elle appartint à Tancrède ; elle était alors le siège d'un évêché.

L'église paroissiale latine est précédée d'un *atrium* assez vaste ; elle n'a rien de remarquable. Tandis que nous attendons l'arrivée des derniers pèlerins, l'orgue fait entendre un chant joyeux. Enfin, tout étant prêt, nous nous mettons en procession. Le drapeau français est en tête comme pour nous protéger sous ses plis. Nous chantons et nous récitons le chapelet. Après avoir traversé la colonie allemande, nous commençons à gra-

---

(1) Petite ville du département du Rhône, à 6 kilom. de Lyon.
(2) *Judic.*, I, 21.

vir le sentier rocailleux qui mène au sommet du Carmel. La chaleur est forte ; ceux surtout qui portent leur bagage sont éprouvés. Les enfants du village s'offrent à les tenir : on nous a recommandé de garder notre porteur à côté de nous. Tandis que nous chantons et répétons l'*Ave Maria*, j'entends derrière moi une petite voix enfantine qui répond très correctement en latin. Je me retourne : c'est un enfant d'une dizaine d'années ; il est donc catholique, lui aussi. La religion d'ailleurs sera toujours un lien entre nous et ces peuples. Presque partout, lorsque les habitants nous demanderont *bakchiche*, ou se proposeront à nous pour quelque affaire, ils auront soin de nous dire : « *Moi catholique*, » et comme preuve, ils se mettront à réciter le *Pater* ou l'*Ave*. Ils semblent nous dire, ces gens-là : « Je suis catholique comme vous, donc nous ne sommes pas des étrangers, nous sommes des frères. » Et n'ont-ils pas raison ? Sans doute, c'est pour eux quelquefois un moyen d'exploiter le voyageur ; mais ces gens ont dans l'idée qu'entre personnes de la même religion il faut se soutenir, et j'aime cette idée.

Malgré nos chants et notre prière, nous ne pouvons moins faire que d'admirer le panorama que nous avons sous les yeux. Ce sont les pentes du Carmel, toutes verdoyantes ; c'est la baie ; c'est Saint-Jean-d'Acre ; c'est, à perte de vue, la chaîne du Liban. Le chemin nous paraît moins long, et lorsqu'au bout d'une heure et demie nous atteignons le sommet du Carmel, je regrette presque d'être sitôt arrivé.

CHAPITRE VII

LE CARMEL

Après avoir franchi la grande porte cochère qui donne accès dans l'enceinte du couvent, nous trouvons les Pères Carmes, qui nous attendent rangés en cercle. Nous entrons dans la chapelle; un Père nous souhaite la bienvenue et nous recevons la bénédiction du saint Sacrement. Dans les églises, il n'y a pas de sièges; aussi, ceux qui ont eu le courage de s'embarrasser de leur pliant ont-ils éprouvé ici et dans toute la Terre Sainte une jouissance inconnue aux autres.

Nous allons ensuite prendre nos places dans les corridors du couvent. C'est là, en effet, que les prêtres ont été logés. Le long de ces corridors immenses on a étendu des nattes, une paillasse, un traversin de paille et une couverture pour chacun. Voilà bien certes un commencement de pénitence! Comment allons-nous dormir ici? Le bruit que chacun fera en se couchant ou se levant combattra certainement les influences de Morphée.

A sept heures, au souper, nous inaugurons la grande tente, qui, désormais, nous suivra partout, jusqu'à Jérusalem. Ici elle est placée dans un vaste terrain nu au sud du couvent; le drapeau français la surmonte. On y pénètre par quatre ou cinq larges ouvertures; il faut faire attention de ne pas s'accrocher le pied aux cordages qui la maintiennent. Les tables ne sont pas larges et l'on est assis sur de simples bancs, mais peut-on désirer mieux en caravane? Le souper est excellent; je dis excellent, par comparaison avec ce que je m'étais imaginé. Quelle joyeuse surprise, quand nous avons vu un bouillon tout fumant dans nos assiettes! Ce bienheureux bouillon, c'est lui qui m'a sauvé en Samarie! Quelque chose de chaud en arrivant au campement, le soir, vous fait oublier toutes les fatigues de la journée. Bonne viande aussi, bons légumes; nous n'étions pas à plaindre vraiment. Si les repas de midi eussent été semblables à ceux du soir, notre but était manqué : nous n'aurions pas fait pénitence.

Cependant on a monté les bagages qui étaient trop lourds pour être pris avec nous; on les a déposés autour d'un drapeau devant la tente, et chacun vient les reconnaître. Je trouve mon bissac assez facilement. Mais tous ne sont pas aussi favorisés. Tandis qu'accoudé sur le parapet je contemple encore le panorama de la baie à mes pieds, j'entends un monsieur d'un certain âge se plaindre amèrement de n'avoir pu trouver sa selle européenne; il s'imagine déjà qu'on la lui a prise. J'ai su le lendemain qu'elle avait été tout simplement déposée dans un endroit un peu écarté, où il l'avait retrouvée peu de temps après.

Le vendredi 24 avril, je me lève d'assez bonne heure et je vais dire la messe à la grotte de Saint-Elie, qui est la crypte de l'église du Carmel. C'est la première et probablement la dernière fois que je dirai la messe de ce saint prophète; elle n'est guère en usage, je crois, que chez les Carmes.

Pendant que je dis ma messe, Monseigneur de Tulle célèbre la grand'messe à l'autel de la Sainte-Vierge; les élèves des Frères de Caïffa sont venus pour chanter. Leurs voix me produisent le même effet qu'en Egypte; les soins des bons Frères finiront par les rendre plus harmonieuses.

Nous allons ensuite prendre le café. De tous les repas c'est le plus chétif et le moins réconfortant; si l'on peut y joindre un ou deux œufs crus, on s'en trouvera bien; si l'on a avec soi quelques petites provisions, on n'aura qu'à s'applaudir.

Vers huit heures et demie, un prêtre célèbre une messe au pied du monument élevé à la mémoire des soldats français blessés à Saint-Jean-d'Acre en 1799. Bonaparte avait abandonné les pauvres blessés. Les religieux du Carmel les avaient recueillis, et, tous ensemble, ils furent massacrés par les musulmans. Ce monument est placé devant le monastère, dans le jardin des Pères; il a la forme d'une pyramide, surmontée d'un globe en cuivre et d'une croix. Il a été élevé en 1875 par le duc de Mecklembourg, qui y fit graver cette inscription :

A LA MÉMOIRE DES BRAVES SOLDATS FRANÇAIS
MORTS AU SIÈGE DE SAINT-JEAN-D'ACRE
(1799).

La boule et la croix furent apportés en 1876, comme en témoigne l'inscription placée sur la boule du côté de l'église :

CROIX PORTÉE PAR LES MARINS DU « CHATEAU-RENAUD »
A LA MÉMOIRE DES BRAVES SOLDATS DE L'ARMÉE D'ÉGYPTE
TOMBÉS DANS LES ASSAUTS
DE SAINT-JEAN-D'ACRE.

Du côté de la mer, la boule porte :

> ILS SUCCOMBÈRENT
> EN FAISANT GLORIEUSEMENT LEUR DEVOIR.
> DIEU LES AURA REÇUS
> DANS SON SEIN ÉTERNEL.

Cette messe, ainsi célébrée pour des compatriotes sur leur tombe, est vraiment touchante.

Après la messe, chacun se disperse. Un groupe se forme pour aller, avec le Frère Liévin, visiter « l'Ecole des prophètes. » Après avoir franchi l'enceinte du monastère, on tourne immédiatement à gauche pour descendre un sentier très raide, qui conduit en cinq minutes à une petite esplanade. Au milieu est un beau figuier ; dans un coin une petite chapelle à moitié taillée dans le roc et dédiée à saint Simon Stock. Elle a dû servir autrefois de cellule à des religieux carmes. Nous prenons place sous le figuier, qui nous protège de son ombre, et le Frère Liévin nous fait l'historique du monument.

Nous continuons à descendre pendant un bon quart d'heure, et presque au bas de la montagne nous arrivons à « l'Ecole des prophètes. » On pénètre d'abord dans une cour où il y a un palmier, puis dans une grotte taillée dans le rocher, et qui a la forme d'une chambre large de sept à huit mètres. Cette chambre, dont les murs sont nus, sert aujourd'hui de mosquée. A gauche, on voit une excavation qui aurait servi de refuge à la Sainte Famille à son retour d'Egypte. Autrefois cette grotte servait de synagogue. Plus anciennement encore, le prophète Elie s'y retirait, avec les fils des prophètes, pour prier et lire la Sainte Ecriture.

En sortant de la grotte, quelques pèlerins vont au bord de la mer, prennent un bain ou cueillent des éponges. Pour moi, je remonte au couvent, où j'ai à écrire. J'achète ensuite quelques photographies, mais je conseille aux futurs pèlerins d'attendre Jérusalem ; là, ils trouveront aussi bien et moins cher.

Après le dîner commence l'opération délicate de la formation des groupes et du choix des chevaux. Déjà les pèlerins sont divisés en trois classes : ceux qui doivent passer par la Samarie, ceux qui iront à Tibériade, ceux qui veulent s'arrêter à Nazareth. En ce moment, il s'agit pour les Samaritains de se partager en six groupes, distingués par la couleur de l'oriflamme, qui sera portée en tête de chacun. La direction, accompagnée de Mgr Koppès, se réserve le guidon violet ; les dames choisissent le blanc ; les jeunes gens, suivis de deux ou trois abbés pleins de vigueur, optent pour le rouge ; enfin le commun des mortels se range sous le bleu, le vert ou le jaune. La caravane tout entière est placée sous la responsabilité d'un drogman-chef : Morcos est son nom. Chaque groupe est commandé par un pèlerin habitué au voyage et au cheval et, de plus, surveillé par un drogman, qui doit avoir l'œil à tout et servir les repas de midi, après en avoir choisi l'emplacement. Notre capitaine, à nous Lyonnais, qui nous sommes mis à l'abri du drapeau jaune, est M. Dupré-Latour, de Paris. C'est le plus aimable des hommes, d'une douceur et d'une obligeance extrêmes. Notre drogman s'appelle Antoun Abd-el-Messiah ; il est de Jérusalem, où il tient un petit magasin d'objets de piété. Il peut avoir de trente à trente-cinq ans, et, bien qu'il paraisse avoir un caractère un peu rêveur et nonchalant, en général il s'est montré bon et complaisant.

Une fois les groupes constitués sous la grande tente, nous allons dans la vaste cour du couvent choisir notre monture. Les chevaux y sont rangés sous les ordres des *moukres*. En effet, les drogmans ne s'inquiètent pas des chevaux. Ils en ont simplement loué chacun une trentaine. Les propriétaires desdits chevaux les ont amenés eux-mêmes ou les ont confiés à des domestiques ; ce sont ces propriétaires et ces domestiques qui, sous le nom de *moukres*, devront avoir soin des montures durant tout le temps du voyage. Heureux serez-vous, si vous tombez sur un moukre consciencieux; sinon, à chaque halte, surtout à chaque départ du matin, vous courrez après votre cheval et peut-être ne le trouverez-vous pas toujours. Si votre moukre a la conscience large, il vous changera votre selle, il ira jusqu'à vous donner de mauvais étriers, afin qu'ayant occasion de les ranger en route, il vous extorque quelques *bakchiches* de plus. Et encore ce sera un grand bonheur pour vous si vous pouvez le trouver quand vous en aurez besoin ; le plus souvent, il courra devant, ou restera derrière ; et alors vous vous en tirerez comme vous pourrez. Etes-vous obligé de demander un service à quelqu'un avec qui vous n'avez pas régulièrement affaire ? commencez par attirer son attention, puis prononcez le mot sacramentel : *backchiche*, et montrez le service que vous voulez. Naturellement on n'emploie ce grand moyen que si la chose est pressante ; autrement il vaut mieux attendre et s'adresser à son moukre. De plus, il est bon de ne donner une étrenne à ce dernier qu'à la fin de la journée, ou même seulement à Jérusalem.

Nous tirons nos chevaux au sort. Chaque personne du groupe tire un numéro et choisit selon le rang qui lui est assigné par ce numéro. Sur trente, je tire le numéro seize, et je prends un cheval dont la selle est étroite, et qui a l'air tranquille, quoique vaillant. Après l'expérience que j'en ai faite, je choisirais actuellement une selle large, avec étriers bien solides. On conseille d'emporter des selles européennes; je crois que, pour un homme, ce n'est pas nécessaire; si l'on peut avoir une de ces selles larges, qui ne fasse ni plis ni bourrelets sur les côtés, aux endroits où doivent porter les cuisses, on se trouvera suffisamment à l'aise. Il est très commode également d'avoir une selle pourvue d'un anneau sur le devant; on enfile son parasol dans cet anneau, et on y passe la courroie de son sac, qui est ainsi attaché aux flancs du cheval ou sur son dos. Dans ce sac on met alors les objets dont on peut avoir besoin en route : bréviaire, guide, petite pharmacie, gourde avec un peu de rhum ou de cognac et de l'eau, etc., et l'on réserve pour le sac, qui est avec les bagages, les autres objets dont on n'a besoin que pour la nuit. Je voudrais aussi un cheval un peu haut, qui puisse garder son rang, tout en allant au pas. Rarement le galop est possible, et le petit trot est extrêmement fatigant. L'idéal serait un cheval XIXe *siècle*; c'est-à-dire un cheval juste milieu, qui n'aille ni trop vite ni trop lentement. Comme les groupes ne doivent jamais empiéter les uns sur les autres ni se confondre, si votre cheval va trop vite, vous vous attirez les reproches du groupe précédent; s'il va trop lentement, c'est encore plus grave : le groupe suivant vous accable de malédictions. Or, il est presque impossible de faire un bon choix, la plupart des pèlerins ne se connaissent pas en chevaux, et seriez-vous excellent cavalier, si vous choisissez un des derniers, vous prenez naturellement ce qui reste. Vous faites donc votre choix à peu près au hasard; si vous tombez bien, la route sera charmante; si vous avez mal réussi, oh! alors.... quel voyage ! Vous ne regardez rien; vous êtes occupé à maîtriser votre monture ou bien à l'accabler de coups de cravache, et pendant ce temps le paysage passe inaperçu. *Experto crede Roberto*.... Le premier jour, j'avais un cheval mal élevé, qui mordait ses voisins : il fallait le veiller. Le second jour, je change avec un prêtre de la Savoie, habitué à manier ces bêtes-là. C'est bien pire encore, mais en sens inverse ; constamment je suis occupé à ne pas rester en arrière. J'ai cassé sur le dos du pauvre animal trois cravaches au moins, et mon ombrelle par-dessus le marché ! Et tous ces efforts ont abouti à quoi ? A me faire arriver à Jérusalem le dernier ; seules les dames venaient après moi et me trouvaient bien ennuyeux de leur barrer ainsi le passage. Il faut avouer cependant que j'ai bien été un des plus éprouvés du côté du cheval, et que le plus grand nombre n'a pas eu tous ces inconvénients. D'ailleurs, malgré tout, mon cheval m'a laissé de bons moments, et j'ai pu alors jouir pleinement des agréments du voyage.

Notre choix est terminé ; les pèlerins du groupe de Tibériade auront nos restes, les Nazaréens iront en voiture. Un groupe de vaillants pèlerins se dirige alors vers la fontaine d'Elie. Il faut deux bonnes heures à cheval pour y aller. Comme j'ai le temps de me lasser, je passe cette soirée en repos. D'ailleurs la fontaine d'Elie n'est qu'une source d'eau peu abondante. Ce qui en fait le seul mérite, c'est qu'elle jaillit miraculeusement à la prière du prophète.

Tout en me reposant, j'étudie l'histoire et la géographie du Carmel. Cette montagne est la plus belle de toute la Palestine ; les Ecritures en font l'éloge et vantent sa beauté. Parlant de la terre à l'âge d'or, Isaïe dit qu'elle revêtira « la gloire du Liban, la beauté du Carmel et de Saron[1]. » Le Carmel se dirige du sud-est

---

(1) *Is.*, xxxv, 2.

au nord-ouest, sur une longueur de 20 à 25 kilomètres; sa plus grande hauteur est de 600 mètres. Il est situé en grande partie dans l'ancienne tribu de Zabulon.

Ces lieux sont pleins du souvenir d'Elie, d'Elisée et de leurs disciples. Sous l'ancienne loi, il y avait ici des cénobites; et les moines du Carmel furent des premiers à embrasser le christianisme. Saint Narcisse, saint Euthyme, saint Berthold, saint Ange, saint Simon Stock, l'auteur de la dévotion du Scapulaire, illustrèrent cette montagne par leurs vertus.

Vers la fin du xiie siècle, saint Berthold bâtit le couvent, qui a été plusieurs fois démoli par les musulmans, et rebâti. En 1799, après l'invasion de Bonaparte, le monastère fut réduit à ses quatre murs, puis rasé entièrement en 1821. Enfin, en 1827, on put le reconstruire tel qu'il existe aujourd'hui. Il a la forme d'un vaste rectangle, et ses murs sont d'une telle épaisseur qu'ils font toujours penser à la possibilité d'une attaque.

Au centre des bâtiments, entre l'aile nord et l'aile sud, se trouve la chapelle. Cette chapelle est de forme circulaire et en croix grecque; un vestibule en entrant et le chœur forment deux des bras de la croix; deux autels latéraux, dans un enfoncement carré, forment les deux autres. De la rotonde centrale on monte, par deux rampes, au chœur, qui contient le maître-autel et la statue de Notre-Dame du mont Carmel, richement décorée. Cette statue tient l'enfant Jésus entre ses bras. La tradition rapporte qu'avant même l'Incarnation, un autel avait été élevé ici à la Vierge qui devait enfanter; de là la dévotion à Notre-Dame du mont Carmel.

Juste au-dessous du chœur est une grotte taillée dans le roc, au fond de laquelle il y a un autel. On croit qu'Elie et Elisée l'ont habitée; d'où son nom : grotte de Saint-Elie.

Je visite ensuite le jardin qui s'étend devant le couvent et l'immense esplanade dont il est entouré. On y jouit d'une vue splendide. Ce soir, le commandant du *Poitou* nous régalera d'un feu d'artifice. D'ici, notre navire paraîtra très beau, balancé sur les flots, et éclairé par la lune dans son plein, et par les flammes de Bengale.

A l'angle nord-ouest de la clôture est un bâtiment rectangulaire qui sert d'hôtellerie. On y a placé les dames d'un côté, et les messieurs de l'autre. Ils ne sont guère mieux logés que nous. Cependant ils sont installés dans des appartements au lieu d'être dans un simple corridor, et je vois que les dames ont des draps. Chez les dames, je vais visiter une demoiselle de Lyon. Hélas! elle s'est fait une entorse, et peut-être faudra-t-il la laisser ici, au lieu de l'emmener à Nazareth. Mais la sainte Vierge la protège, et je la retrouverai vaillante en Galilée et même à Tibériade.

Pour occuper le temps, je fais le catéchisme à quelques jeunes enfants de Caïffa. En notre honneur, ils ont vacance. Ils répondent bien et en français. Je parcours ensuite les étalages qui décorent l'esplanade. On trouve ici un peu de tout : il y a grand choix d'*abbaya* ou manteaux blancs, de parasols, de *couffieh* ou mouchoirs pour la tête, et même des sucreries orientales. Comme la monnaie de cuivre française n'a pas cours et que notre plus petite pièce en argent est de 0 fr. 20, tout se vend au moins ce prix-là. Il est bon de faire provision de ces pièces de 0 fr. 20 avant de partir. Cependant, à partir du Carmel, on peut facilement s'en procurer. Les indigènes vous offrent avec empressement de changer leur argent français contre de l'or. Ils aiment beaucoup les napoléons, les demi-napoléons, et les quarts de napoléon, comme ils disent dans leur langage. Ils vous offrent même des *paras* pour donner aux pauvres ; mais comme il en faut tantôt 80, tantôt davantage pour faire un franc, il est facile de s'y tromper. D'ailleurs ces gens-là savent très bien garder une prime pour eux et vous glisser des pièces trouées ou écornées, que l'on refuse ensuite énergiquement. En somme, la pièce de 0 fr. 20 joue ici un grand rôle. Souvent, quand vous achetez, on vous répond que tel objet vaut un, deux ou trois *backchiches :* ce qui veut dire une, deux ou trois fois 0 fr. 20. Et puis, si vous ne voulez pas vous laisser tromper, et passer pour un sot, donnez généralement la moitié du prix que les Arabes vous demandent. Pour eux, surfaire n'est pas voler. Un jour, je veux acheter à Jérusalem une clef de montre. « Combien cela ? — Demi-franc ; c'est ainsi que l'on compte là-bas. — Non, deux pour un *backchiche*. » — Le vendeur me regarde et me dit : « Prenez. »

C'est au Carmel que le pèlerin doit compléter son costume de voyage. Lorsque le samedi 25, après les messes et le café, nous nous mettons en route, nous sommes littéralement travestis. Nous avons un souverain pontife qui n'est pas même évêque ; un prêtre s'est transformé en derviche : outre l'abbaya, il a le couffieh multicolore, serré aux tempes en forme de tiare par deux anneaux de crin ; la plupart des autres prêtres se contentent du long manteau blanc et de leur chapeau ordinaire recouvert d'un voile blanc ; quelques-uns cependant portent le casque de liège ou une casquette blanche, à laquelle pend par derrière le couvre-nuque. Pour moi, je reste simplement en noir, vêtu d'une soutane très légère ; comme coiffure, j'ai choisi la casquette ; ceux qui gardent leur chapeau doivent avoir soin de faire mettre un caoutchouc ; autrement, pendant le galop, le chapeau s'envolerait, et il est toujours désagréable de descendre de cheval. N'oublions pas non plus le parasol, il est indispensable. Il est bon aussi de porter avec soi une gourde, pour s'humecter les lèvres s'il fait trop chaud. Pour mon compte, j'avais mis ma gourde en bandoulière, mais j'étais à peine à une heure de Caïffa que, dans un temps de galop, le cordon cassa, en sorte que ma pauvre gourde alla rejoindre les bagages. Enfin, le premier et le second jour du voyage, je négligeai de prendre mes gants blancs; bientôt j'eus les mains couvertes de petits boutons de chaleur; j'usai de ces gants et les boutons disparurent. C'est à cheval surtout que ces gants sont nécessaires, parce que le soleil vient directement frapper les mains immobiles sur la selle.

Nous quittons le Carmel à six heures du matin. Nous descendons le sentier que nous avons pris en venant, et nous arrivons à Caïffa. C'est sur deux lignes que nous traversons la ville en chantant ou en récitant le chapelet. Les indigènes, surtout les musulmans, font la haie et nous regardent curieusement. Au sortir de Caïffa, la route prend la direction du sud-est. A droite, nous avons la chaîne du Carmel; à gauche, le Cison et les dernières ramifications du Liban.

Nous sommes dans une des plus belles plaines de la Palestine, la plaine d'Esdrelon. Elle est traversée dans toute sa longueur par le Cison, torrent qui est souvent à sec, mais qui, cette année, est assez abondant. La plaine, qui est très fertile, s'étend dans la direction du sud jusqu'à Djenine; à l'est, elle s'allonge entre le Thabor, le Petit Hermon et les monts Gelboé; à l'ouest, elle est bornée par le Carmel, et au nord par les monts de Galilée. Nous allons d'abord la parcourir de l'est à l'ouest; puis, en allant de Nazareth à Djenine, nous la traverserons du nord au sud.

Puisque nous voilà en Palestine, disons quelques mots de sa situation géographique et de son histoire. La Palestine s'étend à peu près du 31° au 33° de latitude septentrionale et du 32° au 34° de longitude orientale. Elle est bornée au nord par la Syrie, à l'est et au sud par l'Arabie, à l'ouest par la Méditerranée. Les enfants de Chanaan vinrent d'abord s'y établir ; de là son nom primitif de « terre de Chanaan. » Vers l'an 2300 avant Jésus-Christ, Abraham, sur l'ordre de Dieu, sortit de la Chaldée et vint dans ce pays, qui lui fut promis par le Seigneur pour ses descendants. La terre de Chanaan devint alors la « Terre Promise. » Abraham, Isaac et Jacob y vécurent en nomades ; Hébron, Béthel, Sichem, furent leurs principales stations. Cependant un grand nombre de peuples s'étaient partagé le pays, et lorsque les Hébreux y rentrèrent sous la conduite de Josué, en 1483 avant notre ère, ils durent en faire la conquête morceau par morceau. Enfin, Josué put faire le partage des terres entre les douze tribus. Deux d'entre elles, celles de Ruben et de Gad, et la moitié de celle de Manassé, eurent les terrains situés sur la rive gauche du Jourdain ; les neuf autres tribus et la seconde moitié de celle de Manassé s'établirent entre le fleuve et la Méditerranée. Siméon et Juda étaient les deux tribus le plus au sud ; on trouvait ensuite en remontant : Benjamin et Dan, Ephraïm, Manassé occidental, Issachar, Zabulon, Nephtali et Aser, ces deux dernières le plus au nord. Pendant près de quatre cents ans, les Hébreux, sous l'administration des juges, eurent à lutter contre leurs voisins ou contre les peuples conquis. En 1087, ils se donnèrent des rois : Saül, David et Salomon occupèrent le trône jusqu'en 975. A la mort de Salomon, les douze tribus se séparèrent. Celles de Juda et de Benjamin restèrent unies avec Jérusalem pour capitale; les autres formèrent le royaume d'Israël, dont les rois résidèrent à Sichem, puis à Samarie. Pendant les quatre siècles suivants, la Palestine fut plusieurs fois envahie par les Egyptiens et surtout par les Assyriens et les Babyloniens. Salmanazar détruisit le royaume d'Israël en 721, et Nabuchodonosor celui de Juda en 586; dès 606, ce dernier, roi de Babylone, avait emmené en captivité un grand nombre de Juifs. Cependant, en 536, Cyrus le Grand, roi des Perses, permit aux Juifs de rentrer dans leur patrie. Le nord du pays resta soumis à l'étranger. Tour à tour tributaire des Egyptiens et des Séleucides, la Palestine ne recouvra une partie de son indépendance que sous les Machabées. Enfin, les Romains s'en emparèrent. Ils donnèrent la couronne à Hérode l'Iduméen; mais à la mort de ce dernier, le pays fut divisé en tétrarchies. C'est à la fin du règne d'Hérode que s'accomplit le grand événement auquel tous les autres événements de l'histoire sont subordonnés et rattachés; c'est en effet l'an 749 de Rome, la trente-neuvième année du règne d'Hérode, que naquit Jésus-Christ, vrai Fils de Dieu, descendant par Marie des rois de Juda et des patriarches, le Messie, en qui toutes les nations devaient être bénies (1). A l'époque de la vie publique de Notre-Seigneur, la Palestine comprenait quatre provinces : à l'ouest du Jourdain, la Judée au sud et la Galilée au nord; à l'est de ce fleuve, la Pérée au sud et la Trachonitide au nord. Bien des fois les pieds du Sauveur en foulèrent les routes et les sentiers ! Quarante ans après la mort de Jésus-Christ, en l'an 70 de notre ère, la Palestine était définitivement réduite en province romaine. Plus tard elle fit partie de l'empire d'Orient; mais les succes-

(1) *Gen.*, XXII, 18; XXVI, 4.

seurs d'Héraclius ne surent pas la défendre contre les musulmans, qui s'en rendirent maîtres. Les croisés la conquirent à leur tour et la divisèrent en un grand nombre de principautés, dont la durée ne dépasse pas un siècle. Soumise alors par les califes d'Egypte, la Palestine fut subjuguée par Sélim Ier, sultan de Constantinople, en 1517. Depuis lors elle a fait partie de l'empire ottoman. Elle n'en a été séparée qu'un instant, vers 1830, sous le vice-roi d'Egypte, Méhémet-Ali, qui s'en était emparé.

Le pays que nous traversons en ce moment faisait partie des tribus d'Aser et de Zabulon. A peine sortis de Caïffa, nous rencontrons sur notre droite le cimetière musulman. Qu'ils sont tristes, ces cimetières ! Point de clôture ; des pierres à peine équarries marquent l'emplacement des tombes, qui ont à peine la longueur et la largeur d'un corps humain. Dessus il n'y a rien ; parfois un fût de colonne s'élève aux extrémités. Quelquefois aussi sur la pierre on remarque un petit mausolée en dos d'âne : c'est le tombeau d'un riche ou d'un cheik. Ces tombes ne sont pas même disposées symétriquement ; on en voit qui sont presque perpendiculaires aux autres. Dans tous les cas, les cadavres ont été placés de manière à avoir le visage tourné dans la direction de la Mecque. Passons, car la pensée s'attriste. Que sont devenues ces âmes, après avoir laissé leur enveloppe mortelle? Hélas !.... Pourquoi les musulmans sont-ils si difficiles à convertir ?

Chemin faisant, nous apercevons les jardins de Caïffa. Ils sont beaux : palmiers, cactus, tamarix, lauriers-roses, tout y vient en abondance.

Au bout de deux heures, à l'entrée d'un bois d'oliviers, non loin de Bâlat-esh-Cheikh, village musulman perché sur les flancs du Carmel, nous faisons halte.

Nous avons vraiment besoin de nous détendre les nerfs. Plusieurs font arranger leur selle ; pour moi, je fais baisser mes étriers ; ils sont trop hauts ; les genoux sont par suite trop pliés, et j'y ressens déjà une gêne considérable. En général, il faut que l'étrier laisse la jambe s'allonger presque entièrement. Rien n'est curieux comme une halte ou une arrivée au campement. Les moukres, qui avaient disparu durant la route, se trouvent là tout prêts à recevoir vos chevaux ; quelquefois cependant ils font défaut, et alors vous êtes obligés de tenir la bride, si vous voulez retrouver votre monture au départ. Chaque groupe vient donc se ranger autour de son guidon ; on descend et l'on prend un peu de repos, sans trop s'éloigner de son cheval, si l'on veut s'y reconnaître facilement au départ. Il est même bon de ne pas perdre des yeux son moukre, surtout si l'on a négligé de prendre avec soi le bagage qu'on avait sur son cheval.

Au bout de dix minutes, la trompe du comte de Piellat retentit : c'est le départ. Ici l'ordre de la chevauchée change. Les *rouges* étaient partis les premiers ce matin ; c'est maintenant le tour d'un autre groupe. Cependant le drapeau français est toujours en tête de la colonne, ainsi que la direction.

Une heure plus tard nous franchissons le Cison. Dans cet endroit, il a assez d'eau ; nos chevaux en ont jusqu'au poitrail. Je me demande comment vont faire les voitures, qui amènent les Nazaréens derrière nous. D'ailleurs le chemin, qu'on appelle pompeusement une route de voiture, est défoncé en maints endroits : les malheureux vont être brisés en arrivant. Enfin, vers onze heures, nous atteignons un beau bois de chênes verts. Chaque drogman a choisi une place pour le repas de son groupe. Nous répondons à l'appel d'Antoun :

« *Les jaunes, les jaunes,* crie-t-il, *par ici les jaunes !....* »
Nous descendons de cheval et sur un tapis de Turquie nous trouvons le couvert mis. Chacun s'assied par terre, devant son assiette de fer, et le dîner commence. Pendant dix jours, jusqu'à Jérusalem, ce sera toujours la même répétition : œufs durs, viande froide, poulet froid, fromage et fruits. Le menu est suffisant ; mais c'est l'apprêt qui laisse à désirer ; c'est dur, cela n'excite pas l'appétit, et puis, nulle variété. Le vin, tantôt rouge, tantôt blanc, a un goût tout particulier ; il a été, je pense, enfermé dans des outres et sent suffisamment le goudron. L'eau n'est pas même aussi bonne, elle est chaude et d'une clarté douteuse. C'est bien la mortification. Si l'on pouvait supprimer un plat et varier un peu plus, ce serait mieux ; mais il ne faut pas demander l'impossible.

Après dîner, chacun s'arrange sous un chêne, et beaucoup essaient de dormir. Leurs rêves sont interrompus vers une heure et demie par la trompe, qui sonne le boute-selle.

Nous avons maintenant en face de nous le sommet du Carmel. On y aperçoit une petite chapelle, élevée sur le lieu du sacrifice d'Elie. C'est là que le prophète confondit les prêtres de Baal, dont le sang rougit ensuite les eaux du Cison (1).

En quittant El-Hartieh, on traverse pendant quelque temps des collines boisées. Nous remarquons les villages de Tabàaoun, de Cheikh-Abreik, de Koscos, de Djéida, où l'on voit des cactus et des plantations de tabac. Puis le chemin s'élève de plus en plus et passe tout près de Zebda, de Simoniade. Nous apercevons ensuite, à droite, Djebbata, et, à gauche, Maloul. La route fait

---

(1) *III. Reg.*, xviii, 22-40.

alors de longs circuits; à chaque détour on croit découvrir Nazareth dans le creux, mais on s'est trompé. Enfin, après avoir laissé à gauche Yafa, patrie traditionnelle de Zébédée et de ses deux fils, Jacques et Jean, on descend quelque temps et l'on arrive aux premières maisons de Nazareth. Il est environ six heures du soir.

Beaucoup de pèlerins n'ayant pas l'habitude du cheval redoutaient cette première journée. Nous n'avons eu, heureusement, aucun accident à déplorer, malgré de nombreuses infractions aux règles de l'équitation. D'après ces règles, on doit tenir les chevaux à deux pas de distance et ne pas trop se rapprocher en marchant de front. Or, cette règle n'a jamais ou presque jamais été observée. Cependant je n'ai pas souvenir que personne ait reçu un coup de pied de cheval, bien que, à certains passages, nous fussions entassés les uns sur les autres. Point n'est besoin, d'ailleurs, de savoir conduire un cheval. Nos bonnes bêtes marchent toutes seules et il n'est pas nécessaire de les guider. D'elles-mêmes elles passent toujours au meilleur chemin. Le voyage s'est donc effectué sans encombre, et plus tard, on rit bien des petits incidents qui, sur le moment, vous avaient mis de mauvaise humeur.

CHAPITRE VIII

NAZARETH

Nous voici donc à Nazareth, la ville des fleurs. Elle est coquettement suspendue au flanc de la montagne et ses maisons descendent graduellement jusqu'au fond de la vallée. Encore cette vallée, où se trouve Nazareth, ne mérite-t-elle guère ce nom ; c'est plutôt une espèce de cirque, environné de collines de tous les côtés.

Ici, comme partout, les rues sont étroites et assez peu propres ; cependant elles sont pavées, et, par conséquent, moins sales qu'ailleurs. Nazareth a 6,000 habitants, dont 2,400 catholiques ; c'est, avec Bethléem, la seule ville de Terre Sainte où les catholiques soient en majorité.

A l'entrée de la ville, nous descendons de cheval et nous mettons en procession. Les habitants, les enfants surtout, nous contemplent. Plusieurs essaient de parler français : « *Bonsoir, bonsoir, comment vous portez-vous ?* » Nous leur répondons en souriant. Ces enfants portent presque tous la longue tunique : c'est ainsi que l'Enfant Jésus devait être habillé, alors qu'il jouait, dans ces mêmes rues, avec les enfants de son âge. La sainte Vierge Marie devait aussi porter le même costume que ces femmes que je vois là-bas ; robe tombante sans tournure, et voile descendant jusque vers le milieu du dos. A Jérusalem, c'est le même costume ; le dimanche, les chrétiennes ont ordinairement la robe blanche et le voile de même couleur.

Au chant du *Magnificat*, nous nous avançons vers l'église de l'Annonciation, desservie par des Franciscains italiens. Ces religieux sont commis à la garde des principaux sanctuaires de Terre-Sainte. L'église de l'Annonciation ainsi que le couvent sont situés dans le bas de la ville. Après le petit mot de bienvenue, on donne la bénédiction ; et nous allons choisir notre tente dans le camp, qui est dressé à l'ouest, au pied de la ville ; cinq minutes de chemin à peine nous séparent de l'église.

Le camp est éclairé par des flambeaux placés sur des piquets. Les tentes sont de diverses grandeurs ; elles contiennent huit, sept, cinq lits. Quelques-unes n'en ont que deux ; mais elles coûtent vingt francs de supplément et ne sont guère plus avantageuses que les autres. Pour moi, je m'installe avec trois prêtres lyonnais et un laïque de Paris. Les lits se composent d'un matelas placé sur des tréteaux, de draps longs et larges comme des serviettes, d'un traversin et d'une couverture. Comme les nuits sont fraîches, on apprécie la couverture de voyage. Le plus souvent même, j'ai couché tout habillé. On ne sait jamais en effet dans quels draps on couche. Quoi qu'on vous dise, si vous voulez avoir les mêmes draps, il faut les plier chaque matin, les mettre dans votre bissac et le soir faire vous-même votre lit. Même précaution est à prendre pour le linge de toilette. Seulement, tandis que vous vous féliciterez de cette prévoyance, vos compagnons moins habiles en pâtiront. A la fin du voyage, les drogmans, ne trouvant plus le nombre de draps suffisant, n'en mettront qu'un par lit ou même n'en mettront pas du tout.

Le lendemain de notre arrivée à Nazareth était le 26 avril, un dimanche. Je me hâte d'aller à six heures m'installer dans la grotte de l'Annonciation pour y dire la sainte messe. Il y a déjà six prêtres avant moi. J'attends mon tour. Mais les Pères Franciscains font passer avant moi un vieux prêtre, qui n'avait pas pris la peine d'attendre ; puis c'est le tour de Monseigneur de Luxembourg, qui est évidemment hors cadre ; enfin, pour comble de bonheur, les bons Pères, ayant imaginé de déclarer à Mgr Denéchau qu'il n'avait pas le droit de célébrer une messe pontificale dans le patriarcat de Jérusalem, il faut attendre que Monseigneur ait passé. A dix heures seulement je puis monter à l'autel. J'ai eu le temps de faire mon oraison et de dire mon bréviaire, mais aussi de m'exercer à la patience. On est bien récompensé par le bonheur que l'on éprouve à célébrer les saints Mystères dans ce même lieu où Notre-Seigneur a voulu descendre une première fois en Marie.

Après la messe et l'action de grâces, je vais prendre une tasse de café chez les sœurs de Saint-Joseph de l'Apparition. Ces bonnes sœurs, dont la maison mère est à Marseille, ont ici un dispensaire, et soignent les malades. C'est à elles que nous nous sommes adressés pour le raccommodage, les remèdes et divers autres petits services.

Après mon déjeuner, je reviens visiter en détail l'église de l'Annonciation. Cette église, de style italien, est enclavée dans le couvent des Pères Franciscains ; elle est précédée de deux cours, une sur le devant, l'autre à gauche ; deux portes, une sur chaque cour, y donnent accès. Le portail n'a rien de remarquable. A l'intérieur, il y a trois nefs avec des piliers carrés; les murs sont couverts de peintures à fond rouge avec arabesques en blanc. De la nef, qui est bien dallée, on monte au chœur par un double escalier assez simple. Le chœur est entouré d'une barrière de fer. Le maître-autel est en marbre et bien orné; derrière est le chœur des religieux. Sous le chœur se trouvent la crypte et la grotte de l'Annonciation. On y descend de la nef par quinze degrés de marbre. Au bas de l'escalier se trouve la chapelle de l'Ange, où saint Gabriel s'arrêta pour parler à Marie; à droite et à gauche sont deux autels, dédiés, l'un à saint Gabriel, l'autre à saint Joachim et à sainte Anne. La chapelle de l'Ange est en forme de rectangle; une baie, au milieu, donne entrée dans la chapelle de l'Annonciation. Au fond de cette chapelle est l'autel de l'Annonciation, qui occupe la place même où la sainte Vierge se tenait pendant son colloque avec saint Gabriel. Cet autel, comme d'ailleurs presque tous les autels de ces pays, est en forme de tombeau ouvert sur trois côtés. C'est une pierre reposant sur quatre colonnettes. Sous la table de l'autel, une plaque de marbre ronde indique l'emplacement sacré. Cette plaque, on la baise avec respect et attendrissement; des lampes suspendues brûlent continuellement auprès. Mais ici se présente une difficulté: la sainte Maison n'est-elle pas à Lorette? Voici une explication qui paraît plausible. Les habitants du pays ont l'habitude de profiter pour leurs habitations des excavations naturelles et adossent simplement leurs maisons contre le rocher. Ils se trouvent avoir ainsi deux pièces, l'une bâtie en maçonnerie, l'autre creusée dans le rocher. Telle était la maison de Marie et de Joseph. La pièce bâtie devant la grotte a été transportée à Lorette: une dalle noire, placée dans l'escalier qui con duit à cette grotte, indique aujourd'hui la place du raccord. D'après la tradition franciscaine l'ange se tenait dans cette pièce; Marie, au contraire, se trouvait dans celle du fond. Voilà comment l'on peut vénérer le lieu de l'Incarnation à la fois à Nazareth et à Lorette.

Derrière la chapelle de l'Annonciation, la grotte continue. Une porte située à droite de l'autel donne accès dans cette seconde partie de la grotte, où il y a un autel dédié à saint Joseph et décoré d'un tableau de la fuite en Égypte.

Plus loin, on monte par un escalier étroit à une nouvelle grotte appelée « cuisine de la sainte Vierge. » Elle est très obscure. On y montre quelques encoignures auxquelles on donne le nom soit de cheminée, soit de placard. Le Frère Liévin n'admet pas l'authenticité de cette grotte. Un escalier vous ramène ensuite à la sacristie, qui est très vaste et bien tenue, puis on rentre dans l'église.

Ce soir nous faisons, à trois heures, la procession aux divers sanctuaires de Nazareth; le temps est très chaud, et le soleil de plomb. Heureusement, au moment de partir, le ciel se couvre, et c'est assez facilement que nous exécutons notre procession, au milieu de la foule rangée sur notre passage.

Nous nous dirigeons d'abord vers l'atelier de saint Joseph. En effet, en Palestine, on ne travaille pas habituellement dans la maison où l'on habite. Une chapelle a été bâtie sur l'emplacement de l'atelier de saint Joseph en 1859; elle est presque toujours fermée, et n'a rien de remarquable. Je me représente l'Enfant Jésus aidant ici à son père nourricier, et fabriquant, dans ses moments de loisir, de petites croix, comme le racontent les apocryphes. N'est-ce pas tout naturel? Notre-Seigneur Jésus-Christ a eu sa passion toujours présente à son esprit et il a sans doute éprouvé, dès son jeune âge, ce désir ardent qu'il avait de manger avec ses disciples la dernière pâque, prélude de ses souffrances. Ses pensées étant donc fixées sur la croix, il a dû aimer à confectionner de ses mains cet objet de ses vœux.

Nous allons ensuite à la Fontaine de la Vierge, située dans la partie nord de la ville. C'est la seule fontaine du pays; la sainte Vierge y est certainement venue puiser l'eau nécessaire au ménage. La source qui alimente cette fontaine est plus haut, dans l'église des Grecs non unis. Un monument a été élevé sur la fontaine; il est à trois arcades; trois robinets fournissent l'eau. Nous nous précipitons à travers la boue et les mares, pour en goûter : les enfants du pays ont escaladé le bassin et se font donner *bakchiche* pour vous en faire passer.

La procession se remet en marche. Nous montons dans la ville haute, à travers des rues étroites, mais pavées. Nous arrivons à une chapelle qui recouvre la *mensa Christi* (1). On appelle ainsi un immense bloc de pierre de trois mètres de large sur un de haut; d'après la tradition, il aurait servi de table à Notre-Seigneur dans un repas qu'il fit avec ses disciples en cet endroit, après sa résurrection. Ce bloc occupe la plus grande partie de la chapelle, qui est très petite.

Nous continuons à monter en chantant. Bientôt nous sommes à l'église maronite. Les cloches sont en branle en notre honneur; le prêtre nous attend avec ses servants; il présente l'encensoir et l'eau bénite à nos évêques. Puis, les précédant, il entre dans l'église. Tandis qu'il s'avance, il chante à la grecque, c'est-à-dire sans

---

(1) Ou Table du Christ.

mélodie, un *Ecce sacerdos*, je pense. Il est accompagné par les cymbales et le triangle, en guise d'orgue ou d'harmonium. Enfin, il nous donne la bénédiction avec les saintes images : c'est le rite oriental.

Nous en avons un nouveau spécimen à la station suivante dans l'église des Grecs unis, sur l'emplacement de la Synagogue où Notre-Seigneur lut un jour les paroles d'Isaïe. « *Spiritus Domini super me : propter quod unxit me, evangelizare pauperibus misit me* (1), » et d'où il fut chassé par la foule, qui voulut ensuite le précipiter du haut d'un rocher. Ici nous sommes reçus par trois prêtres : le curé de Nazareth, celui de Tibériade, et un autre envoyé par l'évêque de Saint-Jean-d'Acre. Ils portent chacun un cierge. L'église actuelle est en forme de voûte : les murs paraissent très anciens ; on les dit contemporains de Notre-Seigneur, mais c'est peu probable. Un des prêtres, après les chants officiels pour la réception des évêques, se place en avant de l'autel, devant l'ouverture pratiquée dans l'iconostase. Il nous adresse un discours en français très pur, où manque rarement l'expression propre. Il nous dit que cette église est insuffisante, que l'on en a construit une autre à côté, mais que les fonds ne sont pas abondants. Bref, des quêteurs se mettent à la porte, et nous déposons notre offrande. La nouvelle église est, en effet, presque achevée ; elle sera assez belle et fort vaste. Nous revenons très contents de la réception que nous ont faite les Maronites et les Grecs unis ; ils ont été prévenants, et ont agi avec cœur.

La procession se termine par la bénédiction du saint

---

(1) *Luc*, IV, 18, d'après *Isaïe*, LXI, 1. L'Esprit du Seigneur repose sur moi ; c'est pourquoi il m'a consacré et m'a envoyé évangéliser les pauvres.

Sacrement, dans l'église de l'Annonciation. Chacun se retire où il veut. Quelques-uns se dirigent vers la chapelle de « Notre-Dame de l'Effroi, » située sur une petite hauteur à l'ouest de la ville. En un quart d'heure on atteint le sommet de la colline, et l'on est à la chapelle. C'est là que Marie dut s'arrêter et qu'elle s'évanouit de douleur, en voyant son divin Fils conduit au précipice par ses compatriotes. Le précipice lui-même se trouve beaucoup plus loin dans la direction de Naïm. Mais, d'ici, on pouvait voir la foule presser Notre-Seigneur et l'entraîner. Devant la chapelle se trouve une petite place au centre de laquelle est un petit monument. Le Frère Liévin monte sur le socle de ce monument et nous donne des explications. Au beau milieu de son discours, un cri se fait entendre. C'est un prêtre qui, en voulant trop s'approcher, a mis une jambe dans un trou rempli d'eau. Il se hâte d'aller changer de chaussure. Heureusement l'accident n'a pas d'autre suite qu'une légère écorchure.

Au dîner, nous apprenons que cette année sœur Joséphine, autrement dite « sœur Camomille, » ne traversera pas la Samarie avec nous; Mʳ Piavi, patriarche de Jérusalem, a refusé de lui en donner la permission. Sœur Joséphine est cependant très habile à soigner les malades et sa présence nous rassurerait. Elle a la spécialité d'une certaine tisane, appelée camomille, dans laquelle entrent toutes sortes d'herbes, et surtout la camomille. Cette tisane est excellente contre la fièvre et autres maladies. A l'arrivée au camp, le soir, elle vous réconfortait, vous désaltérait, vous faisait oublier tous les ennuis de la chevauchée. Heureusement le comte de Piellat nous promet qu'il tâchera de remplacer notre bonne infirmière.

Vers la fin du repas le Frère Jean de la Croix nous

chante la romance de Nazareth, dont les paroles ont été composées par le Père Marie-Jules (1).

Avec quelle ardeur et quelle joie nous répétions le refrain tous ensemble! Ce cantique pieux était l'interprète de nos cœurs. Nous sentions mieux la présence de Notre-Seigneur et nous goûtions, par avance, les joies du Thabor et de Tibériade. Vers la fin du repas, un jeune Nazaréen de huit à neuf ans vient nous débiter un compliment; nous applaudissons à outrance, quoiqu'il soit difficile de bien saisir ses paroles, vu la grandeur de la tente et aussi son accent. Mais enfin nous comprenons qu'il s'agit de la France, et cela nous suffit.

Après le repas, le P. Bailly nous propose de diviser la course du Thabor et de Tibériade. On passerait une journée au Thabor, et on reviendrait à Nazareth. De là, on irait droit à Tibériade; ce serait bien moins fatigant, mais chacun devrait donner un supplément de quinze francs. Cela paraît un peu cher et il est décidé que le lendemain on partira pour Tibériade, en passant par le Thabor. Pendant qu'on y est, qu'importe un peu plus de fatigue ou un peu moins? Allons donc vite nous reposer, afin d'être prêts demain de bonne heure.

(1) Voyez l'appendice G.

CHAPITRE IX

LE THABOR. — TIBÉRIADE

C'est le 27 avril, un lundi, dix-sept jours après notre départ de Marseille, que les pèlerins, formant avec les Samaritains le second groupe, commencent l'excursion de Tibériade.

Cependant les simples Nazaréens, membres du premier groupe, nous suivront jusqu'au sommet de la montagne sur les chevaux qui seront de reste, à dos d'âne ou même simplement à pied. Mais c'est une imprudence que d'y aller à pied; il y a trois bonnes heures de chemin et par des sentiers à peine tracés. La séparation n'aura donc lieu qu'à la descente du Thabor; c'est là que l'on connaîtra les audacieux.

Vers six heures et demie, les cavaliers montent en selle, et notre défilé commence. Nous saluons en passant la Fontaine de la Vierge et nous éloignons dans la direction du sud-est. Bientôt nous arrivons au sommet des hauteurs qui dominent Nazareth à l'orient, nous franchissons un col, et nous voyons le Thabor se dresser devant nous.

Tandis que nous cheminons dans la direction de la montagne, nous pouvons l'examiner à notre aise. Elle est de forme ronde, et couverte d'une végétation verdoyante. Son point culminant est lui-même arrondi et assez large. Elle est isolée des hauteurs environnantes, auxquelles elle ne se rattache que du côté du nord-est. C'est la plus haute montagne de la basse Galilée ; son altitude est de 610 mètres au-dessus de la Méditerranée. Elle répond donc parfaitement à la description faite par l'Evangile du lieu de la Transfiguration : « *Montem excelsum seorsum* (1). » Certains auteurs placent cette scène évangélique sur le Petit-Hermon ; mais seul dans la région, le Thabor répond au qualificatif de *seorsum*.

Au bout de deux heures nous atteignons la base de la montagne. Nous montons à travers un bois assez épais de caroubiers, de chênes verts, de térébinthes. Le sentier devient de plus en plus escarpé, le pied de nos chevaux glisse sur le rocher. Pour ne pas tomber, il faut se pencher en avant sur la selle et même saisir la crinière du cheval, afin d'empêcher la selle de glisser. Le meilleur cavalier de mon groupe, commodément assis sur une belle selle européenne, ne peut y résister. Au plus fort de la montée, sa selle tourne et notre homme se voit doucement déposé sur le rocher nu. Il en est quitte pour rajuster et fortement serrer la sangle.

Après une heure d'efforts, nous atteignons le plateau. Nous franchissons les restes des anciennes fortifications, laissons à gauche le couvent grec schismatique et arrivons enfin à la petite résidence franciscaine.

De tout temps le Thabor a eu ses sanctuaires, mais aujourd'hui ces sanctuaires ne présentent plus que des ruines. C'est au milieu de ces restes antiques que

---

(1) Une montagne élevée, à l'écart. (*Matth.*, XVII, 1 ; *Marc*, IX, 1.)

Mgr Koppès et deux ou trois prêtres célèbrent la sainte messe. Au moment où le P. Bailly lit l'évangile de la Transfiguration, un grand cri se fait entendre, suivi d'un énorme bruit sourd. On se retourne : c'est un bloc de rocher qui s'est détaché des talus sur la pente desquels nous sommes assis. Des jeunes gens imprudents ont voulu monter sur le sommet de ces talus, et ont fait rouler ce bloc mal assujetti. Juste au-dessous, il y avait quelques dames assises : c'est un vrai miracle qu'il n'y ait pas eu d'accident. Nous remercions Dieu. Quelques personnes courageuses se sont réservées pour communier ici.

Après la messe, nous nous avançons sur le bord du plateau. De là une vue splendide se déroule à nos yeux. On aperçoit, au nord, la plaine d'Hattine, le mont des Béatitudes, l'extrémité septentrionale du lac de Tibériade, et bien loin là-bas, sur la limite de l'Anti-Liban, le Grand-Hermon avec ses neiges éternelles, qui miroitent au soleil ; à l'est, Endor et les monts de Gelboé ; au sud, Naïm, la plaine d'Esdrelon ; enfin, du côté de l'ouest, la chaîne du Carmel et la Méditerranée. Du sommet du Thabor on peut donc facilement s'orienter pour une grande partie de la Galilée. J'avoue néanmoins que ce magnifique panorama aurait plus de charmes et d'utilité à la fin du voyage.

Cette visite achevée, nous allons déjeuner à l'hospice des Pères Franciscains. Cet hospice et la chapelle qui l'avoisine datent de 1873. Ils n'occupent pas la vraie place de la Transfiguration, qui est recouverte par les ruines dont j'ai parlé. L'hospice franciscain est une vaste salle rectangulaire : deux groupes seulement peuvent avoir des tables, les autres se contentent d'un tapis. A peine avons-nous fini, qu'il faut repartir. Il est midi : heureusement, le ciel est en partie couvert et là chaleur supportable. On nous a conseillé de faire la descente à pied et de prendre nos chevaux par la bride. Les ordres ont été mal compris, car un bon nombre de moukres sont descendus devant avec les chevaux. Longtemps je cherche le mien ; en désespoir de cause, je pars un des derniers tout seul ; intérieurement, je décharge ma bile contre mon moukre invisible. Par bonheur, au pied de la montagne, je retrouve mon homme et ma bête, et j'attends patiemment le signal du départ.

On traverse d'abord une contrée assez verdoyante ; puis, ce sont des montées et des descentes sans fin à travers de beaux champs de blé. Cependant la halte du milieu de l'étape se fait au milieu d'un champ de chardons très élevés. Là nos moukres commencent le refrain qu'ils répéteront ensuite à chaque halte : « *Moussieh, une bière !....* » Charmants, ces Arabes ! ils voudraient nous enterrer ! Heureusement, ils expliquent le sens de leurs paroles en montrant une petite bouteille de bière allemande, qu'ils vendent un franc. D'autres vous offrent des citrons ou des oranges, ou même de la limonade. On nous a mis en garde contre tous ces produits plus ou moins pharmaceutiques : aussi je me suis donné pour règle de ne rien boire entre mes repas. Je n'ai acheté des citrons qu'à Naplouse, et n'ai pris qu'une seule bouteille de bière, sur la route de Jéricho à Saint-Sabbas. Et encore quand le moukre l'a débouchée, tout le liquide s'est répandu sur le rocher en blanche écume. J'ai eu toutes les peines du monde pour faire comprendre à mon homme que je ne devais pas payer ce que je n'avais pas bu.

C'est aussi durant cette étape qu'il m'est arrivé un petit accident, dont je me souviendrai chaque année en disant mon bréviaire, du Carême à la Trinité. J'avais dans mon sac, suspendu au licol de mon cheval, un flacon de rhum que je réservais soigneusement pour les grandes circonstances. A la halte, voulant dire mes vêpres, je tire mon bréviaire, également placé dans le sac. Mais, hélas! mon flacon s'était débouché, et le bréviaire était tout imprégné du précieux liquide. Enfin, ce sera un embarras de moins pour mon sac, et il pèsera moins sur le dos de mon cheval!

Vers cinq heures et demie ou six heures nous atteignons le plateau qui domine Tibériade et son lac. Le spectacle est superbe. En bas, se montre la ville baignée par les eaux; plus loin la mer de Galilée apparaît presque entière; et, dans le fond, les montagnes de l'est sont dorées par le soleil couchant. Nous nous arrêtons un instant, et nous entonnons le *Magnificat :* puis il faut songer à la descente. Durant près de trois quarts d'heure, nous descendons presque à pic sur des rochers nus, par un sentier à peine frayé. Bon nombre de pèlerins prennent peur, mettent pied à terre et conduisent leur monture par la bride. On nous raconte qu'il y a quelques années, les pèlerins avaient opéré cette descente en pleine nuit, vers dix heures du soir. Plusieurs avaient déjà perdu l'espoir de revoir leurs amis et leur patrie : et cependant, pas un ne manqua à l'appel. Aujourd'hui rien de semblable, sauf un peu de fatigue. Voilà en effet près de six heures que nous sommes à cheval ce soir, et il faut ajouter les trois de ce matin.

En arrivant, une tasse de camomille nous remet; nous cherchons nos tentes, déposons nos bagages, plongeons dans l'eau préparée d'avance nos visages et nos mains; puis, à la lueur des torches, nous allons processionnellement à travers les rues vers l'église latine. Nous chantons le *Magnificat* triomphé [1] avec l'antienne : *Tu es Petrus et super hanc petram ædificabo ecclesiam meam* [2]. Après la bénédiction, nous rentrons au camp, qui est placé en dehors de la ville, au sud-ouest.

On nous avait avertis de nous défier des insectes de Tibériade. Pour cette année ils nous laissent dormir, et nous le faisons à loisir, les tentes ne devant pas être emportées ce matin. Je vais dire ma messe à l'église des Franciscains. Cette église est petite, de style plutôt ogival ; on y pénètre par une cour assez large. Elle n'a rien de remarquable, sinon qu'à l'entrée, à gauche, on voit une statue colossale de saint Pierre, reproduction de celle qui est à Rome. Cette statue a été apportée par les pèlerins de pénitence en 1883. Seuls les souvenirs donnent à cette église un véritable intérêt ; elle est en effet bâtie sur le bord du lac, à l'endroit où Notre-Seigneur a donné à saint Pierre la primauté par ces paroles : *Pasce agnos meos, pasce oves meas* [3]. Monseigneur de Tulle chante la messe pontificale : les ornements qui nous servent ont été donnés par le pèlerinage. L'ostensoir de l'église a la même origine.

Cependant la chaleur, sans être étouffante, se fait vivement sentir. Après le café, quelques pèlerins vont aux bains chauds, situés à une heure au sud de Tibériade. Cette station balnéaire, la seule de la Palestine, est fort primitive : on s'y baigne dans un bassin commun, comme dans les thermes de l'ancienne Rome. Ces

---

[1] On appelle cantique ou psaume triomphé un cantique ou un psaume après chaque verset duquel on répète l'antienne, en tout ou en partie. (Mioxe, *Dictionnaire de plain-chant*, art. Triomphée.)
[2] Tu es Pierre, et sur cette pierre je bâtirai mon Église. (*Matth.*, xvi, 18.)
[3] Pais mes agneaux, pais mes brebis. (*Joann.*, xvi, 16, 17.)

eaux sont excellentes contre les rhumatismes; on a même organisé un service de voitures, non suspendues naturellement, entre la ville et les bains. Plusieurs pèlerins préfèrent un bain froid et le prennent dans le lac.

Pour moi, je ramasse quelques coquillages sur le rivage et je lis, dans mon « Guide, » l'histoire de Tibériade. Cette ville n'est pas très ancienne. Elle fut bâtie l'an 17 de notre ère par Hérode Antipas, qui en fit sa capitale, et l'appela ainsi du nom de l'empereur Tibère. Après la prise de Jérusalem par les Romains, elle servit de refuge aux Juifs, qui y établirent une célèbre école rabbinique. Au temps des croisades, Trancrède, prince de Galilée, y fixa sa résidence. En 1247, elle fut prise par les musulmans. Aujourd'hui, Tibériade n'est plus à la place de la ville d'Hérode; elle est plus au nord. De la Tibériade d'Hérode il ne reste que quelques ruines à peine visibles. La ville compte de 6,000 à 7,000 habitants; la plupart sont juifs; il n'y a que 600 musulmans et 300 catholiques, dont 10 seulement sont du rite latin. Les Pères Franciscains tiennent une école de garçons; les Grecs catholiques ont une église et un curé. Des murailles entourent Tibériade de tous côtés, excepté du côté de la mer, dont les eaux viennent jusqu'aux habitations. De toutes les villes de la Palestine que nous avons vues, c'est sans contredit la plus sale; les rues sont excessivement étroites et infectes.

Vers dix heures, on sert le déjeuner, et nous nous disposons à faire l'excursion de Capharnaüm. On a requis toutes les barques de la ville, et on en a trouvé cinq ou six. Les uns devront par conséquent aller par terre, et les autres par mer; on règle même que ceux qui voudront aller par terre reviendront par mer, *et vice versa*. J'ai la bonne fortune de pouvoir aller et revenir en bateau, moyennant 2 fr. 50.

A midi, nous nous rendons au port. Mais les barques ne sont pas amarrées au rivage. De vigoureux gaillards, nus jusqu'à la ceinture, vous saisissent sur leurs épaules et vous emportent jusqu'aux bateaux. On nous empile dans chaque barque douze ou quinze, presque sans siège pour nous asseoir ; enfin, on fait comme l'on peut. La note gaie se met de la partie. J'aime beaucoup cette grosse dame qui prétend préférer se jeter à l'eau plutôt que de subir le contact des mains profanes de nos bateliers !

Nous partons; quelques coups de rames, et nous voilà en plein lac; on tend la voile, et nous glissons légèrement sur les flots. Le lac de Tibériade a une longueur de vingt et un kilomètres, une largeur de dix kilomètres au plus, une profondeur de 250 mètres ; il est situé à 200 mètres au-dessous de la Méditerranée, ce qui explique la chaleur dont on jouit habituellement sur ses bords. Il a une forme ovale, et se trouve encaissé entre des montagnes presque à pic. La côte occidentale offre cependant une étroite bande plane, où croissent quelques palmiers et où abondent les lauriers-roses. Les eaux du lac sont douces, poissonneuses, mais assez chaudes.

Naturellement, ce qui nous ravit le plus sur le lac de Tibériade, ce sont les souvenirs de Notre-Seigneur, qui y sont si nombreux. Ce lac a porté différents noms; Moïse l'appelle « Mer de Cénéreth [1]; les Machabées lui donnent le nom « d'eau de Génésar [2]; » aujourd'hui on l'appelle indifféremment : « lac de Génésareth, mer de Galilée, lac de Tibériade. » Les Arabes lui donnent cette dernière appellation : « Bahr-el-Tabarieh. » C'est

---

(1) *Num.*, xxxiv, 11 ; *Deut.*, iii, 17.
(2) *I. Mach.*, xi, 67.

sur ce lac que Notre-Seigneur apaisa un jour la tempête [1] ; c'est de là qu'assis sur une barque il prononça les paraboles de la semence [2], du bon grain et de l'ivraie [3] ; c'est sur ces eaux qu'il marcha et qu'il commanda à saint Pierre de venir à lui [4] ; c'est enfin dans les eaux de ce lac que les apôtres firent les deux pêches miraculeuses, l'une au commencement de la vie publique de Notre-Seigneur, l'autre après sa résurrection [5].

Ces souvenirs se pressent en foule dans notre mémoire, tandis que nous voguons sur les eaux d'un vert sombre. Bientôt nous sommes en face de Magdala. De la patrie de Madeleine il ne reste rien que quelques cabanes, sur la rive occidentale, et des ruines. Magdala est adossée contre la montagne ; une étroite bande de terre la sépare de la mer. Aujourd'hui on l'appelle Medjdel, et les Evangélistes lui donnent le nom de Magedan.

Quelques minutes plus tard, nous sommes en vue de Bethsaïda, patrie des apôtres Pierre, André et Philippe [6]. On n'y voit plus que quelques ruines, en particulier celles de l'abside d'une église.

Enfin, vers trois heures, nous débarquons à Tell-Houm, l'ancienne Capharnaüm. Portés par les bateliers, nous mettons pied à terre au milieu des lauriers-roses. Nous montons durant quelques minutes, traversons des champs de chardons qui nous viennent jusqu'aux épaules, et nous arrivons à l'endroit où fut Caphar-

---

[1] *Matth.*, viii, 23-27 ; *Marc.*, iv, 37-40 ; *Luc.*, viii, 23-25.
[2] *Matth.*, xiii ; *Marc.*, iv ; *Luc.*, viii.
[3] *Matth.*, xiii.
[4] *Matth.*, xiv ; *Marc.*, vi ; *Luc.*, vi.
[5] *Matth.*, iv ; *Luc.*, v ; *Joann.*, xxi, 6.
[6] *Joann.*, i, 44.

naüm. Aujourd'hui, on n'y voit que des ruines; colonnes renversées et brisées, chapiteaux épars, socles qui indiquent encore la place de ces mêmes colonnes. Les ruines occupent un assez vaste espace; un mur en pierres sèches les entoure. On reconnaît encore la place occupée autrefois par une basilique qu'on avait construite sur l'emplacement de la maison de la belle-mère de saint Pierre. On y bâtit en ce moment une maison qui appartient, je crois, aux Pères Franciscains. Bientôt on pourra y célébrer le saint sacrifice. Suivant la prophétie de Notre-Seigneur [1], Capharnaüm n'a fait que déchoir depuis le VIIe siècle. Depuis le XVIIe, il n'y a plus rien que quelques cabanes où les Bédouins s'arrêtent quelquefois. C'est ici que le Messie a habité, pendant sa vie publique, entre ses courses apostoliques. C'est ici qu'il a guéri le paralytique qu'on lui présenta par l'ouverture d'un toit [2]; ici il appela saint Matthieu à l'apostolat [3]; ici il guérit le serviteur du centurion [4] et la belle-mère de saint Pierre [5]; ici il fit la promesse de l'Eucharistie [6]; ici enfin Pierre pêcha le poisson dans lequel il trouva un statère, c'est-à-dire de quoi payer le tribut pour son Maître et pour lui [7]. Cependant Capharnaüm ne fut pas touchée de tous ces miracles et le divin Maître prédit son abaissement. Nous écoutons religieusement la lecture de ces scènes évangéliques, puis nous nous dirigeons vers un endroit plus élevé, d'où l'on montre Corozaïn, au nord

---

[1] *Luc.*, x, 5.
[2] *Matth.*, IX ; *Marc.*, II ; *Luc.*, V.
[3] *Matth.*, VIII, 9 ; *Marc.*, II, 14 ; *Luc.*, V, 27, 28.
[4] *Matth.*, VIII, 5-13 ; *Luc.*, VII, 1-10,
[5] *Matth.*, VIII, 14, 15 ; *Marc.*, I, 29-31 ; *Luc.*, IV, 38, 39.
[6] *Joann.*, VI, 22-72.
[7] *Matth.*, XVII, 26.

du lac, et plus loin du côté de la montagne, au nordest, Bethsaïda-Julia, où Notre-Seigneur multiplia les pains une première fois [1]. De là on peut aussi apercevoir l'endroit où le Jourdain entre dans le lac.

Après une demi-heure ou trois quarts d'heure d'arrêt, nous reprenons le chemin des barques, où nous entrons avec le même cérémonial qu'à l'aller. Malheureusement le vent, qui était favorable en venant, est, naturellement, défavorable au retour. Les bateliers font force de rames, et cependant nous n'allons que lentement. Même le lac semble un peu agité; mais Notre-Seigneur est là; il apaisera au besoin la tempête. En ce moment s'engage une lutte homérique entre les différents bateaux; c'est à qui dépassera les autres. Nos matelots sont haletants, ils poussent des cris rauques pour s'exciter; le bateau bondit d'une vague à l'autre; nous sommes bientôt les seconds, et c'est ainsi que nous arriverons au port. Cette fois nous longeons presque les rives et en voyons tous les détails. Pendant ce temps, nous chantons la poésie de Brizeux, que les pêcheurs bretons aiment à redire, eux aussi, et dont voici le refrain :

> Le bon Jésus allait sur l'eau;
> Va sans peur, mon petit bateau.

Et voilà que le bon Jésus nous manifeste sa présence. Après une heure d'efforts, nous n'avions pas fait grand chemin, et nous commencions à craindre de n'arriver que vers huit heures du soir, quand tout à coup le vent change; il souffle très fort du nord; les vagues se précipitent même sur nous à certains mo-

---

[1] *Matth.*, xiv, 13-21; *Marc.*, vi, 30-44; *Luc.*, ix, 10-17; *Joann.*, vi, 1-13.

ments. Il n'y a plus qu'à tendre les voiles et à se laisser emporter. Notre course est si rapide que nous avons à peine le temps de jeter un coup d'œil en passant sur une vaste maison blanche, qu'on nous dit être la villa d'un riche Anglais, et sur les restes encore imposants de la citadelle de Tibériade. A six heures et demie, nous sommes arrivés.

A souper, on nous sert un immense plat de poissons du lac; c'est de la couleur locale. En somme, excellente journée. Nos amis, qui sont revenus à cheval, ont fait les imprudents. Ils ont voulu aller bride abattue, et en passant près d'une demoiselle anglaise, ils ont causé sa chute. Le bras a été endommagé; mais l'accident n'aura pas de suite : Dieu est avec nous.

Ce matin, 29 avril, on se lève de bonne heure, et je vais dire ma messe dans l'église grecque unie. Le bon curé a des ornements latins et un missel. Je célèbre avec une patène grecque, je pense, car elle est creuse, et les bords sont relevés en demi-cercle, comme ceux d'une assiette à soupe. Le vin est fait avec je ne sais quels raisins; il est très doux et très foncé. Enfin je suis sûr d'avoir affaire à un homme consciencieux. Cette église grecque est vraiment misérable; elle n'a que les quatre murs et ne possède pas l'iconostase habituelle. Aussi le bon curé a-t-il fait imprimer des *prospectus* pour solliciter nos aumônes.

Après la messe et le déjeuner, vers huit heures, nous montons à cheval, et nous voilà en route pour retourner à Nazareth.

Cette fois nous allons contourner par le nord la montagne qui domine Tibériade. Après une assez forte montée, qui va devenir la route carrossable de Caïffa à Tibériade, par Nazareth, nous arrivons dans une plaine où l'on remarque quelques blocs qui marquent l'emplacement de la seconde multiplication des pains (1).

Un peu au nord-ouest de cette plaine, à quelques minutes de la multiplication des pains, on voit une colline dont les deux extrémités sont terminées chacune par un mamelon : de là le nom de Koroun Hattin, ou Cornes d'Hattin, donné à cette colline. C'est d'ici que Notre-Seigneur prononça le discours sur la montagne. Cette colline n'étant élevée que de cinquante mètres au-dessus de la plaine, le divin Maître a parfaitement pu se faire entendre de la foule; rien d'ailleurs ne nous oblige à admettre qu'il était sur le sommet. L'Evangile semble même indiquer le contraire en disant que Jésus avait passé la nuit sur la montagne et qu'au matin il descendit dans la plaine; on peut croire qu'il s'arrêta à mi-coteau (2). C'est également dans la plaine d'Hattin qu'a eu lieu la célèbre bataille de ce nom, en 1187. Cette bataille, dans laquelle les croisés furent vaincus, mit fin au royaume latin de Jérusalem. C'est aussi dans cette même journée que fut perdu le morceau de la vraie Croix laissé à Jérusalem par sainte Hélène.

Les marcheurs intrépides et les bons cavaliers courent à l'assaut des Cornes d'Hattin. Pour nous, nous suivons le chemin qui mène droit à Loubieh. Nous y arrivons en une petite heure et nous déjeunons sous de magnifiques oliviers. Après déjeuner, comme nous sommes assis sous un arbre à l'épaisse chevelure, nous voyons arriver une famille d'indigènes. Ils ont l'air intelligent; l'un d'eux joue d'une espèce de flûte à deux tuyaux et deux embouchures accordés de manière à donner la tierce majeure. Les airs qu'il joue ne sont

---

(1) *Matth.*, xv, 32-39; *Marc.*, viii, 1-10.
(2) *Matth.*, v-vii; *Luc.*, vi, 20-49.

pas du tout désagréables, et il vend un certain nombre de ses instruments.

Mais nous voici de nouveau en selle. Bientôt nous passons devant un magnifique champ de blé. Ces épis déjà mûrs et prêts à être moissonnés occupent la place de ceux que les apôtres prirent un jour de sabbat et concassèrent pour les manger [1]. Ici tout est commun et cet acte était naturel; ce que les Pharisiens reprochaient aux disciples, ce n'était pas le vol, mais le travail du jour du sabbat.

Une heure après nous arrivons à Kefr-Cana, ou simplement Cana. A mesure que nous approchons du village, nous rencontrons de jeunes enfants qui chantent leurs prières en grec : ils sont schismatiques. Cana est un village de 600 âmes, dont 80 catholiques, 280 schismatiques; tout le reste est musulman. Il est bien situé, sur le versant d'une colline; l'eau y est excellente, et le sol d'une fertilité extraordinaire. On y voit de beaux arbres, cactus, oliviers, figuiers, grenadiers.

A l'entrée du village on remarque l'emplacement de la maison de Nathanael, c'est-à-dire de l'apôtre saint Barthélemy, selon l'opinion commune. Cet emplacement est occupé aujourd'hui par une petite chapelle qui a succédé à un oratoire musulman.

Quelques pas plus loin, vers le centre du village, se trouvent la chapelle et l'hospice franciscains. Ils sont bâtis sur l'emplacement de la maison de Simon le Cananéen [2], où Jésus-Christ fit son premier miracle [3]. Une sorte d'*atrium* précède la chapelle. Après que nous

---

[1] *Matth.*, XII, 1; *Marc.*, II, 23; *Luc.*, VI, 1.
[2] On identifie habituellement Simon le Cananéen avec l'apôtre saint Simon.
[3] *Joann.*, II, 1-12.

avons gagné l'indulgence, les Pères nous font passer dans l'hospice et nous servent un verre de vin blanc de Cana vraiment excellent. D'ailleurs, la chaleur rendait alors ce petit verre doublement précieux.

Dans l'église des Grecs non unis, qui est en face, on montre deux vieilles urnes que l'on dit avoir servi au miracle. Elles sont en pierre du pays ; mais elles n'ont rien d'authentique.

En sortant de l'hospice franciscain, nous allons à l'autre extrémité du village. Là se trouve la fontaine, assez large et très bonne, où l'on a dû puiser l'eau pour remplir les urnes. En attendant le signal du départ je cause avec un jeune indigène assez espiègle qui veut absolument *bakchiche* pour n'avoir rien fait. Un coup de cravache, de la part d'un drogman, le fait partir au galop.

Il est quatre heures; nous montons à cheval. Bientôt nous laissons à droite une colline sur laquelle est un village où naquit Jonas, et où l'on peut voir son tombeau. Nous passons ensuite près de la « fontaine du Cresson, » où les croisés furent défaits en 1187 : ils étaient 500 contre 7,000. Puis au fond d'une vallée, voilà Er-Reineh, village de 1,000 habitants, dont une centaine sont catholiques. Le curé latin fait visiter sa petite église seulement aux autorités de la caravane, pour ne pas trop retarder notre marche.

Enfin, une heure et demie après avoir quitté Cana, nous sommes à Nazareth. Les pèlerins du premier groupe sont venus au-devant de nous jusqu'à Cana, c'est donc tous ensemble que nous rentrons dans la ville des fleurs. Nous sommes un peu las, mais il n'y a pas de vrais malades. D'ailleurs nous n'avons pas eu la chaleur normale à Tibériade.

Après souper, le P. Bailly demande « *un curé de*

Naïm » pour dire la messe le lendemain, dans cette localité, à dix heures. Trois se présentent : le sort me favorise ; je serai donc « curé de Naïm, » et c'est le nom sous lequel je serai connu jusqu'à la fin du pèlerinage.

Si la Samarie ne doit pas être plus fatigante que Tibériade, tout ira bien. En attendant, vivons dans cette espérance. D'ailleurs, les peines de la route seront adoucies par les soins de sœur Joséphine. Mgr Piavi est revenu sur sa décision et lui a permis de venir avec nous.

CHAPITRE X

EN SAMARIE

Ce matin, 30 avril, il faut être matinal. Bien avant l'heure indiquée la veille, le camp retentit des cris les plus variés : bêtes et gens s'en donnent à l'envi et le sommeil devient impossible. Levons-nous donc, faisons une dernière visite au sanctuaire de Nazareth, revenons prendre le café, et en selle.

Il est sept heures vingt minutes ; la colonne de Nazareth vient de disparaître pour rentrer à Caïffa ; les Samaritains s'ébranlent à leur tour. Pendant quelques minutes nous suivons le chemin de Caïffa, puis, tournant brusquement au sud, nous descendons dans la plaine d'Esdrelon. Au bout d'une heure, nous sommes au-dessous du rocher escarpé du haut duquel les Nazaréens voulurent précipiter Notre-Seigneur [1]. En nous retournant, nous pouvons parfaitement l'apercevoir. En vingt-cinq minutes nous arrivons au Cison. C'est sur les bords de ce torrent et dans cette plaine, à peu près à l'endroit où nous sommes, que Débora et Barac défirent les Chananéens [2]. Le torrent est actuellement

---

(1) *Luc.*, IV, 19.
(2) *Judic.*, IV, 7 et suiv.

assez rempli ; il faut faire un détour à travers les champs de blé pour trouver un gué.

Nous recommençons à monter sur les dernières pentes du Petit-Hermon. Au bout de trois quarts d'heure nous sommes à Naïm. C'est aujourd'hui un misérable village, habité par une centaine d'hommes. Rien donc d'agréable à Naïm, si ce n'est la vue ; au bas, la vaste plaine ; en face, le Thabor ; à gauche, le Carmel. Ce qui nous y attire et nous fait faire un détour d'une heure en dehors de la route directe, c'est le souvenir du miracle que Notre-Seigneur y a fait en ressuscitant le fils d'une pauvre veuve [1]. Sur le lieu où s'accomplit le miracle s'élève une chapelle neuve qui date de 1880, et qui a pris la place d'une mosquée, bâtie elle-même sur une ancienne chapelle chrétienne. En arrivant, nous nous rendons à cette chapelle ; mais il faut bien une demi-heure avant que je puisse commencer la messe de communauté. O mon Dieu, puissiez-vous bientôt ressusciter spirituellement tous les enfants de Naïm et des environs ! Après la messe, chaque groupe va déjeuner. Le nôtre reste dans la chapelle, convertie, dans cette circonstance, en réfectoire [2]. Nous sommes favorisés : quelques bancs nous servent de table, et c'est toujours plus commode. A la fin du repas, notre capitaine porte la santé du « curé de Naïm, » qui ne sait comment remercier ses confrères de leur délicate attention. Enfin, la table étant desservie, comme la chaleur commence à devenir excessive, chacun s'étend comme il peut dans la chapelle et

---

(1) *Luc.*, VII, 11-17.
(2) Il est inutile, je pense, de faire remarquer que le saint Sacrement n'est pas conservé dans cette chapelle, que nous ne sommes pas en Europe, et qu'en dehors de cet abri, nous n'aurions eu qu'à nous laisser brûler par le soleil.

essaie de dormir. Pour moi, je prends pour traversin le plus bas degré de l'autel même. Mais je ne peux fermer l'œil. Je me lève et me mets à examiner les différents groupes. Dans ce coin-là, *in cornu epistolæ*, c'est Mgr Koppès, qui a voulu partager nos fatigues et nos siestes peu européennes; un peu plus loin, c'est le R. P. Bailly, toujours le premier à la peine : il prend un repos bien mérité ; à la suite, le reste des pèlerins. Je sors de la chapelle et vais considérer le pays. De nombreux cactus forment une oasis autour de nous. Mais ils ne donnent pas d'ombre et le soleil de midi est impitoyable ; il faut bien vite rentrer.

A midi vingt-cinq minutes, la trompe interrompt le sommeil de nos bienheureux. Mettons-nous en selle, et faisons un petit détour pour visiter Sunam, aujourd'hui Soulem. Pour cela, contournons les flancs du Petit-Hermon, car Sunam est sur le côté sud. Au bout d'une heure un quart nous atteignons ce village, qui est tout entier musulman. Sans nous arrêter, nous pouvons voir l'emplacement de la maison où Elisée ressuscita le fils de la veuve qui lui avait donné l'hospitalité [1]. C'est également de ce village qu'était Abisag, la Sunamite chargée de tenir compagnie à David dans sa vieillesse.

Au sortir de Sunam, nous nous engageons dans un sentier bordé de cactus. Les fleurs jaunes de cette plante me plaisent ; je veux en casser une et j'ai grand soin d'éviter les grosses épines des feuilles. Mais hélas ! je n'ai pas remarqué que la fleur elle-même est couverte de petites épines blanches, semblables à un duvet et qui vous entrent profondément dans la peau. Je me vois obligé de quitter mes gants pour recouvrer un peu de calme ; je ne recommencerai pas.

---

[1] *IV. Reg.*, IV, 32-35.

Nous retombons dans la plaine d'Esdrelon; à notre gauche se dressent les monts de Gelboé. Ils sont restés célèbres par la mort de Saül et de ses trois fils [1]. Au pied nord-est de la montagne, on voit Aïn-Djaloud : c'est la source à laquelle Gédéon éprouva ses soldats [2]. Nous nous contentons d'en voir l'emplacement de loin, et nous gravissons le plateau sur lequel est située Zéraïn, l'ancienne Jesraël : il est trois heures. Cependant la chaleur est torride ; on nous annonce que le vent du désert s'est mis à souffler, et que nous l'aurons pour une petite huitaine. Le bon Dieu veut que nous fassions pénitence. Il paraît que ce vent, qu'on appelle ici *khamsin*, souffle assez rarement, deux ou trois fois par an, et juste nous l'avons pour traverser la Samarie ! A notre arrivée sur le plateau de Jesraël, je m'étends à l'ombre de mon parasol et laisse mes compagnons plus ardents courir de côté et d'autre. Le Frère Liévin fait son historique habituel. C'est ici qu'était le palais d'Achab et de Jézabel; là, à côté du palais, était plantée la vigne de Naboth [3]. Ici furent frappés Joram et Ochozias [4], et fut proclamé roi Jéhu [5]. Ici enfin périt misérablement Jézabel [6]. Instinctivement les vers de Racine et le songe d'Athalie nous reviennent à la mémoire. Jesraël fut détruite par Saladin en 1183; aujourd'hui c'est un pauvre village. En fait d'antiquités on y voit quelques sarcophages, quelques citernes et les ruines de plusieurs tours assez élevées.

Cependant il est impossible de se reposer sur ce pla-

---

[1] *I. Reg.*, XXXI, 2 et 4.
[2] *Judic.*, VII, 1-6.
[3] *III. Reg.*, XXI, 1.
[4] *IV. Reg.*, IX, 24 et 27.
[5] *IV. Reg.*, X.
[6] *IV. Reg.*, IX, 33.

teau dénudé, où l'on ne voit pas un seul arbre. Les pèlerins demandent à partir, afin d'arriver le plus tôt possible au campement. A trois heures et demie a lieu le départ, et comme la route est en pays plat, nous galopons passablement. Pour mon compte, j'en gémis : mais plus tard j'en arriverai à aimer le galop. Nous rencontrons une caravane anglaise, avec une dame portée en palanquin ; nous nous saluons réciproquement. Ces touristes ont l'air au moins aussi fatigués que nous. Enfin, à cinq heures et demie, nous atteignons Djennine. Notre camp est au nord-est de la ville, en sorte que nous n'avons pas besoin de la traverser. Cela vaut mieux : une année, les pèlerins arrivèrent la nuit ; en traversant la ville, ils furent assaillis à coup de pierres.

En effet Djennine est une ville musulmane très fanatique. Elle a 3,000 habitants, et n'a que deux familles grecques catholiques. C'est une immense satisfaction que de pouvoir enfin se reposer à l'ombre de la tente. Le camp est gardé à vue par des soldats. On me dit qu'il y a peine de mort contre tous les naturels qui tenteraient de s'y introduire. La ville semble bâtie contre la montagne : elle est assez coquette, on y voit des palmiers. C'est ici, croit-on, qu'eut lieu la guérison des dix lépreux (1).

Après le souper (2) nous faisons l'ouverture du mois de Marie. On a dressé un petit autel au milieu du camp ; il est entouré de nos drapeaux et de verdure ; une des familles catholiques a apporté un tableau de la sainte Vierge, qui est placé au milieu de l'autel. Les catholiques de l'endroit sont tous présents : chaque famille

(1) *Luc.*, xvii, 11-19.
(2) Voyez l'appendice II.

est assez nombreuse; de beaux jeunes gens, parlant bien le français, en font l'ornement. Chaque année ils vont faire leurs pâques à Jérusalem même; un prêtre vient leur dire la messe toutes les trois semaines. Ils nous demandent de prier pour que le bon Dieu décide Son Excellence le patriarche à leur envoyer un missionnaire. J'ai causé avec eux, ils sont animés des meilleurs sentiments. Après un cantique, le R. P. Noguès, supérieur des Pères de Lourdes, donne le sermon. Malheureusement, il oublie que nous sommes debout et fatigués de la journée, et que, de plus, le lendemain il faudra nous lever à trois heures et demie. Il n'a pas entendu que Mgr Koppès avait demandé que cet exercice fût court et bon. Quand il finit, Monseigneur donne la bénédiction épiscopale; il n'a pas voulu la donner avec l'image de la sainte Vierge, à la manière des Grecs. Enfin, vers neuf heures et demie, nous nous retirons dans nos tentes.

A quatre heures moins un quart, le réveil sonne. Comme c'est le 1er mai et la fête de saint Philippe et de saint Jacques, la messe est ici d'obligation. Nous l'entendons en plein air, à la lueur vacillante des torches; elle est dite par Monseigneur. Peu à peu la clarté des étoiles s'évanouit, et presque sans transition le soleil paraît à l'horizon. A cinq heures vingt, la colonne s'ébranle. C'est à Djennine que nous sommes entrés dans la Samarie proprement dite. Nous n'en sortirons plus qu'après Béthel. Nous traversons un côté de la ville; et, bientôt après, nous nous engageons dans une gorge étroite et bien boisée : c'est un des endroits les plus pittoresques que j'aie vus en Palestine. Presque au sortir de la gorge, nous atteignons Kabatieh, village fanatique, dont nous traversons le cimetière. Après Kabatieh, nous longeons de beaux champs d'oliviers, et les hauteurs sur lesquelles se trouvait autrefois Dothaïn(1). C'est le lieu où Joseph rencontra ses frères, qui paissaient leurs troupeaux. On descend ensuite et l'on arrive à la plaine de Sanour. Cette plaine est belle; malheureusement nous sommes obligés de faire un long détour, car elle est tellement inondée qu'au premier abord j'ai cru que c'était un lac permanent. J'ai su ensuite que ce lac, ou plutôt ce marais, n'existait qu'après les hivers pluvieux. A notre droite s'élève une montagne isolée et de forme arrondie, au sommet de laquelle on voit un village entouré d'une enceinte murée. C'est Sanour, qui a subi deux sièges depuis cent ans; c'est aussi l'ancienne Béthulie, illustrée par Judith, et c'est dans la plaine qui s'étend au pied que campa l'armée d'Holopherne (2). Sanour, par sa position isolée, ressemble assez à Montagny, dans le département du Rhône. Enfin, vers dix heures, nous arrivons à Jéba, et nous arrêtons dans un magnifique bois d'oliviers, où l'on nous sert un morceau de fromage et un peu de vin. Depuis ce matin cinq heures et demie, nous ne sommes pas descendus de cheval : c'est la plus longue traite que nous ayons fournie jusqu'à présent : elle a eu la longueur d'une étape ordinaire.

A onze heures, le départ. Nous arrivons au sommet de la montagne; alors commence une descente difficile par un chemin en spirale. La distance s'allonge entre les groupes. Pour la première fois je vois les cacolets occupés par deux dames. Représentez-vous un âne chargé de deux paniers à dossier pendant de chaque côté de la selle, et vous savez ce que c'est qu'un cacolet. Je crois fermement qu'on est encore mieux à ché-

---

(1) *Gen.*, xxxvii, 17.
(2) *Jud.*, vii et seq.

val. Arrivés au fond de la gorge qui termine cette descente fantastique, il faut remonter. Heureusement c'est la dernière fois ; à une heure, nous atteignons Sébastieh, Sébaste ou Samarie, et nous campons dans un bois d'oliviers. Nous n'en pouvons plus. Chacun s'assied au pied d'un arbre, hélas ! trop avare de son ombre ; nous avons faim, nous avons soif. Notre drogman n'a pourtant pas l'air de s'émouvoir. Peu à peu cependant il apporte tous les éléments du repas. Mais quand je veux me mettre à boire, mon verre est plein de petites araignées jaunâtres, qui semblent avoir des ailes : j'en suis moi-même couvert des pieds à la tête. Allons ! hâtons-nous de fuir ces parages. Je vais m'étendre au pied d'un arbre et j'essaie de dormir. Mais la chaleur, la mauvaise digestion, ont eu sur moi une pénible influence. Quand je me relève, mes jambes flageolent, ma tête est lourde : il me semble que je suis ivre. Tant pis ; à trois heures il faut repartir. Au milieu de notre bois d'oliviers, on voit le fût de plusieurs colonnes monolithes encore debout. On croit qu'elles ont appartenu au temple d'Auguste, élevé ici par Hérode. Au départ, nous suivons un chemin bordé d'un grand nombre de ces colonnes, et nous arrivons au village de Sébastieh.

Ce village, placé presque au sommet de la montagne de Samarie, compte aujourd'hui trois cents habitants à peine. C'est pourtant l'antique Samarie, capitale du royaume d'Israël. Amri l'avait fait bâtir [1], Salmanasar la détruisit en 721 avant Jésus-Christ, et emmena en captivité les habitants, qu'il remplaça par des païens [2]. Plus tard, Hérode lui rendit un peu de sa splendeur et

---

(1) *III. Reg.*, xvi, 24.
(2) *IV. Reg.*, xvii, 6 et 24.

la nomma Sébaste (1). Elle a donné le jour à Simon le Magicien, et un évêché y fut établi dès les premiers temps du christianisme. Outre les colonnes dont j'ai parlé, on voit encore à Sébaste les ruines d'une église dédiée à saint Jean-Baptiste. Cette église, bâtie par les croisés, dura peu, mais ce qui en reste nous montre qu'elle était très belle. On voit encore le portail assez simple, des colonnes, des morceaux de voûte et de nef; l'architecture est mélangée de roman et de gothique, mais ce dernier domine. A côté, on descend par un escalier assez raide, étroit et obscur, dans une sorte de caveau. Arrivé au bas de l'escalier, on se trouve dans une salle assez grande, au fond de laquelle on voit trois loges à cercueil en forme de fours. Le tombeau central serait celui d'Abdias ; celui de gauche aurait renfermé le corps du prophète Elisée; enfin saint Jean-Baptiste aurait été déposé dans la loge de droite. La tradition est constante, et sainte Paule vint ici en pèlerinage au iv⁰ siècle; mais nous n'avons, de tous ces détails, aucun autre monument positif que la croyance, générale dans le pays.

Il s'agit maintenant de rejoindre mon groupe; car il y a eu un peu de désordre dans cette descente de cheval. J'y parviens sans trop de peine. Nous descendons de la montagne de Samarie et bientôt pénétrons dans la belle vallée où se trouve Naplouse. Là nous sommes sur une grande route qui mène, je crois, à Jaffa. Elle est bordée de cultures et d'arbres divers, et traverse des champs d'oignons divisés en petites losanges, qui donnent à la terre un aspect singulier. Nous rencontrons un bel aqueduc, un moulin. A six heures et demie nous arrivons à la ville. Nous sommes vraiment

(1) Nom grec d'Auguste.

heureux de voir finir cette journée, où nous avons passé dix heures à cheval. Les directeurs du pèlerinage, tenant compte de l'humaine faiblesse, nous font souper en arrivant. Tout n'est pas fini cependant ; à huit heures, nous formons une procession aux flambeaux et allons à l'église latine, distante d'un bon quart d'heure, recevoir la bénédiction. Au retour, nous nous empressons d'aller prendre un peu de repos.

Le lendemain, je me lève assez dispos et vais dire ma messe à l'église latine. Cette chapelle bien simple n'est pas très grande, mais elle suffit pour les soixante-quinze catholiques de l'endroit. Un prêtre maronite dirige l'école des garçons, et les sœurs indigènes du Rosaire, celle des filles. Après la messe, je paie mon écot en achetant à ces bonnes sœurs quelques images, qui sont chères ; mais enfin, c'est pour la bonne œuvre, comme elles disent elles-mêmes.

Un bon nombre de pèlerins vont assister à une messe dite au puits de la Samaritaine, à une heure environ de Naplouse. Pour moi, je rentre au camp et passe une partie de la matinée sous la grande tente. La chaleur est encore plus forte qu'hier ; ce serait une imprudence de se fatiguer davantage, et bien des pèlerins font comme moi.

Cependant, vers dix heures, une caravane se forme pour visiter la ville ; je m'y adjoins. Naplouse est, croit-on, la même que Sichem. Les fils de Jacob en massacrèrent les habitants. Plus tard Roboam s'y fit sacrer [1] ; mais, après le schisme des dix tribus, Sichem devint la capitale du royaume d'Israël, jusqu'à ce qu'Amri l'eût transportée à Samarie. Notre-Seigneur évangélisa lui-même cette ville [2]. Sous Vespasien, Si-

---

(1) *III. Reg.*, xii, 1.
(2) *Joann.*, iv, 40.

hem prit le nom de Néapolis. Au temps des croisés, il y tint un concile. Aujourd'hui, Naplouse a encore 0,000 habitants, presque tous musulmans fanatiques. u point de vue religieux, cette ville est le séjour de resque tout ce qui reste des Samaritains : elle en ompte 180; c'est une race qui tend à disparaître. uant à la situation de la ville, elle est fort agréable. aplouse est bâtie dans la vallée qui sépare l'Ebal du arizim et s'étage un peu sur les flancs de la montagne. La végétation y est magnifique, surtout sur le ersant du Garizim. C'est encore sur cette montagne ue les Samaritains font leurs cérémonies.

Nous pénétrons dans la ville par la porte de l'ouest. es rues en sont étroites et sales. Nous dirigeons l'abord nos pas vers la synagogue des Samaritains, où on conserve le célèbre Pentateuque (1). Je n'engage as les pèlerins à aller seuls dans ces endroits : il faut n drogman. Après mille circuits, après avoir passé ntre deux haies d'immondices, nous arrivons. Nous ntrons dans une salle de moyenne grandeur, sans utre ornement qu'une natte sur le sol. On nous a pernis de garder nos chaussures, et on nous a demandé n franc par personne. Dans un coin de la salle, on emarque des vêtements blancs, que les adeptes revêtent dans les cérémonies religieuses. On nous apporte le fameux manuscrit placé sur une sorte de puitre. Il est disposé autour de deux grosses baguettes 'argent, de telle sorte qu'en se déroulant de l'une il 'enroule sur l'autre. Les savants y ont retrouvé les aractères samaritains. Il y a trois opinions sur son ntiquité : celle des Samaritains, qui le font remonter Abisué, arrière-petit-fils d'Aaron, ce qui lui donnerait

---

(1) Recueil des cinq livres composés par Moïse.

trois mille trois cents ans d'existence; la seconde l'attribue à Manassé, premier grand-prêtre du mont Garizim, 330 avant Jésus-Christ; enfin une opinion moderne ne lui donne pas plus de mille ans d'existence. Quoi qu'il en soit, il est un des plus forts arguments en faveur de l'authenticité du Pentateuque, puisque certainement les Samaritains ne l'ont pas reçu des Juifs depuis leur séparation.

Nous nous dirigeons ensuite vers l'ancienne église de la Résurrection convertie en mosquée. Nous ne pouvons y entrer; mais ce que nous voyons du portail, d'un beau gothique, nous le fait regretter.

Au retour, nous passons par les bazars. Ils ont l'air bien fourni en denrées de toutes sortes; mais il faut avoir soin de se boucher le nez quand on passe devant les boucheries. Plus loin nous visitons une fabrique de savon : nous n'y voyons que d'immenses cuves, ou mortiers, dans lesquelles on opère. Le commerce des savons et des cotons est important à Naplouse. Une heure nous a suffi pour faire ce tour de ville, nous rentrons au camp, et nous cherchons un peu d'ombre.

Après dîner, courte sieste sous un olivier; j'achète quelques blagues à tabac en peau de chèvre à un petit enfant, et vers une heure nous partons. Nous traversons une rue de la ville pour éviter un peu le soleil : le pavé est glissant, il faut se bien tenir. Au sortir de Naplouse, nous nous trouvons dans un vaste amphithéâtre formé par les pentes de l'Ebal et du Garizim. C'est là que, selon l'ordre de Moïse [1], Josué rassembla les douze tribus [2]; six étaient placées sur les pentes de l'Ebal, six sur celles du Garizim; les lévites lurent les

---

(1) *Deut.*, xxvii, 12, 13.
(2) *Jos.*, xxiv, 1.

bénédictions et les malédictions contenues dans le Deutéronome, et toute la foule répondit : *Amen*. Le lieu était parfaitement bien choisi : le site, grandiose par lui-même, convenait à une scène si grandiose aussi ; l'espace ne dut point manquer, et l'on assure que l'acoustique est très forte dans cette vallée. Les Juifs ont fait ici un pacte avec Dieu ; ils y ont manqué, ils subissent encore le châtiment de leurs prévarications. La France aussi avait fait un pacte avec Dieu et l'Eglise ; elle n'y manque que trop aujourd'hui : puisse le châtiment ne pas être trop terrible !

A une heure de Naplouse environ, nous sommes au puits de Jacob, connu sous le nom de puits de la Samaritaine, depuis que Notre-Seigneur a daigné y converser avec une pauvre pécheresse de Sichar [1]. Sichar est-elle la même ville que Sichem ? Laissons les savants se disputer. Nous faisons à cheval le tour du puits. Aujourd'hui la surface et l'ouverture sont à deux mètres et demi au-dessous du sol. Il a vingt et un mètres de profondeur, mais souvent il n'y a pas d'eau. Les Grecs non unis ont entouré ce puits d'un mur quadrangulaire, ainsi que les ruines de l'ancienne église bâtie à côté. Le puits de Jacob est dans le champ de Jacob. Abraham y avait déjà dressé un autel [2]. Joseph le reçut en héritage de son père. C'est là qu'il voulut être enseveli [3] : on voit encore aujourd'hui son tombeau à quelques minutes au nord : c'est une petite enceinte en maçonnerie, dont le centre est occupé par une sorte de mausolée en forme de dos d'âne.

Mais revenons vite à la route ; je galope aussi fort

---

[1] *Joann.*, IV, 7-26.
[2] *Gen.*, XIII, 6, 7.
[3] *Gen.*, L, 24 ; *Jos.*, XXIV, 32.

que je le puis pour rejoindre mon groupe. Nous sommes en plaine et on peut aller un peu vite. Nous faisons, sur une hauteur, une courte halte. Plus loin, nous arrivons près d'un immense réservoir, à l'endroit appelé Khan-Louban; nos chevaux s'y désaltèrent. Nous commençons alors une montée assez pénible. Au sommet, nous espérons voir le camp; mais, hélas! il est sept heures et nous ne voyons rien. Peu à peu le soleil disparaît. Bientôt nous sommes presque plongés dans les ténèbres. Et quels chemins! Une descente presque à pic; d'un côté le rocher, à droite le précipice. Nos chevaux ne voient plus où mettre le pied, et cependant pas un faux pas! Dans le lointain, sur un sommet, apparaissent les feux du camp : il nous faut encore une heure. Pour comble de bonheur ma monture veut aller lentement, afin d'aller plus sûrement : je ne vois plus personne devant moi, personne derrière ; je m'abandonne littéralement à l'instinct de ma bête. Mais voici des lumières qui s'avancent, et tantôt se montrent, tantôt disparaissent; évidemment on vient à notre secours. Elles arrivent enfin, ces bienheureuses torches; elles nous éclairent, pas assez pourtant, pour qu'à un endroit, au lieu de suivre le chemin, nous ne nous engagions dans un champ. Quand nous voulons en sortir, un mur nous enferme. Il faut retourner en arrière. Par bonheur, une brèche se présente. Nous en profitons, continuons à descendre et puis remontons. Enfin, après avoir éprouvé pendant une heure, longue comme un siècle, toutes les angoisses possibles, après avoir passé alternativement par toutes les espérances et tous les désappointements, nous faisons notre entrée dans le camp. A souper, nous nous comptons, personne ne manque à l'appel : c'est presque à crier au miracle.

Cependant, il faut ramener la gaieté, que les évènements de la soirée ont bien diminuée. Un Lyonnais monte sur un banc et chante une complainte sur l'air de *Cadet Roussel;* tous avec entrain nous répétons le refrain et oublions les amertumes de la vie. Elle est intitulée « Bonne nuit, ou les Nuits au camp (1). »

Mais à notre gaieté succède bientôt la tristesse. Nous savions déjà qu'à Naplouse nous avions laissé un prêtre de Paris, M. l'abbé Decorbie, dangereusement malade au dîner, il avait été pris subitement d'une congestion cérébrale. On l'avait transporté chez le curé latin; M. de Piellat, un jeune médecin, deux de ses amis étaient restés près de lui. Nous apprenons ce soir qu'à trois heures, après avoir reçu l'extrême-onction dans un moment de pleine lucidité, il a succombé, et qu'une heure après, suivant l'usage du pays, il a été enseveli dans le jardin du presbytère. C'est notre première victime expiatoire : il n'a pu arriver à la Jérusalem terrestre, mais la Jérusalem céleste lui a sans doute ouvert ses portes toutes grandes, et là-haut il priera pour nous. Un service solennel sera célébré pour lui dans la chapelle de Notre-Dame de France, à Jérusalem. Cette mort, si enviable au point de vue surnaturel, nous laisse cependant dans une certaine inquiétude et un certain malaise.

Le lendemain, à quatre heures, nous disons adieu à nos tentes, et après la sainte messe, nous commençons notre dernière journée en Samarie. De Sendjil (tel est le nom du village près duquel nous avons campé) nous descendons dans une vallée assez étroite, mais bien plantée d'oliviers et de figuiers. Nous passons à un endroit qui s'appelle la « Source des voleurs; » heureusement nous n'en trouvons pas. Peu à peu la route

(1) Voyez l'appendice I.

s'élève. A huit heures, première halte, et à neuf heures et demie, nous arrivons à Béthel. Après un léger rafraîchissement nous examinons le site. Béthel n'est plus aujourd'hui qu'un petit village de 300 âmes; et cependant c'est un des lieux les plus célèbres dans l'Ecriture. Ici Abraham se sépara de Loth (1); ici Jacob passa la nuit et vit l'échelle mystérieuse (2). Plus tard, Jéroboam y éleva un veau d'or (3). Ces dernières années, on y voyait encore les restes d'une église; depuis l'année passée, ils ont été remplacés par une mosquée.

La chaleur est étouffante. On nous console en nous disant que Ramalah n'est plus qu'à une heure et demie de marche. En route donc; le chemin est peu agréable, mais on est pressé d'arriver. Nous apercevons El-Birèh, l'endroit où, d'après la tradition, la sainte Vierge et saint Joseph s'aperçurent de l'absence du divin Enfant (4). C'est dans ce village, en effet, que les caravanes, partent de Jérusalem un peu tard dans la matinée, ont coutume de s'arrêter pour la nuit. Enfin, à onze heures, nous sommes à Ramalah. Nous avons fait un détour; mais nous en sommes bien dédommagés par la réception cordiale qui nous est faite. Nous prenons notre déjeuner dans la maison des Pères Franciscains, qui ont ici une mission.

Après dîner, nous nous faisons nos adieux, car à Jérusalem les groupes cesseront d'exister. Mon groupe vote des remerciements enthousiastes à notre dévoué capitaine, et c'est justice. M. Dupré a été pour nous comme un père. J'en ai maintes fois fait l'expérience. Qu'il veuille bien croire à toute ma reconnaissance.

(1) *Gen.*, XIII.
(2) *Gen.*, XXVIII, 11-22.
(3) *III. Reg.*, XII, 32.
(4) *Luc.*, II, 45.

Vers une heure et demie, nous descendons dans la pauvre petite chapelle. Un prêtre du pèlerinage baptise un petit indigène ; le parrain et la marraine sont pèlerins, eux aussi. Deux enfants deviennent ainsi chrétiens ; on les avait réservés pour notre passage.

A deux heures, nous remontons à cheval. La route se déroule au milieu des montagnes de la Judée, dans laquelle nous sommes entrés depuis Béthel, que le Frère Liévin place encore en Samarie. Le long de cette route, on ne rencontre aucun village, mais on en aperçoit un certain nombre sur les hauteurs voisines. J'ai remarqué, d'ailleurs, qu'en Samarie, les villages sont presque toujours en dehors de la route. Peut-être est-ce nous qui ne l'avons pas suivie exactement ! De temps en temps nous apercevons une haute tour à l'est ; on nous dit que c'est la tour des Russes, sur le mont des Oliviers. Quelle route pénible, ce soir ! Mon cheval est fourbu ; il ne veut pas avancer ; le drogman est obligé de lui donner des coups de cravache pour le faire partir ; je suis régulièrement le dernier de mon groupe : c'est une vraie torture morale. Jérusalem, où est-elle ? est-ce que nous y serons bientôt ? Et invariablement le drogman répond : « Encore une heure. » A cinq heures et demie, nous sommes sur le sommet du Scopus. C'est à partir de cette colline, qui est au nord de Jérusalem, que l'on aperçoit la Ville Sainte. Nous descendons de cheval, et chantons le *Lætatus sum*. Quelles émotions à la vue de cette ville, qui existe depuis 3,000 ans, et qui pendant tout ce temps n'a pas cessé d'être la ville sainte du monde ! On a quelquefois osé comparer Jérusalem à la Mecque, à Bénarès, à Kérouan, aux villes saintes de toutes les religions. Il n'y a entre elles qu'un trait de ressemblance : l'affluence des pèlerins. Jérusalem seule est la ville providentielle ; seule elle a été le centre de la religion voulue de Dieu avant le Sauveur; et cette ville, qui possédait le seul temple du vrai Dieu, qui était la capitale d'un petit peuple choisi, a eu ce singulier destin de voir éclore en elle la vraie religion, dont la sienne était la figure. Vers elle affluent tous les peuples du monde entier; et pourquoi ? Pour y vénérer le s'pulcre vide du Dieu fait homme. « *Cui comparabo te, filia Jerusalem ?* A qui te comparer, ô Jérusalem (1) ? » Tu n'es plus le centre de la religion choisie de Dieu ; tu es le foyer d'où a jailli l'étincelle qui a embrasé le monde. Dans le plan divin, c'est Rome qui t'a succédé aujourd'hui. Je te comparerais à une veuve qui porte toujours le deuil de son époux après deux mille ans ; je te comparerais aussi à une douairière, qui ne règne plus sans doute, mais que l'on entoure d'égards et d'honneurs, en considération de son règne fini et de sa gloire passée.

Tout plongés dans ces pensées, nous descendions la route large et pierreuse qui mène à la porte de Damas. Le long du chemin nous trouvons nos amis échelonnés. Malgré la fatigue, on se redresse : il faut avoir l'air vaillant, comme nos aïeux les croisés. Nous saluons successivement la cornette des Saint-Vincent de Paul, les Frères des Ecoles chrétiennnes, les Pères Blancs, les Pères de Sion, les Franciscains, et aussi nos compagnons arrivés de la veille. Hélas ! nous ne pouvons aller droit au saint Sépulcre ! les Grecs viennent de célébrer leur pâque et la place n'est pas libre. Nous entrons tout simplement à Notre-Dame de France, l'hôtellerie du pèlerinage, aux sons joyeux de la fanfare de l'école Saint-Pierre.

Ici nous nous divisons : les uns vont loger à *Casa*

---

(1) *Lament.*, II, 13.

Nova, les autres chez les Frères ; nous, nous restons à Notre-Dame. J'ai la chance de me trouver dans une chambre à trois lits, au troisième étage : voilà pour me reposer de la Samarie ! Il fait bon alors se rappeler qu'on est en pèlerinage de pénitence. J'ai cependant la consolation de me trouver avec un confrère de Lyon, dont la paroisse a fondé ici une cellule.

Mon premier soin en arrivant est de faire un peu de toilette ; et, après avoir monté ma valise, que je retrouve assez facilement et en bon état, je descends souper. Le vaste vestibule de l'établissement nous sert de réfectoire pour le moment. Le repas est bien préparé, à la française ; c'est un charme de dîner ainsi, bien assis, et sur une table propre, après avoir été privé de tous ces avantages pendant dix jours.

CHAPITRE XI

JÉRUSALEM. — TOPOGRAPHIE ET HISTOIRE

Je suis donc à Jérusalem, au but principal de mon voyage! A quelques pas de moi se trouve le divin tombeau; là-bas, en face, le mont des Oliviers et la grotte de l'Agonie. Cette pensée est bien propre à me faire méditer! Si ce n'était la fatigue précédente, je resterais accoudé à ma fenêtre et j'y passerais la nuit à contempler la ville. Mais, outre cette malencontreuse lassitude, l'air du soir, nous a-t-on dit, donne la fièvre. Reposons-nous donc : demain je commencerai mes visites.

Mais avant de raconter mes courses dans la ville et aux alentours, j'ai à donner quelques renseignements généraux sur Jérusalem.

Dans son ensemble, Jérusalem a la forme d'un carré irrégulier, construit sur un plateau assez élevé. Trois profondes vallées, qui mériteraient plutôt le nom de gorges, enserrent ce plateau et lui donnent l'aspect d'une presqu'île : au nord et à l'est, c'est la vallée de Josaphat; au sud, c'est la vallée de Hennom; à l'ouest, c'est la vallée de Gihon. Toutes ces vallées viennent déboucher les unes dans les autres. Au nord-ouest, le plateau de Jérusalem est relié aux hauteurs environnantes par une bande de terre assez large.

Du côté opposé à la ville, ces vallées sont bornées par d'autres montagnes : la vallée de Josaphat, par le mont Scopus au nord, le mont des Oliviers et le mont du Scandale à l'est ; la vallée de Hennom, par le mont du Mauvais Conseil ; la vallée de Gihon, par des collines dont le nom est moins connu.

De belles et fortes murailles entourent la ville et dominent les trois vallées principales. Au nord-est, à l'est et au sud-ouest, ces murailles donnent presque à pic sur la vallée ; au sud, elles traversent le Sion et bornent le Moriah ; au nord-ouest et au nord, elles coupent la bande de terre qui relie la ville au plateau septentrional. Elles ont été construites par Soliman, au xvie siècle.

Plusieurs portes donnent accès dans la ville ; on en compte sept encore ouvertes. Au nord se trouve la porte de Damas, de style gothique et bien ornée, la plus belle de toutes. C'est par cette porte que les croisés entrèrent à Jérusalem. Un peu plus à l'est est la porte d'Hérode, très simple. Sur la face orientale, on ne trouve plus que Bab Sitti Mariam (porte de Madame Marie), qui conduit au mont des Oliviers. Au sud-est, on voit la petite porte des Africains, ou porte Sterquilinaire. Elle est certainement bien nommée, vu la quantité considérable d'immondices que l'on trouve dans les environs. Au sud-ouest, la porte de David ou de Sion, qui mène au Cénacle, est large et spacieuse. A l'ouest, la porte de Jaffa a peu d'ornements, mais elle est monumentale. Enfin, au nord-ouest, la porte des Francs, qui ne date que de deux ans, a été ouverte pour faire communiquer Notre-Dame de France avec le quartier chrétien. En général, ces portes se composent d'une vaste voûte en ligne droite ou en ligne brisée ; quelques-unes cependant ont la forme d'une simple arcade un peu épaisse.

Telle est l'enceinte actuelle de Jérusalem. Elle occupe à peu près la même place que l'enceinte construite par Hérode Agrippa dix ans après Jésus-Christ. Mais il y en a eu deux autres : l'enceinte primitive de David et de Salomon, puis une seconde bâtie sous les rois de Juda. Cette dernière, qui était celle du temps de Notre-Seigneur, laissait le Calvaire en dehors de la ville. L'enceinte actuelle l'a englobé, et voilà pourquoi il se trouve maintenant presque au centre de Jérusalem.

Il est assez difficile de déterminer la topographie intérieure de la ville, à cause des discussions des savants. Il y a deux systèmes principaux : je vais suivre celui du Frère Liévin, qui est le système traditionnel, quitte à parler plus tard du système moderne.

Le plateau sur lequel s'élève la Ville Sainte (1) est formé par six collines d'inégale hauteur, séparées par des ravins plus ou moins profonds. L'un d'entre eux, appelé le « Large Ravin, » part de la porte de Damas, descend du nord au sud, et rejoint la vallée du Tyropéon, presque au centre de la ville. Le Tyropéon vient, en effet, de la porte de Jaffa, va de l'ouest à l'est, rencontre le Large Ravin, et à partir de ce point se dirige au sud, pour tomber dans la vallée de Hennom. Le Large Ravin, continué par le Tyropéon, sépare ainsi la ville en deux parties : la ville haute, à l'ouest ; la ville basse, à l'est. La ville haute est bâtie sur les trois collines d'Acra, de Gareb, de Sion ; la ville basse est établie sur les collines de Bézétha, de Moriah, et, autrefois, se continuait sur la colline d'Ophel. La colline d'Acra est au centre de Jérusalem ; elle est séparée de Gareb, à l'ouest, par la « vallée des Cadavres (2) ; » de

---

(1) En arabe, Jérusalem s'appelle : *El Kods, la Sainte.*
(2) Cette vallée part de la porte de Damas et va rejoindre le Tyropéon, à peu près au centre de la ville, comme le Large Ravin.

Sion, au sud, par le Tyropéon; de Moriah et de Bézétha, à l'est, par le Large Ravin; au nord, elle forme une pointe qui aboutit presque à la porte de Damas. Gareb s'étend au nord-ouest de la ville; la vallée des Cadavres le sépare d'Acra à l'est, et le Tyropéon le sépare de Sion, au sud. Sion est enserré par le Tyropéon, qui le limite, au nord, avec Gareb et Acra; à l'est, avec une partie de Moriah et Ophel. Enfin, entre Bézétha et Moriah se trouve la « vallée des Cendres; » et un tout petit ravin, qui va du Tyropéon à la vallée de Josaphat, en dehors des murs de la ville, sépare Moriah d'Ophel. Cette dernière colline va se terminer en pointe au lieu de jonction des vallées de Josaphat et d'Hennom.

Chacune de ces collines a son histoire. Ni Gareb ni Bézétha ne faisaient partie des deux premières enceintes; au contraire, Sion et Ophel y étaient complètement renfermés. Aujourd'hui, Gareb forme le quartier chrétien; les musulmans habitent Bézétha et Acra; Moriah n'a guère que la mosquée d'Omar, à la place du temple. La moitié de Sion est hors des murs; la partie qui est en dedans de l'enceinte forme, à l'ouest, le quartier arménien, et à l'est, en contre-bas, le quartier juif; Ophel, complètement en dehors de l'enceinte, est labouré, comme d'ailleurs la plus grande partie des pentes du Sion en dehors de la ville. Jamais plus, probablement, ces pentes du Sion et de l'Ophel ne seront recouvertes d'habitations, comme au temps du Sauveur. Aujourd'hui la ville a besoin de s'agrandir; mais c'est à l'ouest, près de la porte de Jaffa, que s'élèvent les nouvelles constructions. En cet endroit, presque désert il y a cinquante ans, on voit actuellement un faubourg populeux. Ce faubourg forme une longue avenue sur la route de Jaffa, et, chaque jour, il tend à prendre une plus grande importance.

Telle est donc aujourd'hui la physionomie de Jérusalem. D'après la tradition, cette ville aurait été fondée 1950 ans avant Jésus-Christ, par la réunion de Salem, bâtie sur l'Acra par Melchisédech, avec Jébus, ville établie sur le mont Sion. A leur arrivée en Terre promise, les Israélites s'emparèrent de Jérusalem, à l'exception de la citadelle de Sion, dont la conquête fut l'œuvre de David. Salomon bâtit le temple sur le mont Moriah. Sous Roboam, Jérusalem n'est plus que la capitale du royaume de Juda. Prise plusieurs fois, elle vit ses habitants emmenés en captivité à Babylone, 606 ans avant Jésus-Christ. Soixante-dix ans plus tard, Cyrus permettait de relever la ville et le temple. Alexandre épargna Jérusalem; mais ses successeurs la soumirent jusqu'à ce que les Machabées lui rendissent son indépendance, en 160 avant notre ère. Enfin, les Romains lui firent subir le sort commun à tous les empires de ce temps, ils s'en rendirent maîtres et lui donnèrent tantôt un roi, tantôt un gouverneur. Hérode y était roi lorsque naquit le Messie; Ponce-Pilate y était gouverneur lorsqu'il mourut. Vint un jour où les Juifs se lassèrent de la domination romaine : ils se révoltèrent. Vespasien et Titus enfermèrent la ville dans un cercle de fer; après toutes les horreurs d'un siège de deux ans, elle fut prise et détruite par Titus et le temple brûlé : c'était en l'an 70 après Jésus-Christ. L'arc de triomphe de Titus, qui se dresse à Rome, à l'entrée du *Forum*, est le témoin irrécusable de la chute de Jérusalem et des vengeances divines. Cinquante ans plus tard, l'empereur Adrien rebâtit la ville et l'appela *Ælia Capitolina*. Sans doute pour effacer tout souvenir de race et prévenir toute rébellion, il la paganisa, et des temples aux divinités de Rome s'élevèrent sur le Calvaire. Pendant un siècle et demi, près de deux siècles,

les monuments chrétiens furent ainsi enfouis; les aïeux les montraient à leurs petits enfants et disaient : « C'est là que Jésus a été crucifié, c'est là qu'il a été enseveli. » Au bout de ce temps, le Christ était vainqueur. Sainte Hélène, mère de Constantin, fit faire des fouilles, construisit des églises sur les lieux sanctifiés par le divin Maître, et *Ælia Capitolina* redevint Jérusalem. En 614, Chosroès II, roi des Perses, prit la ville, la saccagea et brûla nombre de monuments chrétiens.

Mais le coup définitif qui abattit Jérusalem lui fut donné en 636 par les musulmans. Le calife Omar y entra, et dès lors Jérusalem appartint aux disciples de Mahomet. Successivement elle reçut les lois des Ommiades et des Abassides, califes de Damas et de Bagdad. En 883, elle passa sous le joug des différentes dynasties musulmanes d'Egypte : Thoulounides et Fatimites. Le sultan Hakem voulut détruire le saint Sépulcre. Vers la fin du xie siècle, les Seldjoucides y régnèrent un instant, mais en furent chassés par les croisés. Le royaume latin de Jérusalem ne dura que 88 ans, tout juste le temps de rebâtir des édifices, qui devaient ensuite être ruinés. En 1187, le premier Ayoubite d'Egypte, Saladin, mit fin à ce royaume. Depuis lors, Jérusalem est restée, jusqu'en 1517, à part quelques courtes années, au pouvoir des califes du Caire. En cette année 1517, le sultan Sélim s'empara de l'Egypte sur les mameluks, et Jérusalem subit le même sort. Aujourd'hui encore elle fait partie de l'empire de Turquie.

Telles ont été les destinées de la Ville Sainte. Aussi n'est-il pas étonnant qu'on y voie de nombreuses ruines, et que les souvenirs sacrés qu'elle renferme soient parfois enveloppés d'une certaine ombre. Ce qui est merveilleux, c'est qu'après toutes ces vicissitudes, tant d'édifices, et en particulier le saint Sépulcre, soient encore debout à Jérusalem.

L'aspect intérieur de la ville est celui de toutes les villes orientales : maisons basses, rues mal pavées et assez sales. Peut-être y trouve-t-on plus qu'ailleurs des rues voûtées sur une longue étendue. Le pavé de ces rues est fort glissant, et comme elles sont souvent en pente, il serait imprudent de les traverser à cheval ou à âne : aussi ne trouve-t-on dans l'intérieur de Jérusalem aucun véhicule ; j'y ai vu faire les charrois à dos de chameaux. Un jour, dans la rue qui mène à Bab Sitti Mariam, j'en ai croisé un qui s'était emporté. Il courait de toutes ses jambes ; à chaque pas, il laissait tomber à terre une partie de sa cargaison disloquée ; chacun se retirait prudemment dans un angle de rue ou de maison ; je ne sais à quel endroit on a pu l'arrêter. Il y a aujourd'hui à Jérusalem un certain nombre de maisons neuves, bâties à peu près comme les nôtres : elles appartiennent généralement à des Européens ou à des maîtres d'hôtel. Les autres maisons n'ont presque pas de fenêtres sur les façades extérieures ; mais quand on a franchi la porte d'entrée, on arrive dans une espèce d'*atrium*, sur lequel prennent jour les appartements. Cet *atrium* est quelquefois orné de plantes et d'arbres.

Jérusalem compte environ cinquante mille habitants. La plupart sont juifs : on en compte environ 34,000 contre 8,000 musulmans, 5,000 chrétiens dissidents et 3,000 catholiques des différents rites.

Pour bien se rendre compte de la physionomie particulière que présente Jérusalem, il est utile de dire un mot de ces différentes religions.

Les Juifs, dont le nombre augmente de plus en plus, et qui, sous le patronage des Rothschild, viennent chaque jour fonder ici de nouvelles colonies, sont en somme les indigènes du pays. Leurs ancêtres en ont été les maîtres ; et si, sous le coup de la malédiction divine, ils se sont dispersés dans le monde, ils ont toujours gardé le secret espoir de rétablir leur royaume temporel et de rebâtir le temple. Aussi, qu'ils soient nés en France, en Prusse, ou ailleurs, ils forment une société à part. Ce retour des Juifs à Jérusalem pourrait paraître un commencement de réalisation de leur plan. Et, de fait, humainement parlant, il n'y a qu'une chose qui peut les empêcher de le réaliser : la mosquée d'Omar, bâtie sur l'emplacement même du temple. Leur donnât-on des milliards, les Turcs ne céderont jamais leur mosquée. Ainsi, pour que les Juifs puissent arriver au but qu'ils poursuivent, il faudrait l'anéantissement de la puissance ottomane. Alors, sans doute, les chefs d'Etat chrétiens les laisseraient bien faire. Mais Dieu veille et conduit les événements, selon qu'il est besoin pour l'accomplissement de ses oracles. Oui, un jour les Juifs se reconstitueront en nation, mais alors ils se convertiront, et ce sera la fin des temps. Au point de vue religieux, les Juifs de Jérusalem se divisent en trois grandes classes : les *Sephardim*, les *Achkenazim*, les *Caraïtes* : ces derniers sont les plus estimables. Les *Achkenazim* sont les juifs allemands ou polonais, qui sont venus ici, presque tous, pour se livrer au commerce. On les reconnaît facilement à leur chevelure. Elle est ordinairement d'un blond pâle, est rasée sur le derrière de la tête, et pend sur les oreilles en deux longues mèches qui donnent à la physionomie un aspect repoussant. Quant à leur costume, il est très varié et ressemble à celui que j'ai décrit à propos de l'Égypte.

Les musulmans sont les chefs et les maîtres du pays, Ils croient à Mahomet et suivent le Coran; leurs prêtres se nomment *ulémas* et *imans*. Les musulmans portent le turban de couleur variée suivant leur grade : ceux qui ont fait le pèlerinage de la Mecque ont le turban vert. Le gouvernement n'est pas neutre en fait de religion : tous les cultes sont bien tolérés, mais le mahométisme est protégé. J'ai assisté, le vendredi 15 mai, au départ d'une caravane qui allait au tombeau de Moïse. Les musulmans croient que Moïse est enterré sur une des montagnes de la rive occidentale de la mer Morte : aller et retour, il faut presque trois jours pour faire ce pèlerinage. J'étais placé sur les pentes qui vont de *Bab Sitti Mariam* au Cédron, au milieu du cimetière musulman. Vers deux heures de l'après-midi, le canon tonne, et la procession se met en marche. En tête sont portés des étendards surmontés du croissant, puis viennent les pèlerins au nombre de cinquante environ ; enfin suivent une fanfare et une nombreuse escorte, soit de soldats, soit d'amis. La caravane s'avance, descend le Moriah, remonte les pentes du mont des Oliviers. Arrivée au col, qui se trouve entre le mont des Oliviers et le mont du Scandale, l'escorte officielle s'arrête et laisse les pèlerins continuer leur route ; puis la foule immense des spectateurs, qui s'étaient massés sur les deux côtés de la vallée de Josaphat, s'écoule lentement. Qu'il est beau d'être témoin de l'alliance qui existe ici entre le gouvernement du pays et la religion ! Le sultan, qui est un homme d'esprit, a l'air de dire : « Messieurs les chrétiens et messieurs les juifs, vous êtes mes sujets comme les autres ; vivez tranquillement et priez pour moi. Si vous vous disputez, j'y mettrai bon ordre. Si mes sujets trop fanatiques voulaient vous chercher querelle, je vous défendrais. Quant à vouloir que j'aille dans vos églises et vos synagogues, n'y comptez pas : je suis musulman.

Vous êtes peut-être offusqués de nos cérémonies, nos processions embarrassent peut-être votre chemin ; c'est vraiment grand dommage ! Mais, comme vous êtes en pays d'Islam, supportez ces petits inconvénients. Parce que je vous laisse vivre, ce n'est pas une raison pour que j'empêche le déploiement extérieur de ma religion à moi. » Ainsi m'a l'air de parler le sultan, et il a raison. M. le président de la république française n'aurait-il pas meilleure façon d'agir de même à l'égard des juifs et des francs-maçons de son pays ? S. M. le sultan pourrait lui apprendre comment il est possible de pratiquer la liberté de conscience, tout en ayant soi-même sa religion.

A côté des juifs et des musulmans, vivent les chrétiens. Qu'il est triste de voir que cette ville, où est né le christianisme, connaît si peu Jésus-Christ. Et encore, sur les huit ou neuf mille chrétiens qui habitent Jérusalem, il n'y en a que trois mille qui aient conservé la religion chrétienne dans toute sa pureté ! On rencontre ici toutes les sectes dissidentes. Ce sont d'abord les Grecs, disciples de Photius. Ils ont à leur tête des patriarches, des évêques, des prêtres et des moines très nombreux. Les fidèles m'ont paru vraiment pieux et sincères. Mais, en général, le clergé n'est pas instruit, il est adonné à la simonie et sa morale n'est pas exquise. Il lui faudrait, à ce clergé, la réunion avec Rome, avec la souche d'où part la sève qui donne la vie. Malheureusement, la réunion n'est peut-être pas aussi facile qu'on pourrait le croire de prime abord. La difficulté ne viendrait pas, probablement, du côté de la doctrine, la différence entre les Grecs et les Latins étant presque insensible (1). Elle viendrait plutôt du clergé.

---

(1) Elle ne porte guère que sur la « Procession du Saint-Esprit du Père et du Fils, » et sur le dogme du purgatoire.

Quand bien même le patriarche de Constantinople et les autres patriarches seraient disposés à se soumettre au souverain Pontife, prêtres et moines se montreraient récalcitrants, en grande partie, par haine pour les Latins. La difficulté serait moins grande pour l'église russe, qui n'est elle-même qu'un schisme dans le schisme grec. En Russie, évêques, popes et fidèles sont habitués à subir l'autorité du tzar ; un décret impérial suffirait, me semble-t-il, pour opérer la réunion. Il n'y a pas en effet entre les Latins et les Slaves cet antagonisme qui existe entre les Grecs et les Latins, et qui fait la plus grosse difficulté (1). Aux Russes et aux Grecs il faut joindre les Arméniens non unis. Eux non plus ne reconnaissent pas la suprématie de Rome, et, de plus, ils n'admettent qu'une seule nature en Jésus-Christ.

Enfin on trouve à Jérusalem des Abyssins, des Coptes et des Syriens non unis. Ceux-là sont séparés de Rome on ne sait trop pourquoi.

Faisons aussi mention des protestants. Depuis quelques années ils se sont établis à Jérusalem, où ils cherchent à démolir toutes les traditions. Ils sont dans leur rôle.

Quant aux catholiques, outre les Latins, il y a à Jérusalem des Arméniens et des Grecs, qui ont gardé leur liturgie particulière. J'assistai un jour à la messe d'un Grec dans la chapelle de Sainte-Véronique : j'en fus profondément impressionné. Il m'a paru que les Orientaux ont conservé avec un grand soin les traditions et les cérémonies primitives. Le prêtre fait les

(1) Je suppose, dans les réflexions qui précèdent, des patriarches grecs et un tzar prêts à faire le sacrifice de leur autorité spirituelle. Cette hypothèse n'est pas chimérique : elle s'est réalisée aux conciles de Lyon et de Florence ; elle pourrait se reproduire.

prières préparatoires à une sorte de crédence (1) placée à gauche de l'autel; il ne monte guère à l'autel que pour l'offrande, la consécration et la communion; dès qu'il a communié, il revient à la crédence pour l'action de grâces. Il n'y a d'autre différence entre la liturgie des Orientaux unis et celle des schismatiques que la prière pour le Souverain Pontife; tout le reste est identique. Les prêtres grecs portent une longue et large robe noire, avec manches en éventail, et une toque noire, assez haute, à six ou huit angles. Je ne sais plus si la toque à six angles indique les prêtres catholiques ou les dissidents. J'avais entendu dire que les prêtres grecs pouvaient se marier avant leur ordination. J'ai su qu'en pratique cet usage n'existe plus que dans les montagnes; presque partout on nomme pour curés des moines astreints au célibat, ou bien des prêtres séculiers qui n'ont pas profité de la concession qui leur est faite.

La vénération religieuse dont Jérusalem est l'objet est la seule cause de sa prospérité relative. Si elle ne possédait pas les souvenirs les plus précieux du christianisme, elle serait une ville morte. On n'y exerce d'autre commerce que celui qui a pour objet les nécessités de la vie et les petits ouvrages de piété. Il n'y a pas non plus d'industrie : la plupart des objets que les pèlerins emportent en souvenir n'ont pas été fabriqués à Jérusalem, mais en France; le travail de la nacre ou du bois d'olivier est une des rares industries du pays; et encore la nacre se travaille-t-elle surtout à Bethléem. Néanmoins les habitants vous harcèlent constamment : vous ne pouvez entrer dans une rue du quartier chrétien sans être assailli par des jeunes gens qui font l'office de courtiers et vous entraînent

---

(1) Cette crédence s'appelle *prothèse*.

presque de force dans leurs boutiques. Ne vous avisez pas, pour vous en débarrasser, de leur dire : Demain ; car si demain vous passez au même endroit, ils vous reconnaissent vite, vous rappellent votre promesse et vous font une obligation de conscience de la tenir. On perd beaucoup de temps en visites de magasins. Si on veut faire ses emplettes dès les premiers jours, on achète cher; si l'on se réserve pour la fin, c'est meilleur marché, mais on n'a que des rebuts : les derniers jours, les marchands écoulent leur fonds à tout prix. Les bazars de Jérusalem ne sont pas beaux comme ceux du Caire; les rues sur lesquelles ils donnent sont sales et exhalent une odeur nauséabonde. Heureusement les magasins d'objets de piété ne sont pas là, mais dans le quartier chrétien.

Terminons en disant que l'agriculture autour de Jérusalem n'est guère florissante. Le sol ne serait pas mauvais cependant. On y voit du blé en assez grande quantité, et la vigne vient bien du côté de Bethléem et d'Aïn-Karem. Mais on cultive peu la terre. Les gens redoutent les Bédouins, qui vivent de pillage; ils n'aiment pas non plus payer la dîme de leurs récoltes, bien qu'elle ne soit pas très considérable ; enfin et surtout, ils craignent le travail. Il faudrait que des Européens pussent se faire au climat et cultiver la terre : elle rapporterait certainement beaucoup. L'aspect du sol autour de la Ville Sainte est donc vraiment désolé : rien ne rompt la monotonie du paysage, sinon quelques oliviers et quelques figuiers; pour trouver d'autres arbres, il faut aller dans les maisons particulières, et encore n'y sont-ils pas très nombreux.

Après ces données générales sur Jérusalem, venons-en à la visite des monuments et aux souvenirs qu'ils rappellent.

CHAPITRE XII

LA VOIE DE LA CAPTIVITÉ

Le premier et le plus grand souvenir que l'on rencontre à Jérusalem, c'est celui de la passion de Notre-Seigneur Jésus-Christ. En effet le divin Maître n'a jamais résidé longtemps dans la ville : ses ennemis y étaient nombreux, et tant que son heure n'eut pas sonné, il ne s'exposa guère à leurs coups. Jésus-Christ vint à Jérusalem pour les fêtes et en particulier pour celle de Pâque, chaque année : c'est à la fête de Pâque de l'an 29, qu'à l'âge de trente-trois ans et demi [1], il illustra à jamais cette ville, en y subissant la mort, qui devait sauver le monde. Suivons pas à pas le divin Sauveur, autant qu'il nous sera possible.

Nous sommes au jeudi soir 14 nisan, ou 2 avril [2] de l'an 29. Notre-Seigneur a envoyé Pierre et Jean préparer la salle du festin pascal. Les apôtres étaient venus sur le mont Sion, et avaient trouvé un bel appartement dans la maison d'un ami. Vers six ou sept heures du

---

(1) Cette chronologie est adoptée par Sepp, Rohrbacher, Fouard, le P. Ollivier. — MM. Wallon, Darras, Alzog, Bacuez, disent que Notre-Seigneur mourut en l'an 33, dans sa trente-septième année.

(2) Cette date précise du 2 avril nous est donnée par M. Bacuez, *Manuel biblique*, t. III, p. 433.

soir, Jésus arrive avec ses autres disciples, et le repas légal commence. Quand il est achevé, le Maître se lève (1), lave les pieds à ses disciples (2), et institue la divine Eucharistie (3) ; puis il se laisse aller avec ses apôtres à ces épanchements intimes que saint Jean nous a conservés dans les chapitres XIII et XIV de son évangile.

Deux fois j'ai visité le Cénacle. C'est le nom que la tradition a donné à l'appartement où Jésus institua la sainte Eucharistie et où le Saint-Esprit descendit sur les apôtres (4). On croit généralement que c'est au Cénacle que saint Matthias fut choisi pour apôtre (5), que se tint le premier concile (6) et que les premiers diacres furent ordonnés (7). Le Cénacle, en un mot, fut la première église du christianisme naissant. Aujourd'hui, pour y arriver, on traverse une écurie et de vilaines cours, et c'est dans une mosquée que l'on entre. Cette mosquée n'est autre chose que la petite église bâtie par les Franciscains au XIVe siècle, sur l'emplacement d'autres églises plus anciennes. Depuis 1558, sous le prétexte de garder le tombeau de David, les Turcs s'en sont emparés.

L'édifice se compose de deux étages : on ne peut pénétrer que dans l'étage supérieur. J'avais cru qu'il me serait impossible d'y entrer en particulier. J'essaie cependant, et, grâce à un *bakchiche* d'un franc, on me le permet. J'arrive dans une salle de moyenne étendue, divisée en deux compartiments par des barrières ; le

---

(1) *Matth.*, XXVI, 20 ; *Marc.*, XVI, 17 ; *Luc.*, XXII, 14.
(2) *Joann.*, XIII, 1-17.
(3) *Matth.*, XXVI, 26-29 ; *Marc.*, XIV, 22-25 ; *Luc.*, XXII, 15-20.
(4) *Act.*, II, 1-4.
(5) *Act.*, I, 26.
(6) *Act.*, XV, 6-21.
(7) *Act.*, VI, 6.

premier compartiment est lui-même partagé en deux nefs, par une rangée de colonnes gothiques du xive siècl . A un angle de la salle, quelques marches conduisent à une autre chambre divisée aussi en deux par un mur avec arcades. Au fond du second compartiment se trouve ce que les musulmans appellent le tombeau de David : c'est un cénotaphe en forme de dos d'âne revêtu de draperies où le rouge domine. Les musulmans l'ont en grande vénération ; mais il est presque certain que le tombeau de David n'est pas ici.

Je suis revenu au Cénacle le jour de la Pentecôte, à neuf heures environ, et j'y ai récité le *Veni creator*. Les Turcs ne permettent pas d'y célébrer la messe (1) ; nous l'avons dite ce jour-là, tout à côté, dans le cimetière latin, sous une grande tente. En Palestine, tous les enfants savent servir la messe et se disputent cet honneur. Ce cimetière latin est profondément triste : les tombes y sont mal entretenues. Et cependant on aimerait à relire les épitaphes des pèlerins qui nous ont précédés (2).

Cependant l'heure fatale approchait pour Jésus-Christ. Vers neuf heures du soir, il se leva de table, et sortant de la ville presque aussitôt par une des portes du sud, il longea les flancs de l'Ophel, et vint traverser le Cédron sur le pont qui se trouve encore aujourd'hui à l'extrémité sud du Moriah, vis-à-vis du tombeau d'Absalon. J'ai parcouru cette route, autant que faire se peut, car les chemins ne sont plus au même endroit

---

(1) Voir l'appendice J.
(2) En 1889, les pèlerins avaient voté des subsides pour établir un cimetière particulier près de la grotte des larmes de saint Pierre. Ce projet a soulevé des oppositions tacites et des susceptibilités inattendues. Rien n'a donc pu être fait. (*Echo de Notre-Dame de France*, septembre 1891.)

qu'autrefois, et j'ai éprouvé un charme indéfinissable à relire sur les lieux la fin du discours après la Cène. C'est en passant près des jardins du roi, et le long des pentes de l'Ophel, si fertiles en vignes à cette époque, que Notre-Seigneur eut l'idée de la comparaison de la vigne (1). Le Cédron traversé, quelques pas à peine nous séparent du jardin de Gethsémani. Du temps du Sauveur, il y avait là, au pied du mont des Oliviers, en face du Moriah et du temple, sur la rive gauche du Cédron, un jardin ou une villa avec habitation. Des oliviers plantés dans la propriété y donnaient une ombre assez épaisse. Ce jardin formait une espèce de rectangle, et comprenait dans ses limites un tombeau qui appartenait à la famille de la sainte Vierge. A côté de ce tombeau était une grotte où Jésus se retirait souvent pour passer la nuit, quand il n'avait pas le temps de pousser jusqu'à Béthanie. Le tombeau de famille et la grotte se trouvent au nord du jardin, à un jet de pierre du bosquet d'oliviers.

En venant de l'Ophel, on arrive donc, tout d'abord, dans la partie du jardin qui est ombragée d'oliviers. Les Franciscains ont acheté une partie du terrain et l'ont entourée de murs. L'intérieur est transformé en parterre de fleurs. Tout autour de la muraille, on a établi les stations du chemin de la croix. Mais qui peut songer à venir le faire ici, quand il est si facile de suivre la voie douloureuse elle-même ? Enfin au centre de ce parterre s'élèvent huit oliviers au tronc vaste et déchiré. On les a entourés d'une barrière. Ont-ils vu Notre-Seigneur, ou bien ne sont-ils que les rejetons de ceux qui

---

(1) Pour la liaison et l'explication des faits secondaires qui se sont produits durant la Passion, j'ai suivi tantôt M. Fouard, tantôt le R. P. Ollivier, selon qu'ils m'ont paru avoir mieux réussi dans leurs conjectures.

ont été les témoins des premières scènes de la Passion? Les opinions sont partagées. Cependant rien ne s'oppose à ce qu'ils aient été contemporains du Sauveur.

Le divin Maître entra dans le jardin (1), et laissant les huit apôtres auprès d'un rocher que l'on voit encore, vis-à-vis de l'entrée de l'enclos de Gethsémani, il leur dit : « Asseyez-vous ici, pendant que je m'en vais prier là-bas (2). » Prenant alors avec lui Pierre, Jacques et Jean, il fit quelques pas et commença à être envahi par la tristesse et l'effroi. « Arrêtez-vous ici, dit-il aux trois disciples, veillez et priez. » Il entra seul dans la grotte, qui est au nord du jardin, à soixante-dix mètres environ du rocher où il avait laissé les huit, et son agonie commença (3). Cette grotte de l'agonie existe encore telle qu'elle était alors. La forme en est irrégulière. On y a placé trois autels : un au fond, à l'endroit de la prière, les autres contre les parois de droite et de gauche. On y voit encore des traces de mosaïque et de peintures très anciennes. La paroi du rocher est absolument nue. Je bénis la Providence de n'avoir pas permis que ce lieu trois fois saint fût recouvert de marbres ou défiguré. Des lampes y brûlent continuellement. Au-dessus de l'autel principal est un tableau représentant l'agonie et on lit ces mots : « *Hic factus est sudor ejus tanquam guttæ sanguinis decurrentis in terram* (4). » J'ai eu le bonheur de célébrer la sainte messe à cet autel, le lundi 11 mai. Quelles émotions on éprouve à la pensée que ce rocher a retenti des gémissements et des plaintes

---

(1) *Matth.*, xxvi, 36; *Marc.*, xiv, 32; *Luc.*, xxii, 39-40; *Joann.*, xviii, 1.
(2) *Matth.*, xxvi, 36; *Marc.*, xiv, 32.
(3) *Matth.*, xxvi, 37-44; *Marc.*, xiv, 33-40; *Luc.*, xxii, 40-43.
(4) Ici une sueur sortit de son corps, semblable à des gouttes de sang, et se répandit jusqu'à terre. (*Luc.*, xxii, 44.)

du Sauveur, qu'il a entendu sa prière si résignée et si sublime, qu'il a vu l'ange venir le consoler et qu'il a été témoin de la sueur de sang ! J'ai voulu y revenir, mais j'ai trouvé la porte de la grotte fermée, bien qu'il ne fût que neuf heures du matin. Au-dessus de la grotte, les chrétiens avaient bâti une église que les croisés n'ont pas relevée dans la suite.

A deux reprises différentes Notre-Seigneur était revenu auprès des trois apôtres et les avait trouvés endormis. La troisième fois il les réveilla ; il était environ onze heures du soir. Judas approchait. A l'angle sud-est de l'enclos actuel de Gethsémani, à quelques pas du rocher où les huit s'étaient assis, on aperçoit encore une sorte d'abside, formée par trois pans de mur. Dans cette abside se trouve encastrée une colonne qui marque le lieu de la trahison de Judas. Après avoir réveillé ses trois disciples, Jésus s'avança vers le rocher où il avait laissé les autres. En ce moment même, Judas, entouré d'une troupe de sanhédrites, arrivait par le même chemin que le divin Maître avait suivi deux heures auparavant. Jésus se présente, il se nomme ; les soldats tombent à terre ; Judas, pour mettre un terme à cette situation embarrassante, s'avance et baise son Maître. Jésus est chargé de chaînes et l'on reprend le chemin du Sion [1].

La tradition rapporte qu'arrivés sur le pont du Cédron les soldats y firent tomber Notre-Seigneur, et l'on montre encore la pierre sur laquelle il vint s'abattre. Au dire d'anciens récits, on voyait autrefois sur cette pierre, qui est assez large, l'empreinte des genoux, des pieds et des mains du Sauveur ; aujourd'hui ces

---

[1] *Matth.*, xxvi, 47-56 ; *Marc.*, xiv, 43-52 ; *Luc.*, xxii, 47-55 ; *Joann.*, xviii, 2-11.

vestiges sont entièrement effacés; mais la pierre se voit toujours, dans le lit du torrent, au sud du pont.

Après avoir franchi le Cédron, la troupe des satellites se dirigea par les pentes de l'Ophel vers la maison d'Anne (1), beau-père de Caïphe. Elle suivit le chemin, qui aujourd'hui commence à la porte des Maugrabins, et longe les murailles jusqu'au patriarcat arménien.

Selon l'opinion la plus probable, Anne et Caïphe habitaient le même palais, aux deux extrémités opposées, Anne au nord, Caïphe au midi. A cette époque, la muraille et la porte de Sion actuelles n'existaient pas. Une vaste cour séparait la partie habitée par le grand prêtre de celle qu'habitait son beau-père. Voilà comment on peut montrer aujourd'hui l'emplacement de la maison d'Anne en dedans des murs, et celui de la maison de Caïphe en dehors, non loin de l'enceinte moderne. Du reste, l'emplacement de ces deux maisons est actuellement occupé par des monastères arméniens. A la place de la maison d'Anne s'élève un couvent de religieuses. Il faut suivre un véritable dédale de rues pour y arriver. Le jour où j'y allai, j'étais seul. Un enfant, voyant que je cherchais quelque chose, devina mon intention, et sans rien me dire, me fit signe de le suivre. Grâce à lui j'arrivai, et je pus visiter le monastère. On entre d'abord dans une espèce de vestibule, où l'on trouve un puits. Au milieu, à droite, est la porte qui donne dans l'église proprement dite. Cette église est petite; elle a trois nefs, séparées par des piliers carrés; les deux latérales sont très étroites. Enfin les murs sont recouverts de carreaux de faïence vernie. Pendant que je visitais l'église, les religieuses chantaient l'office; leurs voix sont douces, et leur chant

(1) *Joann.*, XVIII, 12-14.

agréable. L'endroit où Notre-Seigneur fut interrogé est à gauche, dans une chapelle latérale ; c'est là pareillement qu'un valet lui donna un soufflet. Après avoir subi chez Anne un interrogatoire assez sommaire, Jésus traversa la cour du palais, et fut amené chez Caïphe, à l'extrémité opposée. Là on suborna de faux témoins. Le Sauveur confessa néanmoins sa divinité devant le grand prêtre, qui déchira ses vêtements, et aussitôt les Sanhédrites le condamnèrent à mort contre tout droit. Alors se passa une scène de sauvagerie inouïe. Jésus fut accablé d'injures, de coups et de crachats, puis il fut conduit en prison pour y passer le reste de la nuit [1]. La partie du palais des Pontifes qu'occupait Caïphe a été remplacée par un couvent d'Arméniens, qui a l'air assez ancien. Après avoir pénétré dans une cour, on entre, à gauche, dans une chapelle qui renferme l'endroit où Notre-Seigneur fut mis en prison. Le couvent lui-même mérite une visite.

Cependant deux apôtres, Pierre et Jean, avaient suivi leur Maître jusqu'au palais des Pontifes. Après avoir franchi la grande porte, Pierre était entré dans l'atrium, et se chauffait auprès d'un feu ou brasero que les soldats avaient allumé au milieu de la cour. A cette époque, en effet, les nuits, en Palestine, sont d'autant plus fraîches que le jour a été plus chaud. C'est là que, par trois fois, il renia son Maître [2]. A la troisième fois, Jésus, qui peut-être en ce moment passait tout près, en allant en prison, se retourna, et son regard, rencontrant celui du renégat [3], fit entrer le repentir dans son

---

(1) *Matth.*, XXVI, 57-66; *Marc.*, XIV, 53-64; *Luc.*, XXII, 54; *Joann.*, XVIII, 19-24.
(2) *Matth.*, XXVI, 69-75; *Marc.*, XIV, 66-72; *Luc.*, XXII, 55-60; *Joann.*, XVIII, 15-18 et 25-27.
(3) *Luc.*, XXII, 61.

cœur. Pierre alors sortit, descendit la pente orientale du Sion et, rencontrant une grotte naturelle, y entra pour pleurer amèrement. Au moyen âge, une église appelée *In galli cantu* s'élevait en cet endroit; aujourd'hui on ne voit plus que la grotte.

Jésus passa donc en prison le reste de la nuit du jeudi au vendredi. Vers six heures du matin, les princes des prêtres se réunirent de nouveau chez Caïphe, pour donner un cachet de légalité à leur jugement. Il était en effet défendu de rendre un jugement pendant la nuit. Ils renouvelèrent leur interrogatoire. Jésus confessa de nouveau qu'il était le Christ. Les Sanhédrites ne répétèrent pas leur condamnation à mort, cependant. Ils n'avaient plus le *jus gladii*, et c'était au procurateur romain qu'il appartenait de prononcer les sentences capitales. Aussi les Pontifes eurent-ils recours au gouverneur Ponce-Pilate, qui était venu à Jérusalem pour maintenir l'ordre pendant les fêtes de Pâques. Le Sauveur fut donc lié et conduit au prétoire de Pilate [1].

Afin d'arriver avant leur victime, les prêtres passèrent par le temple, dont une des portes donnait alors sur la place publique devant l'*Antonia*. Peut-être aussi voulaient-ils prendre part au sacrifice du matin.

Quoi qu'il en soit, Judas, voyant que l'innocent était condamné, fut pris d'un remords subit. Il suivit les prêtres et les trouva dans le *Saint*. Accueilli avec ironie et mépris, il jette le prix de sa trahison dans le temple et descend le long de la vallée du Tyropéon jusqu'à la piscine de Siloé, dans la vallée de Géhenne. Devant lui se dresse la maison de campagne de Caïphe, où il a conclu le hideux marché. Le malheureux n'y tient plus:

---

[1] *Matth.*, xxvii, 1, 2; *Marc.*, xv, 1; *Luc.*, xxii, 66-xxiii, 1; *Joann.*, xviii, 28.

il succombe au désespoir, détache sa ceinture et se pend à un arbre. Le Frère Liévin et la tradition marquent la place de ce suicide à mi-coteau du mont du Scandale, entre le tombeau de Zacharie et le village de Siloé. M. Fouard pense qu'il eut lieu au champ même d'Haceldama, sur la pente qui est en face du mont Sion (1).

Débarrassés de Judas, les prêtres se hâtèrent de se rendre au prétoire. Notre-Seigneur y arrivait. Par où avait-il passé? Il semble tout naturel qu'on lui ait fait prendre le chemin le plus court. Après avoir suivi la route, qui longe aujourd'hui le mur d'enceinte, au sud, il dut descendre de Sion dans la vallée du Tyropéon, tout près du pont qui reliait alors le Moriah au Sion et dont il reste encore les assises d'une arcade, à l'angle sud-est de Moriah. Remontant alors cette vallée du Tyropéon, il suivit sans doute le long d'Acra cette autre vallée que j'ai appelée Large Ravin, et parcourut enfin la vallée des Cendres jusqu'à la forteresse.

Pilate habitait en effet la forteresse *Antonia*, bâtie par Hérode et ainsi appelée du nom d'Antoine. Construite sur un rocher, cette forteresse affectait la forme d'un énorme carré et faisait saillie sur l'angle nord-ouest du temple. Devant la façade occidentale de l'*Antonia* était une sorte d'*atrium*, pavé de pierres rouges, et entouré d'une colonnade; on y pénétrait, à l'ouest, par une triple arcade. Enfin, un escalier, situé à l'angle sud-est de l'*atrium*, conduisait aux galeries qui régnaient au-dessus de la colonnade et, de là, à la plate-forme de l'*Antonia*. Aujourd'hui, de toutes ces constructions il ne reste presque plus rien. La cour de la mosquée d'Omar renferme encore quelques substructions de la tour *Antonia*; la caserne turque occupe

---

(1) *Matth.*, xxvii, 3-5.

l'emplacement du prétoire; et de la colonnade il ne subsiste que deux arceaux de l'arcade d'entrée, un dans la rue, l'autre dans l'église des Dames de Sion. Ajoutons qu'on a découvert dans le sous-sol du couvent de Sion les restes évidents du *Lithostrotos,* ou pavé rouge de l'*atrium,* qui précédait le prétoire. Quant à l'escalier qui montait du *Lithostrotos* à l'*Antonia,* il a été transporté à Rome ; on en voit simplement la trace contre le mur de la caserne turque (1).

Les prêtres et les Juifs, qui tenaient à manger la Pâque, ne voulurent pas entrer chez Pilate, afin de ne pas contracter la souillure légale (2). Ils restèrent donc dans le *Lithostrotos.* Jésus gravit l'escalier dont j'ai parlé plus haut, et fut introduit dans le prétoire. Plusieurs fois Pilate l'interrogea et revint déclarer aux Juifs qu'il était innocent(3). Claudia Procula, sa femme, avait même envoyé dire au procurateur de ne pas se mêler de cette affaire ; mais les Juifs pressaient le pauvre Pilate. Un mot vint cependant le tirer d'embarras, au moins momentanément. Il entend dire que Jésus est Galiléen ; or, Hérode, tétrarque de Galilée, est à Jérusalem : qu'il juge son sujet.

D'après la tradition, Hérode Antipas habitait un palais sur le Bézétha, non loin du prétoire. Jésus redescend donc les escaliers du prétoire et arrive chez le tétrarque, qui lui demande un miracle. Le Sauveur ne répond rien. Hérode le traite en insensé, le fait revêtir d'une robe blanche et le renvoie à Pilate (4). D'autres placent le palais d'Hérode au nord-est du

---

(1) J'ai décrit l'*Antonia* et le *Lithostrotos* d'après le plan publié par le R. P. Ollivier dans son volume : *la Passion,* p. 244.
(2) *Joann.,* xviii, 28.
(3) *Matth.,* xxvii ; *Marc.,* xv ; *Luc.,* xxiii ; *Joann.,* xviii.
(4) *Luc.,* xxiii, 6-12.

Sion, en face de l'angle sud-ouest du Moriah. J'ai déjà dit qu'un pont reliait cette dernière colline au mont Sion, en passant par-dessus le Tyropéon. D'après cette seconde hypothèse, le trajet parcouru par le divin Maître fut assez long, il dut bien durer au moins quarante minutes aller et retour.

De nouveau interrogé par Pilate, Jésus est de nouveau reconnu innocent. Mais les Juifs pressent le proconsul. Pilate espère alors que ces monstres se laisseront toucher par le supplice de la flagellation, qui va être infligé au Sauveur. Les soldats conduisent donc Jésus à un des angles de l'*Antonia*, l'attachent à une colonne et le flagellent (1). La colonne de la flagellation est aujourd'hui à Sainte-Praxède à Rome ; l'endroit où le Sauveur a subi ce supplice est indiqué à Jérusalem par une petite chapelle desservie par les Franciscains et qu'on peut visiter. On entre d'abord dans une cour, puis dans la chapelle, qui est très simple. Il y a quelques années, on a découvert à l'ouest de la cour d'entrée les substructions bien marquées d'une autre petite chapelle, qui pourrait bien être la véritable, celle qui est debout actuellement n'ayant été bâtie qu'en 1838 ; d'ailleurs, la distance qui les sépare est à peine de quelques mètres. J'ai dit la sainte messe dans cet endroit vénérable, le vendredi 8 mai.

Après la flagellation, les soldats ramenèrent Jésus au milieu du prétoire, le couronnèrent d'épines, le revêtirent d'un manteau d'écarlate et se moquèrent de lui (2). Le lieu du couronnement d'épines est aujourd'hui recouvert par une mosquée.

Enfin, l'indigne comédie touche à son terme. Pilate

---

(1) *Matth.*, xxvii, 26 ; *Marc.*, xv, 15 ; *Joann.*, xix, 1.
(2) *Matth.*, xxvii, 27-30 ; *Marc.*, xv, 17-19 ; *Joann.*, xix, 1-3.

descend sur la galerie qui domine le portique du *Lithostrotos*, et, suivi de Jésus, se rend sur l'arcade, qui surmonte l'entrée principale. Alors il montre la pauvre victime au peuple, et fait un dernier appel à la pitié. Les malheureux crient : « Crucifiez-le, crucifiez-le ! si vous ne le faites pas mourir, vous n'êtes pas ami de César (1). » Pilate se soumet et signe le décret de condamnation. L'arc sur lequel Notre-Seigneur fut ainsi montré au peuple existe encore aujourd'hui. Il s'appelle « arc de l'*Ecce homo*, » et traverse la rue qui va à *Bab Sitti Mariam*. Une petite mosquée le surmonte. Le pied droit en est enclavé dans l'église de l'*Ecce homo*, bâtie à côté. Le petit arceau collatéral, qui l'accompagnait du côté du nord, surmonte le maître-autel de la même église.

Voilà finie la voie de la captivité. Jésus est condamné, il va poursuivre son chemin vers le Calvaire, et nous entrons avec lui dans la voie douloureuse.

(1) *Joann.*, xix, 12.

CHAPITRE XIII

LA VOIE DOULOUREUSE

~~~~~~~

Pendant notre séjour à Jérusalem, deux fois nous avons fait le chemin de la croix tous ensemble, en suivant le parcours que Notre-Seigneur lui-même avait suivi. Grecs, Latins, Musulmans, Juifs surtout, contemplaient, les uns avec joie, les autres avec colère, mais tous avec admiration, cette grande manifestation de la piété française. Une trentaine de jeunes gens ou de prêtres portaient sur leurs épaules une immense croix ; et c'était vraiment une pénitence par la chaleur torride que nous avions, en plein soleil, à trois heures du soir. C'est le R. P. Jérôme, vicaire custodial des Franciscains, qui a prêché ces deux chemins de la croix, avec une éloquence émue. C'était magnifique et touchant à la fois. Comme nous chantions avec amour les paroles saintes : « *Miserere nostri, Domine.... Adoramus te, Christe, quia per sanctam crucem tuam redemisti mundum.... Sancta mater, istud agas, etc.* » Deux *cavas* (1) précédaient notre immense procession

---

(1) On appelle ainsi en Orient certains employés de grandes maisons, dont les fonctions tiennent le milieu entre celles de nos suisses et celles de gardes d'honneur. Ils représentent la personne au service de laquelle ils sont attachés ; les insulter, c'est insulter

et partout nous avons rencontré le respect. Une fois seulement, dans le bazar, il y eut quelques cris, mais c'est qu'il y avait un encombrement de bêtes de somme, au milieu desquelles nous avons dû nous frayer un passage. Je l'ai fait aussi tout seul, ce chemin de la croix ; et personne ne s'arrêtait pour me regarder à genoux et en prière au bord de la rue : on trouvait la chose toute naturelle.

La voie douloureuse commence dans la cour de la caserne turque, qui occupe, comme je l'ai dit, l'emplacement du prétoire où Jésus fut condamné à mort. On en descend pour aller vers l'emplacement de « l'Escalier Saint, » au pied duquel Notre-Seigneur fut chargé de la croix. On passe ensuite sous l'arc de l'*Ecce homo*, et pendant deux cent cinquante mètres on descend la vallée des Cendres, pour rejoindre la rue qui vient de la porte de Damas. A l'angle sud des deux chemins, une colonne brisée et couchée à fleur de terre indique l'endroit où Jésus tomba pour la première fois. De là, on se dirige vers le sud. A quarante mètres de la troisième station, une rue qui descend l'*Antonia*, presque parallèlement à la vallée des Cendres, vient rejoindre celle où nous sommes : c'est par là que Marie vint à la rencontre de son divin Fils. Selon la tradition, elle s'évanouit en le voyant. On construit actuellement, en cet endroit, une chapelle sous le vocable de Notre-Dame du Spasme. Seule la crypte, qui est à trois mètres au-dessous du sol, et représente l'ancien niveau, se trouve

---

leur maître. Le consul, en nous faisant précéder de ses *cavas*, indiquait donc que nous étions sous sa protection. Le costume de ces *cavas* est très riche. Ils portent un pantalon à la zouave, de couleur bleu foncé, et un veston de même nuance tout chamarré d'or. Enfin, ils ont le droit de porter le cimeterre, ou sabre à lame large et recourbée.

achevée. On y voit une mosaïque assez remarquable. Cette chapelle appartient aux Arméniens unis.

Avançons de vingt mètres encore au sud; en levant les yeux devant nous, nous apercevons une maison dont la façade est en pierres rouges, noires et blanches : elle est indiquée comme celle du mauvais riche. Au même endroit, nous quittons la rue, qui vient de la porte de Damas, pour remonter une autre rue, qui, gravissant la pente d'Acra, se dirige à l'ouest. A l'angle des deux rues, du côté gauche, on a marqué la cinquième station. Simon le Cyrénéen, venant de la porte de Damas, s'arrêta probablement aux cris poussés par les soldats en voyant tomber le Sauveur, ou en écartant Marie du chemin. Les soldats le prirent et lui firent porter la croix de Jésus-Christ (1).

A quatre-vingt-dix mètres de la cinquième station, on voit, à gauche, la maison d'où sainte Véronique sortit pour essuyer le visage de Notre-Seigneur. Une chapelle y existe encore, et j'y ai célébré la sainte messe. Elle est très petite et appartient aux Grecs unis. En ce moment, ils démolissent les maisons voisines, pour bâtir un nouvel oratoire.

Encore soixante mètres de montée, et nous arrivons à la « Porte Judiciaire. » C'est une des anciennes portes de la ville, aujourd'hui enclavée dans Jérusalem; elle est vaste, mais sombre : quatre rues viennent s'y réunir. Là, sur une colonne, était affichée la sentence de notre Sauveur. Cette colonne est conservée dans une chambre sous la porte elle-même. Pendant que ses bourreaux s'arrêtaient pour lire cette sentence, Jésus eut une seconde défaillance; c'est le lieu de la septième station.

(1) *Luc.*, XXIII, 26.

Nous prenons alors la rue, qui monte droit devant nous à l'ouest : c'est ici que commence le Gareb, dont le Calvaire est un des premiers contreforts. A trente-cinq mètres de la station précédente se trouve la huitième, marquée par une inscription sur le mur. C'est là, au pied du Calvaire, que Jésus rencontra les filles de Jérusalem et les consola (1).

Pour arriver à la neuvième station, il faut revenir à la porte Judiciaire et prendre le bazar à droite. Par plusieurs ruelles tortueuses, on arrive au couvent copte, où une colonne marque l'endroit de la troisième chute. Notre-Seigneur alla droit de la huitième station au Calvaire; les bâtisses qu'on a faites depuis empêchent de suivre le même chemin.

De la neuvième station on revient au bazar, on contourne tous les établissements coptes, abyssins et grecs, qui entourent le Saint-Sépulcre, et on arrive, en passant par une étroite ouverture, sur la place ou parvis qui précède la basilique de la Résurrection.

Il est assez difficile de se rendre compte aujourd'hui de la configuration exacte du Calvaire au temps de Notre-Seigneur. Voici cependant l'idée personnelle que je m'en suis faite. J'ai dit que le Calvaire était un des contreforts du Gareb. La « vallée des Cadavres » le séparait d'Acra et de la ville à l'est ; une légère dépression de terrain le séparait de Gareb à l'ouest. Dès qu'on était sorti de Jérusalem par la porte Judiciaire, et qu'on avait traversé la vallée, on commençait à gravir la pente d'un plateau, dont le sommet dénudé affectait la forme d'un promontoire assez étroit. Ce sommet avait reçu le nom de Golgotha ou lieu du crâne, en latin *Calvarium*, dont nous avons fait Calvaire. Ce

---

(1) *Luc.*, xxiii, 27-31.

nom lui vient-il de ce que, d'après une tradition, la tête d'Adam y fut déposée, ou bien de ce qu'il était dépouillé de végétation? Les deux opinions peuvent se soutenir. A l'ouest, le Calvaire dominait presque à pic la vallée, occupée en grande partie par des jardins, qui s'étendaient jusque sur les premières pentes du Gareb proprement dit. Cette vallée occidentale n'est pas à plus de quatre ou cinq mètres au-dessous du sommet de la colline. Le lieu où fut crucifié Notre-Seigneur ne mérite donc pas le nom de montagne : c'est plutôt un monticule.

Le Sauveur y arriva par le côté du nord-est. Avant d'atteindre le sommet, on rencontra une grotte où Jésus fut laissé sous bonne garde, pendant qu'on faisait les derniers préparatifs, à environ vingt-cinq mètres au nord du lieu du crucifiement. Cette grotte, transformée en chapelle obscure, est aujourd'hui renfermée dans la basilique.

Quand tout fut prêt, les bourreaux firent sortir Jésus de la grotte et le conduisirent au sommet du Calvaire, où il fut dépouillé de ses vêtements, cloué sur la croix, et, vers midi, élevé sur l'instrument du supplice. Ces trois stations se font aujourd'hui dans l'intérieur de la basilique, presque à côté l'une de l'autre. Vers trois heures, Jésus rendit le dernier soupir (1), et sur le soir il fut descendu de la croix. La treizième station, qui marque la place où Marie reçut le corps de son Fils entre ses bras, se trouve entre la onzième et la douzième station. Enfin, les saintes femmes et les disciples ayant déposé ce corps divin sur une pierre, l'oignirent de parfums, le transportèrent à l'ouest, dans le jardin,

---

(1) *Matth.*, XXVII, 38-50 ; *Marc.*, XV, 21-37 ; *Luc.*, XXIII, 33-45 ; *Joann.*, XIX, 18-30.

et le mirent dans le tombeau que Joseph d'Arimathie s'était préparé (1).

Tous les lieux sanctifiés par la mort de Notre-Seigneur sont aujourd'hui compris dans la basilique de la Résurrection ou du Saint-Sépulcre. Cette basilique, très irrégulière dans sa forme, est un fouillis de chapelles. Essayons cependant de la décrire.

Lorsque sainte Hélène entreprit de remettre au jour ces lieux bénis, il lui fallut faire des fouilles considérables. Adrien avait fait combler l'espace qui séparé le tombeau du Calvaire, et placé, sur cette espèce d'esplanade, un pavé qui servait de fondations aux temples de Jupiter et de Vénus. Il fallut donc abattre d'abord ces monuments du paganisme, enlever ces remblais de terre, et alors réapparurent le tombeau et le Calvaire, tels qu'ils étaient autrefois. De plus, voulant retrouver les instruments de la Passion, qui habituellement se déposaient auprès du lieu du supplice, elle fit nettoyer un puits, qui était au nord-est de la colline. Là, en effet, elle trouva les clous, la croix et le titre. Mais les croix des deux larrons y étaient aussi; et l'on sait comment elle put discerner celle du Sauveur. On découvrit donc alors le sommet de la colline, le puits des instruments de la Passion, et le tombeau, sorte de rocher carré, isolé de tous côtés des parois des collines voisines, à peu près comme le tombeau de Zacharie dans la vallée de Josaphat. Sainte Hélène fit élever une chapelle sur le saint tombeau et sur le Golgotha; puis, sur l'espace qui les séparait, elle fit construire une basilique à cinq nefs, pour relier ensemble les saints lieux de la Passion. Chosroès détruisit tout, mais Modeste, évêque

---

(1) *Matth.*, XXVII, 57-60; *Marc.*, XV, 42-46; *Luc.*, XXIII, 50-53; *Joann.*, XIX, 38-42.

de Jérusalem, put relever une chapelle sur chacun des endroits les plus précieux : église de la Résurrection, église du Golgotha, église de l'Invention de la sainte Croix, église de la Sainte-Vierge. Détruits par le sultan Hakem, ces oratoires furent rebâtis l'année suivante. En 1130, les croisés voulurent les réunir en un seul édifice et ils construisirent la façade que l'on voit aujourd'hui.

Actuellement, la basilique du Saint-Sépulcre s'étend de l'est à l'ouest dans le sens de la longueur. La façade est sur le côté méridional. Devant cette façade est un parvis à découvert, formant un carré de vingt mètres de côté et encombré de marchands d'images et de chapelets. Au bout de ce parvis, du côté sud, on voit encore les soubassements des colonnes qui formaient le portique élevé ici par les croisés. A l'est et à l'ouest, il est entouré de couvents schismatiques. A l'angle nord-est cependant, se trouve une petite chapelle appuyée contre la basilique. Elle est dédiée à Notre-Dame des Sept-Douleurs et appartient aux catholiques. On y arrive par une montée d'escaliers assez haute; dans le mur on a placé un grillage qui donne sur le Calvaire : c'est l'endroit où Marie se tenait pendant le crucifiement. J'y ai dit la sainte messe le 4 mai.

Nous arrivons devant le portail. Il est irrégulier et inachevé; il n'offre que deux portes de style ogival, dont l'une est murée.

Entrons maintenant dans la basilique. Au premier abord nous sommes choqués de voir des Turcs assis et fumant sur un divan, à gauche de l'entrée. Cela indique que nous sommes sur un terrain à la fois neutre et brûlant. Tous les rites, en effet, s'en disputent la possession et chacun est prêt à faire valoir ses droits, même par la force. Latins, Grecs, Arméniens, Coptes,

Syriens, ont chacun leurs chapelles, mais les Grecs, les Arméniens et les Latins peuvent seuls célébrer sur le saint Sépulcre lui-même. Le sol et les murailles sont la propriété des Turcs, qui se sont arrogé le droit de surveillance. Aujourd'hui on peut entrer librement dans la basilique, mais j'ai entendu dire que l'on payait chaque année, en bloc, une redevance, qui tient lieu du *bakchiche* personnel que l'on donnait autrefois (1).

La première chose que l'on aperçoit en entrant, c'est la pierre de l'Onction, qui est placée en face du portail. Cette pierre sur laquelle on oignit le corps de Notre-Seigneur est revêtue d'une plaque de marbre jaune et rouge; à chacun des angles est un pommeau doré. La pierre est élevée de 0m30 au-dessus du sol, et mesure 2m70 de long, sur 1m30 de large. Six grands chandeliers, trois à chacune des extrémités, supportent d'énormes cierges, et huit lampes sur une seule ligne brûlent continuellement au-dessus de la précieuse relique. En entrant dans la basilique, les pèlerins ont l'habitude de baiser la pierre de l'Onction.

En prenant à gauche, on arrive bientôt à une rotonde surmontée d'une immense coupole reconstruite en 1869 aux frais de la France, de la Russie et de la Turquie (2). Dix-huit piliers massifs soutiennent deux rangs de galeries, qui forment dix-huit arcades et supportent cette coupole. Au centre de la rotonde, à la place occupée

---

(1) Le Frère Liévin semble dire le contraire. D'après lui, le représentant officiel de chaque communauté latine, grecque et arménienne doit payer chaque fois qu'il demande l'ouverture de la basilique. Durant notre pèlerinage nous avons trouvé la porte ouverte à toute heure du jour. Peut-être les choses ont-elles été modifiées depuis 1887, date de la dernière édition du « Guide » du Frère Liévin.

(2) En 1808, la rotonde et la coupole avaient été détruites par un incendie, et relevées immédiatement par les Grecs non unis.

par le maître-autel dans nos églises, s'élève le monument du saint Sépulcre.

Primitivement, d'après le P. Ollivier, ce n'était qu'un bloc de pierre isolé et carré, dans lequel on avait creusé une excavation pour recevoir le corps, et qui était précédé d'un portique étroit. En découvrant ce saint monument, l'impératrice sainte Hélène le fit complètement dégager, et il se trouva au milieu d'une place qu'elle ordonna de paver en mosaïque. Plus tard, le portique qui précédait le tombeau fut fermé; de là une première pièce, dont je parlerai tout à l'heure. Enfin, à différentes époques, l'intérieur et l'extérieur furent revêtus de marbre et le sommet du monument fut tour à tour ornementé d'une pyramide ou de coupoles. Aujourd'hui le saint Tombeau a la forme d'un rectangle, mais la façade occidentale est à cinq côtés. Tout l'extérieur est revêtu de marbre jaune. Le monument est précédé de deux rangs d'immenses chandeliers, qui forment pour ainsi dire une avenue devant la porte d'entrée. Cette porte n'a que 1m78 de hauteur; elle est surmontée de deux tableaux représentant la Résurrection, devant lesquels brûlent trois lampes, dont l'une appartient aux Latins, l'autre aux Grecs, la dernière aux Arméniens. Quand on a franchi la porte, on se trouve dans une petite pièce carrée, au milieu de laquelle on voit un piédestal assez élevé. Sur ce piédestal on a placé un morceau de la pierre qui formait le tombeau, et sur laquelle l'ange était assis lorsque vinrent les saintes femmes. Aussi cette pièce porte-t-elle le nom de « Chapelle de l'ange. » De là, par une porte cintrée de 1m33 de hauteur, on pénètre dans le tombeau lui-même. C'est une pièce rectangulaire de deux mètres de longueur. Quatre personnes à genoux peuvent à peine s'y tenir. A droite est le *loculus* dans lequel reposa le corps de Notre-Seigneur. Aujourd'hui, il est recouvert de deux plaques de marbre, l'une horizontale, l'autre verticale, et forme ainsi une espèce d'autel assez bas.

Des lampes brûlent continuellement au-dessus, et des bas-reliefs en marbre blanc ornent la paroi supérieure du tombeau. Le pèlerin regrette de ne pas pouvoir contempler et toucher la place qui reçut le corps sacré du Rédempteur, mais il est saisi d'une émotion profonde en s'agenouillant auprès. Il fait bon venir prier ici, surtout dans la soirée, alors que l'on peut espérer d'y être seul. Malheureusement les catholiques n'ont pas, à cet égard, toute la liberté désirable. Depuis minuit, le saint Tombeau est occupé par les Arméniens et les Grecs, qui y font leurs offices. Ce n'est que vers trois ou quatre heures du matin, que les Latins peuvent célébrer deux messes basses et une grand'messe. Nous étions cent cinquante prêtres, et ne sommes restés que seize jours. On comprendra donc facilement que je n'aie pas pu y célébrer. J'ai cependant eu en main ma permission écrite, mais d'autres avaient à passer avant moi, et mon tour n'a pu arriver avant le départ. Quand on veut célébrer au saint Sépulcre, il faut aller y coucher la veille. Les Franciscains vous donnent une couchette dans leur couvent, bâti tout à fait dans les dépendances de la basilique. J'y ai passé une nuit. Le sommeil ne put venir; les chants criards des schismatiques et leurs clochettes maudites ne me permirent pas de dormir. A trois heures et demie, je célébrai à l'autel de Sainte-Madeleine, le plus proche du saint Sépulcre, et je dus me contenter de cet avantage relatif. Les Franciscains ont fait tout ce qu'ils ont pu pour permettre à un grand nombre de prêtres de célébrer; mais dans la crainte des Grecs, ils n'ont peut-être pas pu faire tout ce qu'ils auraient voulu. En particulier, le jour où j'y suis allé, le saint Sépulcre est demeuré libre assez longtemps. Ils ont eu probablement raison d'agir ainsi ; de plus amples permissions auraient été sans doute l'occasion de chicanes byzantines. Dans la matinée, un pope est presque continuellement occupé à distribuer aux pèlerins de l'huile qui a servi aux lampes du saint Tombeau ; c'est donc dans l'après-midi qu'on est le plus tranquille ici.

En sortant de la chapelle du Saint-Sépulcre, on a devant soi le chœur des Latins, qui est limité à l'est par le chœur des Grecs non unis. Ce dernier occupe l'emplacement de la grande nef de la basilique, et il est fermé de tous côtés. L'architecture en est régulière, mais d'une ornementation criarde. Les Grecs y montrent ce qu'ils croient le centre de la terre ; leurs ancêtres, les Athéniens, le plaçaient à Delphos.

Nous revenons sur nos pas, et nous voyons la chapelle des Coptes, qui est adossée à la partie occidentale du saint Sépulcre. Elle est entourée d'un grillage, et n'a rien de remarquable. J'ai entendu dire cependant que, par un trou pratiqué au fond de ladite chapelle, on peut voir l'intérieur même du tombeau ; mais je n'ai pu vérifier l'exactitude de cette assertion.

Faisons maintenant le tour des nefs latérales, si on peut user de ce terme, après être revenus à notre point de départ, la pierre de l'Onction. En prenant sur la gauche, tout le tour de la rotonde, on rencontre d'abord trois chambres à l'usage des Grecs, puis deux à l'usage des Coptes. Vis-à-vis du saint Tombeau, au fond de l'abside, se trouve la chapelle syrienne, qui donne accès au tombeau de Joseph d'Arimathie. Il faut des bougies pour y pénétrer. Ce caveau est creusé dans le roc, et l'on y remarque deux loges funéraires en forme de four. La tradition enseigne que Joseph d'Arimathie s'était fait préparer ce caveau pour remplacer celui qu'il avait donné à Notre-Seigneur. Mais il ne put y être enterré; car, à ce que l'on croit, il vint mourir en Angleterre.

On rencontre ensuite une chambre réservée aux Arméniens, puis trois qui appartiennent aux Grecs. Entre les deux colonnes qui viennent après, s'ouvre un couloir qui conduit à une citerne commune. Enfin, entre les deux dernières colonnes, est un vaste passage, sorte de transept qui mène à la sacristie des Latins. Contre un pilier à droite est un autel qui occupe la place où Jésus apparut à sainte Madeleine; c'est l'autel le plus rapproché du saint Sépulcre qui appartienne aux Latins. J'y ai célébré la messe le 18 mai, comme je l'ai dit tout à l'heure. En face de cet autel est un orgue assez puissant. En continuant jusqu'au bout du passage des Latins, on trouve quatre marches d'escaliers qui conduisent à une chapelle assez vaste, où les Franciscains célèbrent leurs offices ordinaires. Des stalles en font le tour, excepté sur le côté oriental, où il y a trois autels. Celui du milieu est dédié à la sainte Vierge. D'après la tradition, cette chapelle est bâtie sur l'emplacement de la maison de campagne de Joseph d'Arimathie. Marie s'y serait retirée pendant la journée du samedi et la nuit du samedi au dimanche, et Notre-Seigneur aurait apparu à elle, la première, le dimanche matin. De là le vocable de « chapelle de l'Apparition. » L'autel placé du côté de l'évangile est celui des Reliques; on y conservait autrefois un morceau assez considérable de la vraie croix. L'autel qui est du côté de l'épître est celui de la sainte Colonne. D'après les Franciscains, le fragment de colonne que l'on conserve ici serait un morceau de la colonne de la flagellation; et alors, la colonne que l'on montre à Rome, à Sainte-Praxède, serait celle à laquelle Notre-Seigneur fut attaché chez Caïphe, dans la nuit du jeudi au vendredi saint.

De la chapelle de l'Apparition, on monte, à gauche, dans la sacristie franciscaine, qui est assez vaste. C'est de cette sacristie que l'on peut aller dans le couvent des Pères. Ces Pères, gardiens du saint Sépulcre, ne peuvent en sortir pendant les trois mois que dure leur garde; depuis 1869, ils peuvent prendre l'air sur une terrasse au-dessus de leur habitation. Dans leur sacristie ils conservent les éperons et l'épée de Godefroy de Bouillon. L'épée est large, longue, et la garde a la forme d'une croix très simple. C'est avec cette épée que l'on reçoit les chevaliers du Saint-Sépulcre : nous avons eu deux nouveaux chevaliers parmi les membres de notre pèlerinage. C'est un honneur qui ne peut être convoité que par des hommes un peu chargés de fortune; l'aumône demandée pour la circonstance est assez forte.

Nous nous engageons maintenant dans la nef septentrionale de la basilique. Elle est vaste et ornée de deux immenses piliers. Tout au fond, on pénètre dans deux salles obscures, qui se font suite l'une à l'autre. La salle la plus éloignée est la prison où fut mis Notre-Seigneur, pendant que l'on faisait les derniers préparatifs de son supplice. On y voit un autel qui appartient aux Grecs. Du temps de Jésus-Christ cette prison n'était autre chose qu'une grotte ou une citerne près de la colline.

En sortant de la prison de Notre-Seigneur, nous continuons le tour de la basilique. Le mur est ici circulaire, et forme, à l'orient du monument, le même dessin qu'à l'occident. Tout autour de cette abside nous ren-

...controns deux chapelles : celle de Saint-Longin et celle de la Division des vêtements, l'une aux Grecs, la seconde aux Arméniens.

Quelques pas plus loin, on trouve un escalier de vingt-neuf marches qui descend à la chapelle arménienne de Sainte-Hélène. Cette chapelle est complètement en dehors de la basilique, à laquelle elle n'est reliée que par l'escalier dont je viens de parler [1]. Elle pourrait en être considérée comme la crypte. Elle est vaste et carrée. Le maître-autel est à la place où sainte Hélène se tenait pendant que l'on creusait pour retrouver les instruments de la Passion. De cette église, on descend treize marches, et l'on arrive dans la chapelle franciscaine de l'Invention de la sainte Croix. A gauche, au fond, est un autel où j'ai célébré le 9 mai. A droite se trouve le puits au fond duquel ont été retrouvés les trois croix, le titre et les clous.

Nous remontons et, continuant notre tour, nous trouvons une petite chapelle, qui appartient aux Grecs. Elle renferme une colonne basse; on croit que c'est celle sur laquelle Notre-Seigneur était assis, pendant que, couronné d'épines, il était en butte aux injures des soldats. De là on suit la nef méridionale de la basilique, et, à un angle, on arrive à l'escalier qui conduit à la plate-forme du Calvaire.

Nous montons dix-huit marches, et nous sommes sur la plate-forme, qui est élevée de quatre à cinq mètres au-dessus du sol. J'ai parlé plus haut des travaux que fit exécuter sainte Hélène. Non seulement elle fit tailler à pic les trois côtés nord, sud et ouest, mais encore elle fit niveler le sommet de la colline. La chapelle du

---

[1] Dans la reconstruction entreprise par l'évêque Modeste, elle formait une église complètement séparée.

Calvaire a été autrefois une église séparée. Elle est maintenant réunie à la basilique du Saint-Sépulcre par le côté occidental, qui n'est fermé que par une simple balustrade, à laquelle aboutissent deux escaliers ; les trois autres côtés sont clos de murs. Cette chapelle repose en partie sur le rocher et en partie sur des voûtes soutenues par des piliers. Elle est presque carrée et est divisée, par deux piliers, en deux parties à peu près égales. Au fond de la nef de gauche se trouve l'autel, qui occupe la place où fut plantée la croix. Sous l'autel, un trou béant indique l'endroit précis. Derrière l'autel, on a placé le Christ en croix, d'une belle expression, et deux statues en grandeur naturelle, représentant la sainte Vierge et saint Jean. L'autel est richement décoré ; les lampes y brûlent à profusion. Malheureusement il appartient aux Grecs, et on ne peut y célébrer. On a cependant la ressource de venir y prier ; aussi avec quelle ferveur n'y demande-t-on pas au divin Crucifié de nous appliquer les mérites de son sang ici répandu !

Dans la nef de droite, une plaque de marbre indique le lieu où Jésus-Christ fut dépouillé de ses vêtements. Au fond de la nef est l'autel du crucifiement ; c'est l'endroit où notre Sauveur fut cloué à la croix. J'ai pu célébrer, le 10 mai, la messe à cet autel, car il appartient aux Franciscains. C'est peut-être la messe où j'ai eu le plus de dévotion sensible, et c'est tout naturel.

Entre les deux autels dont je viens de parler, est encore un petit autel adossé au mur : c'est celui du *Stabat;* c'est l'endroit où Marie reçut entre ses bras son divin Fils inanimé. Enfin, sur le sol, tout près de l'autel grec, on peut voir encore la fente produite dans le rocher par le tremblement de terre qui eut lieu lors de la mort du Sauveur. Tous les géologues qui l'ont examinée reconnaissent que cette fonte n'a pu être produite naturellement.

En redescendant dans la nef latérale de la basilique, on voit, en face de soi, un peu à gauche, la place des monuments des anciens rois de Jérusalem. Ils étaient adossés contre le mur du chœur des Grecs. On se retourne vers la porte d'entrée, et à sa gauche, sous le Calvaire, on a la porte qui mène à la chapelle d'Adam, appelée ainsi parce que le crâne d'Adam y avait été déposé. On croit aussi que Melchisédech y fut enseveli. On y voyait autrefois le tombeau de Godefroy de Bouillon et celui de Baudouin Ier.

Voilà donc terminée notre visite de la basilique du Saint-Sépulcre. Il faut longtemps pour bien se rendre compte du monument; mais, une fois qu'on en a saisi le plan, il ne s'efface plus de la mémoire. Disons un mot maintenant des cérémonies auxquelles nous avons assisté dans cette basilique.

L'usage voulait que nous fissions notre entrée solennelle au Saint-Sépulcre immédiatement en arrivant à Jérusalem. Mais, comme les Grecs avaient célébré leur Pâque ce jour-là, l'église n'était pas libre. Ce ne fut que le lendemain, 4 mai, que nous pûmes exécuter cette belle cérémonie. Vers neuf heures et demie, les deux *cavas* du consul vinrent nous prendre à Notre-Dame de France. Rangés sur deux lignes, bannières déployées, nous longeons les murailles et arrivons à la porte de Jaffa. Nous pénétrons dans la ville, suivant la rue ou plutôt le bazar qui, de cette porte, se dirige vers l'est, et cela au chant des cantiques. Beaucoup d'indigènes font la haie. Nous tournons à gauche dans le *Harat en Nasara*, et bientôt nous arrivons à la basilique. Le R. P. Jérôme nous fait un très joli discours. Il nous engage à être vraiment pèlerins, il prêche la concorde entre catholiques, et enfin il nous assure que nous serons très bien reçus. Nous l'écoutons, rangés tout autour du saint Sépulcre et dans le chœur des Latins. Plus d'un pèlerin sent ses yeux se mouiller de larmes. Les Franciscains entonnent le *Te Deum*, puis, chacun à notre tour, nous nous avançons pour baiser la pierre du Tombeau sacré. On ne peut entrer que quelques-uns à la fois, aussi la cérémonie est-elle longue. Evidemment cette première visite ne peut satisfaire la dévotion des pèlerins. Chacun se promet bien de revenir souvent.

Trois fois la messe du pèlerinage a été dite dans la basilique : le 3 mai, à la chapelle de l'Invention de la sainte Croix, puis une fois au Calvaire et une fois au saint Sépulcre. Je regrette de n'avoir pu y assister, à cause de ma messe à moi-même. Nombreux comme nous l'étions, il est évident que nous ne pouvions pas tous célébrer au même autel le même jour. Nous avons dû par conséquent nous disperser un peu. Je n'ai guère dit ma messe au lieu du pèlerinage que le jour de l'Ascension et le jour de la Pentecôte.

Enfin il faut parler de la veillée d'honneur qui fut faite au Saint-Sépulcre par les jeunes gens et les prêtres du pèlerinage. Nous passâmes la nuit en prières, chantant ou faisant le chemin de la croix : c'est un souvenir impérissable.

Et pour ne rien oublier, ajoutons que les Pères Franciscains de la basilique font tous les jours, à quatre heures, après complies, une procession aux lieux saints de la basilique. Un religieux revêtu de l'étole ferme la marche ; à chaque station, quand on a chanté les hymnes et répons qui lui sont propres, il encense et récite une oraison. De la chapelle de l'Apparition, on se rend successivement à la prison de Notre-Seigneur, aux chapelles de la Division des vêtements, de Sainte-Hélène, de l'Invention de la sainte Croix, de la Colonne des impropères, de la Mise en croix, du Crucifiement ; puis on va à la pierre de l'Onction, au saint Sépulcre, à l'autel de Sainte-Madeleine, et l'on rentre dans la chapelle de l'Apparition. Bon nombre de pèlerins se joignent au cortège : on leur donne un livre avec un flambeau pour leur permettre de suivre les prières.

Et maintenant il nous faut quitter le saint Sépulcre. J'en ai parlé avec amour; on m'excusera d'avoir été un peu long. Il semble qu'on n'ait plus rien à dire de Jérusalem, une fois qu'on a décrit les lieux sanctifiés par la Passion. Arrachons-nous cependant à ces augustes souvenirs et ajoutons quelques détails sur les autres lieux sacrés ou profanes de Jérusalem.

CHAPITRE XIV

INTÉRIEUR DE LA VILLE. — MONUMENTS ET ÉTABLISSEMENTS DIVERS

Outre les souvenirs dont nous avons parlé dans les chapitres précédents, il est d'autres ruines ou d'autres monuments dans l'intérieur de Jérusalem. Mais comme la plupart sont renfermés dans les établissements qui appartiennent aux différentes religions, je vais parler d'abord de ces établissements divers, et à l'occasion je décrirai les monuments que je rencontrerai. Naturellement nous allons commencer par les établissements catholiques, puis nous parlerons des schismatiques, des protestants, des juifs et enfin des turcs.

A tout seigneur tout honneur. Le patriarcat latin est situé sur la colline de Gareb, à l'ouest de la ville, non loin de la porte de Jaffa. C'est un vaste bâtiment, où résident le patriarche et les prêtres séculiers qui exercent le ministère sous sa juridiction, et qui, en outre, contient un séminaire [1]. L'église du patriarcat est belle. Elle m'avait laissé l'impression d'une église

---

[1] L'*Echo de Notre-Dame de France*, de novembre 1891, annonce que l'on achève en ce moment un bâtiment spécial pour ce séminaire, entre le patriarcat et la maison des Frères.

gothique (1) ; je retrouve, dans le récit d'un compatriote lyonnais, qu'elle est de style roman : c'est la cathédrale de Jérusalem, en fait. En droit, ce serait la basilique de la Résurrection. Nous y avons eu le salut, le jeudi de l'Ascension ; les orgues en sont assez puissantes. La messe du pèlerinage y a été dite le mardi 12 mai. Jusqu'au concile de Chalcédoine, en 451, Jérusalem n'eut que de simples évêques. Ce concile leur conféra la dignité patriarcale. Jérusalem eut alors des patriarches catholiques, y résidant, jusqu'à la prise de Saint-Jean-d'Acre en 1291. Depuis ce temps, les patriarches latins furent simplement titulaires jusqu'en 1848. A cette époque, Pie IX rétablit un patriarche avec résidence : le premier a été M⁰ʳ Valerga, mort en 1872 ; il eut pour successeur M⁰ʳ Bracco, qui lui-même a été remplacé en 1889 par M⁰ʳ Piavi. Le 15 mai, nous allâmes rendre nos devoirs à Sa Béatitude, qui avait bien voulu nous recevoir ; Monseigneur se montra fort aimable : il nous avait déjà témoigné sa bienveillance en répondant affirmativement à la dépêche qui lui demandait de permettre à nos évêques de célébrer pontificalement sur son territoire, et à sœur Joséphine d'accompagner la caravane de Samarie, en qualité d'infirmière.

Avant le rétablissement du patriarcat effectif, le pouvoir spirituel sur les missions de Terre Sainte appartenait au R. P. custode des Franciscains, dont la résidence est au couvent de Saint-Sauveur. Les disciples de saint François arrivèrent en Terre Sainte au moment où les autres Latins en étaient chassés par les Turcs. Etablis d'abord au mont Sion, au Cénacle, où ils se

---

(1) M. Couret, dans son récit du pèlerinage de 1890, est de mon avis.

maintinrent malgré toutes les persécutions sanglantes, ils achetèrent, en 1559, le couvent géorgien de la Colonne, qu'ils appelèrent Saint-Sauveur. Un bref transporta à ce couvent toutes les indulgences attachées au Cénacle, d'où les Pères avaient été chassés en 1552. Les Franciscains de Saint-Sauveur sont les gardiens de la Terre Sainte et de ses sanctuaires ; un de leurs religieux porte le titre de curé de Jérusalem. La première dignité est celle du custode, qui est toujours Italien, et qui a droit aux insignes pontificaux. Après lui vient le R. P. vicaire, qui est toujours Français ; enfin la troisième dignité est celle du procureur, qui est toujours Espagnol. Pendant notre pèlerinage, le R. P. custode était absent ; quand il revint, il fut reçu solennellement à la basilique du Saint-Sépulcre, et nous fûmes invités à la cérémonie. Le couvent de Saint-Sauveur est situé à l'ouest de la ville, tout près des murailles et de la porte actuelle des Francs. Il est vaste et peut contenir soixante-dix religieux. On y entre par une porte cochère, tout en haut de la rue qui fait partie de la voie douloureuse, dans sa partie inférieure. En montant l'escalier qui est à gauche de l'entrée, on arrive, au premier, à l'église paroissiale latine. Elle est grande, de style corinthien et bien entretenue ; quatre piliers massifs de chaque côté la divisent en trois nefs. Il y a trois autels principaux : le maître-autel ou autel du Saint-Esprit, derrière lequel s'étend le chœur des religieux, l'autel de l'Institution de l'Eucharistie, dans la nef de gauche, et l'autel de l'Apparition à saint Thomas, dans la nef de droite. J'ai célébré à ce dernier le mardi 19 mai. J'ai assisté aux vêpres, dans cette église, les dimanches 10 et 17 mai. J'y ai vu les enfants du pays s'y tenir assis sur leurs talons et très respectueux. J'y ai également assisté à deux grand'messes : le jour de la Pentecôte et le lendemain. Le lundi de Pentecôte, c'était la messe consulaire, chantée par les prêtres de Bordeaux. Le consul avec sa famille y assistait en grande tenue. Comme le consul de France est protecteur des saints Lieux, il a ici une place officielle; on lui offre l'encens, et on lui donne le texte à baiser. Pendant ces deux messes on exécuta les chants communs en musique. Les voix des chantres étaient belles, mais ils nous ont servi de la musique à grands effets, à répétitions indéfinies, de sorte que les messes durèrent très longtemps. La sacristie de Saint-Sauveur est bien fournie en objets précieux : on peut y voir les cadeaux faits autrefois par les rois et les empereurs catholiques.

Au couvent de Saint-Sauveur est annexé un orphelinat, ou plutôt une école, où deux cents enfants reçoivent l'instruction (1). Une école professionnelle y est aussi établie. J'ai visité les ateliers d'imprimerie, de reliure, de menuiserie, de forges, une fabrique de pâtes alimentaires, etc., le tout tenu par les Pères, qui emploient des ouvriers et des apprentis uniquement catholiques. Le R. P. Jérôme me fit aussi visiter la bibliothèque du couvent, qui renferme un grand nombre de volumes, parmi lesquels presque tous ceux qui ont trait à l'histoire et à l'étude des saints Lieux.

A quelques pas de la porte de Saint-Sauveur, en remontant la rue, on trouve, dans un angle de mur, l'entrée de *Casa Nova*. C'est l'hôtellerie des pèlerins; on y reçoit tous ceux qui s'y présentent, pourvu qu'ils n'appartiennent pas à une nation ou à une religion ayan des hospices dans la ville. Ils sont nourris et logés gratuitement; cependant il est de toute convenance de

---

(1) Les Franciscains ne prennent que des enfants catholiques.

laisser, en partant, une offrande représentant la dépense qu'on a occasionnée. L'établissement est vaste, et on y est bien tenu. Les pèlerins qui y ont logé ont été très satisfaits; j'en ai entendu qui préféraient *Casa Nova* à Notre-Dame de France ; d'autres étaient d'avis contraire ; le mieux est de dire qu'on a été très bien des deux côtés.

Parlons maintenant des Frères des écoles chrétiennes. Ils ont à Jérusalem un bel établissement, tout près de la porte des Francs. La maison est grande, un jardin agréable l'entoure, et, du haut de la terrasse, on jouit d'une vue magnifique. C'est le vénérable Frère Evagre qui est le supérieur de cet établissement, et qui, je crois, a présidé à la construction. Une centaine d'enfants y reçoivent l'instruction primaire et apprennent à aimer la France. Ces bons Frères avaient bien voulu loger un certain nombre de pèlerins, qui venaient ensuite prendre leur repas à Notre-Dame de France. Le jeudi de l'Ascension, ils nous ont offert une petite séance récréative, qui a été très intéressante. Leur chant n'est pas très perfectionné; il est plus guttural et plus criard encore que celui des Egyptiens, mais plusieurs de leurs scènes et morceaux ont été fort applaudis. J'ai remarqué le débit d'une pièce de poésie intitulée : *Le Christ à l'encan*. C'est un grand beau eune homme de seize à dix-sept ans, qui la récita avec un entrain et un sentiment parfaits. A citer encore un duo d'enfants, *l'Ecole buissonnière*, et deux petites comédies en un acte, *Coiffé et Tondu*, *Un asile d'aliénés;* cette dernière a eu un vrai succès de fou rire. Le Frère Evagre cherche en ce moment à fonder un juvénat à Bethléem ; espérons qu'il réussira. Mais il faut le concours des bourses françaises !

A l'autre bout de Jérusalem, près de la porte orientale, nous trouvons le couvent et les établissements des Pères blancs, fondés par Mgr Lavigerie. Ils sont destinés aux missions d'Afrique. A Jérusalem, les Pères blancs dirigent le séminaire grec uni, et entretiennent la chapelle élevée sur le lieu où est née la sainte Vierge. Leur costume est tout blanc ; ils portent le burnous de même couleur et le *fez* ou *tarboush*. Les Pères de Jérusalem sont très aimables. Ils offrent à déjeuner à ceux qui ont dit la messe chez eux et leur tiennent compagnie. J'ai eu l'honneur de causer avec le Père supérieur, qui se trouve diocésain de Lyon ; il est né à Saint-Genis-Laval. Leur œuvre des prêtres grecs est excellente et promet de bons résultats ; leur petit et leur grand séminaire paraissent assez nombreux. C'est une œuvre bien comprise. On aura toujours moins de difficultés à réunir les schismatiques en leur laissant leurs rites, et cette conversion sera plus durable, si on leur donne des prêtres attachés à l'Eglise et au pape depuis leur jeunesse. La maison des Pères blancs est bâtie sur le territoire français ; aussi voit-on notre drapeau national flotter au frontispice de la porte d'entrée. C'est le sultan Abdul-Medjid qui en a fait cadeau à Napoléon III, après la guerre de Crimée. Il est à regretter que l'empereur n'ait pas profité de l'occasion pour réclamer certaines réformes au sujet du saint Sépulcre ou de Bethléem. Pour le pèlerin, ce qu'il y a de plus intéressant chez les Pères blancs, c'est l'église et la crypte. L'église est très ancienne et pourrait bien remonter, dans ses parties principales, au xiie siècle. Elle a un portail ogival. Des piliers massifs la divisent en trois nefs ; les fenêtres sont fermées par de petits verres de couleurs variées. Après les croisades, cette église était devenue une école musulmane. Depuis qu'elle appartient à la France, elle a été restaurée dans le style convenable, et elle est aujourd'hui un des plus beaux monuments de Jérusalem. Dans la nef latérale de droite, on trouve une descente d'escaliers qui conduit à la crypte où la sainte Vierge est née. Saint Joachim et sainte Anne, d'après la tradition orientale, avaient ici une maison, et la sainte Vierge y fut conçue et y naquit. Cette crypte est irrégulière ; dans le fond de l'axe principal est une grotte avec un autel. Des restaurations intelligentes ont conservé à cette grotte sa physionomie primitive. J'y ai célébré la sainte messe, le vendredi 15 mai. La réunion du pèlerinage s'y est tenue le 11 mai. Le consul de France y assistait. Un Père blanc fit un très beau discours sur les souvenirs qui se rattachent à ce sanctuaire, et il a combattu l'opinion occidentale, qui fait naître la sainte Vierge à Nazareth. Je serais volontiers de son avis. Les Pères blancs ont bien travaillé depuis qu'ils sont ici. Ils ont fait faire des fouilles à côté de l'église, un peu au nord-ouest, et ils ont découvert des restes précieux, qui semblent être ceux de la piscine probatique. Ils croient avoir retrouvé les vestiges des cinq portiques qui entouraient cette piscine : quatre sur les côtés et un au milieu du rectangle, réunissant les deux portiques des façades principales. On voit encore un peu d'eau au fond de ce qui a dû être le réservoir. C'est auprès de ce portique que Notre-Seigneur a guéri un paralytique [1] ; et c'est dans cette piscine que le premier malade qui pouvait s'y jeter, au mouvement miraculeux de l'eau, recouvrait la santé. Enfin les Pères blancs ont créé devant l'église un petit jardin très agréable, où j'ai pu admirer quelques spécimens de fleurs spéciales au pays, en particulier une espèce d'acacia, qui pro-

---

[1] *Joann.*, v, 2-9.

duit des fleurs jaune d'or avec des étamines très longues d'un très beau rouge.

Citons pour mémoire, parmi les œuvres catholiques, l'hospice autrichien, qui se trouve à l'angle de la rue qui conduit au prétoire et de celle qui mène à la porte de Damas. Souvent j'ai passé devant, mais je ne l'ai pas visité. On y reçoit les pèlerins de nationalité allemande.

Les Grecs unis ont un patriarcat situé non loin du patriarcat latin. Il est assez grand et possède une église qui est paroissiale. Je l'ai visitée; elle n'a rien d'extraordinaire. Il fallut me faire ouvrir la porte. Cela m'a procuré le plaisir de causer quelques instants avec un des religieux melchites qui desservent l'église. Il parlait bien le français, et après m'avoir fait visiter, il m'introduisit au divan. Là il me parla de l'organisation hiérarchique de leur clergé. Autant que j'ai pu comprendre, leur patriarche réside tantôt à Jérusalem, tantôt dans deux autres villes, dont je n'ai pas retenu les noms, mais qui sont assez éloignées. Il a sous son autorité un certain nombre d'évêques, et il se trouve être ainsi un petit pape. Je crois que c'est lui qui entretient les relations officielles avec le saint-siège; c'est l'organisation primitive de l'Eglise. Cependant cette organisation présente l'inconvénient qu'elle rend un schisme général bien plus facile que chez nous, où chaque évêque correspond directement avec le Souverain Pontife. Les religieux grecs melchites ont encore à desservir la chapelle de Sainte-Véronique, dont j'ai parlé à propos de la sixième station de la Voie douloureuse.

J'ai dit un mot également du sanctuaire de Notre-Dame du Spasme à propos de la quatrième station. A côté de cette chapelle, il y a un hospice qui appartient aux Arméniens unis. Ils sont peu nombreux à Jérusalem. Le pèlerinage a eu sa messe au sanctuaire du

Spasme, le samedi 16 mai, de même qu'il l'avait eue au patriarcat grec, le 13.

Nous arrivons aux établissements de femmes. C'est d'abord celui des sœurs de Saint-Joseph de l'Apparition, dont la maison mère est à Marseille. Il est situé tout près du patriarcat grec uni. J'ai eu l'occasion d'y aller et d'y admirer la bonté des sœurs. Elles dirigent une école de jeunes filles ; elles sont chargées également de l'hôpital Saint-Louis, et sœur Joséphine est une des leurs. Enfin elles ont partagé avec les sœurs de Saint-Vincent de Paul le soin de raccommoder les pèlerins, et de leur rendre mille petits services.

Les sœurs de Saint-Vincent sont établies dans un ancien couvent copte situé dans une rue perpendiculaire à celle qui descend de Saint-Sauveur et qui prend à gauche, un peu avant la huitième station. La maison est très simple et très pauvre. Les bonnes sœurs y ont une pharmacie ; elles soignent des vieillards et des enfants abandonnés de l'un et de l'autre sexe. J'ai visité leurs hôtes ; la plupart sont malades. J'ai vu là de petits enfants qui avaient l'air de bien aimer les sœurs et affligés de toutes sortes d'infirmités. Les sœurs leur apprennent le français ; ils m'ont récité de charmantes petites fables. Mais qu'il faut avoir l'esprit de Dieu ! Il n'y a ici rien d'attrayant : le physique est disgracieux, le moral presque autant, et les sœurs sont privées de faire de l'apostolat ! Leur récompense ne peut être qu'au ciel. Ajoutez à cela la pauvreté la plus profonde. J'avais laissé dans ma chambre une soutane hors d'usage, tellement qu'il n'y avait pas même l'espérance de la raccommoder. Je le dis aux sœurs par hasard ; elles me grondèrent de n'avoir pas pensé à elles et elles envoyèrent chercher ce pauvre amas de guenilles. Jamais je n'aurais osé l'offrir. Outre cette œuvre de charité, les sœurs de Saint-Vincent vont encore visiter à domicile les malades de toutes les religions. Enfin, pendant notre séjour même, le pacha leur a confié l'hôpital musulman, tant elles ont su acquérir la confiance de tous, en cinq ans! Je vote pour qu'on envoie nos infirmières laïques soigner les lépreux ou les abandonnés de Jérusalem! Elles y resteront bien deux jours! Elles aiment sans doute mieux remplacer les sœurs à Paris : c'est plus gai! Que voulez-vous? chacun son goût. Je vote ensuite sérieusement pour que les Français placent un peu de leur argent à fonds perdus dans cette maison des Saint-Vincent de Jérusalem.

Un des établissements où nous étions encore en famille et en France, c'est celui des dames de Sion. Ces religieuses ont été fondées en 1859 par le Père Alphonse Ratisbonne, juif converti miraculeusement dans l'église *Sant'Andrea delle Fratte* à Rome. Leur but principal est l'instruction et la conversion des jeunes juives. Actuellement elles ont une centaine de jeunes filles de toutes les religions. Leur maison est située sur l'emplacement du *Lithostrotos* du prétoire de Pilato. De la terrasse on a une belle vue sur la mosquée d'Omar. Leur église, qui renferme un arceau de l'arc de l'*Ecce homo*, est à trois nefs dans sa partie supérieure; la grande nef descend plus bas que les deux autres (1). Au-dessus de l'arc dont j'ai parlé et qui est en arrière du maître-autel, on a placé une statue de l'*Ecce homo* avec deux candélabres. J'ai célébré ici, le mardi 5 mai, et le pèlerinage y a eu sa messe le 15 du même mois. Le jour de la Pentecôte nous y avons chanté les vêpres.

(1) Cette église a été bénite par M⁄ʳ Bracco, le 3 avril 1868. (*Annales des Mères chrétiennes*, n° du 15 mai 1868.)

Ce jour-là, les jeunes filles de la maison nous ont donné une séance de musique. Les chants étaient merveilleusement choisis et les voix pures et délicates. Comment ne pas être saisi en entendant ces jeunes filles, juives ou compagnes de juives, nous chanter l'air de Méhul : « Aux accents de notre harmonie, unissez-vous, fils d'Israël ! » C'était là vraiment de la couleur locale, et on se serait cru transporté au temps des patriarches. Ces dames vous offrent à déjeuner lorsqu'on a dit la messe chez elles ; elles vendent aussi des ouvrages de piété confectionnés par leurs élèves. Enfin on peut voir chez elles, dans les sous-sols, l'ancien pavé de la cour du prétoire et de la voie romaine qui en partait. Elles mettent beaucoup de complaisance à vous faire visiter.

Signalons enfin les sœurs Franciscaines, établies presque en face du couvent de Saint-Sauveur et qui dirigent un orphelinat ; puis les sœurs du Rosaire. Ce sont des religieuses indigènes qui rendent beaucoup de services pour la visite des femmes musulmanes malades. Leur couvent est en face du patriarcat latin.

Tels sont les établissements catholiques, et telles sont leurs œuvres. Les schismatiques, eux aussi, ont des établissements, et ils sont nombreux ; leurs œuvres sont moins prospères, bien que soutenues par les sommes immenses, surtout de la Russie.

Quand on traverse le quartier chrétien, on rencontre presque à chaque instant des maisons très vastes ; presque toutes sont des couvents grecs. J'en ai compté seize. Au nord de la rue qui descend de Saint-Sauveur, on rencontre le couvent de Saint-Spiridion, tout près de la porte de Damas ; puis, donnant sur la rue même dont j'ai parlé, ceux de la Vierge, de Saint-Euthyme, de Sainte-Catherine, de Saint-Michel, celui de Saint-Georges à l'est et celui de Saint-Théodore à l'ouest de

Saint-Sauveur. Entre cette rue au nord, celle qui part de la porte de Jaffa au sud, et celle qui longe à l'ouest le Saint-Sépulcre, on rencontre ceux de Saint-Basile, de Saint-Dmitri, de Saint-Nicolas, le patriarcat et le grand couvent de la Vierge. Tout autour du Saint-Sépulcre, on voit le couvent de Saint-Caralambos, autrefois appartenant aux chanoines du Saint-Sépulcre, puis ceux de Saint-Abraham et de Gethsémani, donnant sur le parvis du Saint-Sépulcre. Enfin, les Grecs ont encore le couvent de Saint-Jean-Baptiste, le long de la rue qui part de la porte de Jaffa, et un second sous le vocable de Saint-Georges, perdu au sud du quartier arménien. Ils possèdent aussi un hôpital tout près du patriarcat grec uni, et, à côté, une école de filles.

Ne quittons pas le quartier chrétien sans dire que les Abyssins ont un couvent non loin de la neuvième station. Cette même station est dans un couvent copte, et, tout à côté du patriarcat grec uni, il y en a un second.

Le quartier arménien est situé sur le mont Sion ; son nom indique suffisamment que là sont placés les établissements des Arméniens. Ils sont peu nombreux, mais très riches. Ils occupent presque tout l'immense espace compris entre la caserne turque et la porte de Sion. Les Arméniens ont là un grand couvent, un séminaire, un musée, le patriarcat et leur cathédrale. Cette église est dédiée à saint Jacques le Majeur. Elle est à trois nefs séparées par de gros piliers carrés ; le maître-autel est d'une grande richesse ; un lustre splendide est suspendu à la voûte ; le pavé est brillant comme un miroir. Dans la nef de gauche se trouve une chapelle sur le lieu où saint Jacques fut décapité. Le 25 juillet, les Franciscains ont le droit d'y célébrer solennellement leurs offices ; mais depuis 1870 ce droit est méconnu. Dans le portique qui précède l'église, on remarque une grande pièce de bois que l'on frappe pour annoncer les offices en guise de cloche. J'étais seul quand j'ai visité cette église; le jour de la Pentecôte j'y retournai avec le pèlerinage; nous ne pûmes trouver le portier. Quand on sort, on a en face de soi un très beau jardin adossé aux murs de la ville et qui appartient aussi aux Arméniens. Derrière le couvent arménien il y a un monastère plus petit habité par des religieuses : c'est l'emplacement de la maison d'Anne, et j'en ai parlé plus haut.

En remontant au nord du quartier arménien, on arrive, après avoir traversé plusieurs ruelles en zigzag, au couvent des Syriens. L'église en est fort petite; mais elle occupe la place où était la maison de Marie, mère de Jean surnommé Marc, et dans laquelle saint Pierre se rendit en sortant de prison (1). On voit dans cette église, au-dessus du maître-autel, un tableau fort ancien que l'on croit de la main de saint Luc. On y montre aussi l'endroit où, d'après les Syriens, la sainte Vierge aurait été baptisée.

Depuis peu les protestants ont voulu, eux aussi, trouver place dans cette ville, avec laquelle ils n'ont rien de commun. Jérusalem est une ville de reliques, et eux ne leur rendent aucun culte. C'est en 1840 qu'ils vinrent ici fonder une mission. L'Angleterre et la Prusse s'unirent pour nommer un évêque qui devait travailler à la conversion des juifs. En cinquante ans la population protestante de Jérusalem, y compris le personnel des deux consulats, des écoles et des hôpitaux, est arrivée au chiffre de 300 environ. Et pourtant les établissements protestants sont nombreux ici. Au nord du quartier arménien, en face de la tour de David, les

---

(1) *Act.*, XII, 12.

anglicans ont construit un temple magnifique. C'est
derrière ce temple qu'était bâtie une église à saint
Jacques le Mineur. Dans ce même quartier, ils ont un
hôpital et un dispensaire; tout au nord de la ville, près
de la porte de Damas, ils ont une école professionnelle
pour les juifs; près de la porte Judiciaire, une autre
école. Les protestants, sans autre qualificatif, ont également
deux écoles, une pour les garçons et l'autre
pour les filles, dans les environs du temple anglican.
Les Prussiens ont voulu aussi organiser quelque
chose ; ils ont des diaconesses dans le quartier arménien,
et un hospice, appelé hospice de Saint-Jean, tout
près de la porte Judiciaire. Enfin ils ont leur chapelle à
deux pas du Saint-Sépulcre, dans les ruines de Sainte-
Marie la Grande. Ces ruines, qui faisaient autrefois
partie de l'hospice des chevaliers de Saint-Jean, ont été
données à la Prusse en 1869. Les protestants ont commencé
à déblayer: puissent-ils laisser intactes les belles
ruines que l'on voit encore ! Le jour de la Pentecôte, en
sortant du Saint-Sépulcre, j'entrai dans ces ruines. Le
portail qui y donne accès conserve encore de belles
sculptures. On pénètre immédiatement dans une cour
où l'on reconnaît parfaitement les traces de l'ancienne
église à trois nefs. De là on arrive dans une autre cour
entourée d'un cloître ogival ; viennent ensuite différentes
salles voûtées. J'en étais là de ma visite, quand
j'entendis des sons de voix et d'harmonium. Je voulus
me rendre compte : les sons partaient du haut du
cloître. Je trouvai l'escalier, bien qu'assez difficilement,
parce qu'il est dans la cour extérieure, et j'arrivai à
une vaste salle rectangulaire, à fenêtres ogivales. Là
je vis un certain nombre de jeunes filles, dirigées par
un monsieur et exécutant un choral, genre allemand.
J'ai su depuis que cette ancienne salle du couvent de

Sainte-Marie la Grande avait été naguère restaurée et convertie en chapelle protestante prussienne. Quoi qu'il en soit, je ne regrettai pas ma visite : ces ruines valent la peine d'être vues. Le lendemain, je voulus renouveler mon expédition pour examiner la chapelle de plus près ; je trouvai le portail fermé.

Maintenant j'aurai à parler des établissements et des monuments juifs, dans l'intérieur de Jérusalem. Le quartier juif s'étend sur la pente orientale du Sion. Il est vraiment repoussant de saleté et les rues sont encore plus étroites et plus tortueuses que dans le reste de la ville. Parmi les établissements juifs il faut compter un hôpital pour les juifs allemands, au quartier arménien ; un autre pour les Allemands, et un pour les Espagnols, non loin de la porte des Maugrabins ; puis dans le même quartier, un hôpital bâti par les Rothschild. Les juifs *Caraïtes* ont une synagogue, les *Sephardim* en ont six, les *Maugrabins* en ont une, plus une école, enfin les *Achkénazim* en ont quatre. Parmi ces quatre, il y en a une plus grande, qui est surmontée d'une coupole : nous l'avons visitée. Tous les vendredis, les juifs se rendent le soir près des murailles de l'enceinte de la mosquée d'Omar, dans une ruelle étroite ; c'est, paraît-il, tout ce qui reste de leur ancien temple (1). Là, appuyés contre le mur, ils lisent, prient et pleurent ; aussi ce mur porte-t-il le nom de « mur des pleurs. » Nous y allâmes le 8 mai. Nous vîmes là des hommes, des femmes, des enfants, la Bible en main ; quelques-uns avaient le front appuyé contre la muraille ; d'autres, en priant, penchaient successivement leur corps en

---

(1) Ou plutôt de l'ancien mur d'enceinte de ce temple. L'existence de ce mur n'infirme donc en rien la prophétie de Notre-Seigneur, relative à la destruction du temple lui-même. (*Matth.*, XXIV, 2 ; *Marc.*, XIII, 2 ; *Luc.*, XXI, 6.)

avant et le ramenaient en arrière. Je n'ai pas vu d'hommes pleurer, mais j'ai vu une femme le faire à chaudes larmes. Parmi les juifs, les uns se lamentent parce que Jérusalem est détruite; les autres, parce qu'ils ont laissé passer le Messie sans le reconnaître, et, étrange aveuglement! ils ne savent pas l'adorer en Notre-Seigneur! La plupart de ceux que j'ai vus ont l'air pauvre ; cependant j'en ai aperçu qui portaient le costume européen. Nous étions venus, non pas sans doute pour nous moquer, mais disposés à trouver la chose étrange. Pour ma part, j'en suis revenu ému et plein d'admiration pour un si profond sentiment religieux ; il ne me paraît guère possible de voir une comédie là-dessous.

Le quartier turc est au centre et au nord-est de la ville. Cependant les musulmans ont des établissements dans les divers quartiers. Dans le quartier arménien, ils ont la citadelle et une caserne. La citadelle, en arabe *El Kaalah*, se compose principalement de quatre tours. On y pénètre par un pont de bois jeté sur un fossé ; j'ai pu la visiter seul. Elle est sur l'emplacement de l'ancienne citadelle juive. On prétend que trois des tours sont à l'emplacement des tours Phasaël, Mariamne et Hippicos, élevées par Hérode. La tour du nord-est est appelée « Tour de David. » Le Frère Liévin croit qu'elle ne fut jamais démolie ; et il fait remonter à l'époque jébuséenne la base de cette tour jusqu'à une hauteur de dix mètres au-dessus du sol. On montre, dans cette même tour, la fenêtre par laquelle David put apercevoir Bethsabée, dont la maison était un peu au nord. Du haut de la terrasse on jouit d'un beau panorama.

En face et un peu au sud est l'emplacement du palais d'Hérode, occupé en partie par le temple anglican. Un peu plus loin est l'emplacement de la maison de saint Thomas : il est occupé par une mosquée en ruine.

Les musulmans ont une école au quartier chrétien, non loin du saint Sépulcre. Ils en ont une autre près de la porte d'Hérode, au nord de la ville. Cette dernière école est située sur l'emplacement de la maison de Simon le Pharisien (1). Autrefois, on avait élevé à cet endroit, sous le nom de Sainte-Madeleine, une église dont on voyait naguère encore des restes. Aujourd'hui, ils ont disparu et ont été remplacés par une sorte de « palais scolaire. » Un des professeurs, vêtu à l'européenne, nous l'a fait visiter ; il est fort bien aménagé.

Non loin de là, près de la porte de Damas, est la maison des derviches tourneurs. J'aurais voulu assister à une de leurs séances, mais je n'en ai pas eu l'occasion, et d'ailleurs, à franchement parler, je n'étais pas venu en pèlerinage pour cela. Ces derviches ont un hospice près du Moriah, dans le centre du quartier musulman.

Dans ce même quartier, entre le Saint-Sépulcre et l'esplanade de la mosquée d'Omar, se trouvent la prison, le sérail et le palais du pacha. Extérieurement rien ne les indique. Le palais du pacha est en grande partie renfermé dans les bâtiments de l'ancien hôpital de Sainte-Hélène. Cet hôpital doit son nom à Hélène, reine d'Adiabène, qui avait son palais à cette place. Le portail en est assez remarquable ; l'établissement lui-même a été construit au xvie siècle par Roxelane, favorite de Soliman. Un peu plus au sud, en face d'une belle fontaine, appelée *Aïn-Sébil*, on peut voir le palais de justice.

Parmi les nombreuses mosquées de Jérusalem, les deux qui occupent la vaste esplanade du Temple, sur

---

(1) *Luc.*, vii, 36-50.

le mont Moriah, méritent une mention spéciale. C'est Salomon qui, pour bâtir le temple du vrai Dieu, fit niveler le Moriah et le fit prolonger en un vaste rectangle, au moyen de murs de soutènement et de voûtes élevés sur les trois côtés nord, sud et ouest. Comme la tradition plaçait le sacrifice d'Abraham sur le sommet du Moriah, ce sommet ne fut pas aplani, et l'on peut le voir encore aujourd'hui dans la mosquée d'Omar. Je ne veux pas faire ici une reconstitution du temple : ce serait difficile, et, d'ailleurs, tous les auteurs ne sont pas d'accord à ce sujet. Ce qu'il y a de certain, c'est qu'il était placé sur le Moriah. De nombreuses portes donnent aujourd'hui accès à l'esplanade, où la mosquée d'Omar a remplacé le temple de Dieu. Nous sommes entrés par une porte qui est au nord, près de *Bab Sitti Mariam*. La permission nous en avait été accordée, moyennant *bakchiche* naturellement. Malgré cela, un certain nombre de musulmans voient toujours avec peine les chrétiens y pénétrer. Nous avons failli avoir une affaire à cette occasion. Nous étions sur la partie nord de l'esplanade. Un des nôtres avise sur un des côtés une espèce de tertre, devant lequel, poussé par quelque légère nécessité naturelle, il s'arrête. Malheureusement, une vigilante sentinelle musulmane s'est aperçue de la manœuvre. Aussitôt ce sont des cris à troubler les meilleures digestions. Notre homme est saisi, presque garrotté, et on veut le conduire en prison. Il faut que le Frère Liévin intervienne et démontre, en bon arabe, à ces Messieurs de la police, qu'en France il est permis de se mettre devant un bloc de pierre, ou un tertre de gazon ; que notre camarade n'a pas voulu insulter l'enceinte sacrée du *Haram-esh-chérif*, qu'en un mot il est bien innocent. Ce n'est pas sans peine que ces braves Orientaux se laissent convaincre ; ils relâchent cependant leur prisonnier, et nulle émeute n'éclate à Jérusalem. Il n'en est pas moins vrai qu'un peu plus nous aurions eu un incident diplomatique. Qui sait si les ministres n'auraient pas ensuite interdit aux évêques de venir en pèlerinage à Jérusalem ?

Nous arrivons devant la mosquée d'Omar. L'extérieur en est très beau. Elle a la forme d'un vaste octogone surmonté d'une coupole. Les murs sont recouverts de faïence émaillée et du plus gracieux effet. Il y a quatre portes, aux quatre points cardinaux. Avant d'entrer, il faut se munir de babouches, et chacun s'exécute. En entrant, on est saisi tout d'abord par l'ensemble à la fois imposant et svelte du monument. L'intérieur est divisé en trois parties, deux octogonales, une circulaire, par des colonnes du plus beau marbre. L'enceinte circulaire du milieu est encore séparée du reste par une grille de fer qui court entre les colonnes. Une partie de l'effet produit par l'intérieur de la mosquée provient des vitraux. Ils sont formés de petits losanges de verre d'une infinité de nuances. Les murs sont décorés d'élégantes arabesques.

Immédiatement nous allons vers la grille qui ferme la troisième enceinte. Cette enceinte contient le sommet du Moriah, appelé ici *Sakhrah*. Il est nu, long de dix à onze mètres, et se termine un peu en pointe. Pour le soustraire aux profanations, on l'a entouré d'une barrière de bois. Sur ce rocher, les musulmans montrent la trace du pied de l'archange Gabriel. Ils font voir aussi un morceau de marbre, qui a reçu l'empreinte du pied de Mahomet, et deux poils de la barbe du prophète, renfermés dans un étui. Ces deux reliques de Mahomet sont placées dans une cage en fer à un des angles de la *Sakhrah*.

On peut descendre dans une crypte au-dessous du

rocher. Au milieu de la crypte, il y a un puits, dont l'orifice est fermé. Les musulmans l'appellent « le puits des âmes; » ils prétendent que, deux fois par semaine, les âmes de leurs coreligionnaires s'y réunissent pour adorer Dieu.

Telle est, dans ses grandes lignes, la mosquée d'Omar [1]. Elle a été bâtie vers le milieu du vıı^e siècle et n'a pas subi depuis de changements appréciables. Les croisés avaient élevé un autel sur la *Sakhrah*, mais ils avaient respecté l'édifice.

Devant la porte orientale de la mosquée, on voit un petit monument circulaire que les musulmans appellent « tribunal de David. » C'est un petit dôme soutenu par deux rangs de colonnes concentriques. Ce monument n'a pas de murs d'enceinte, le pavé est en marbres de différentes couleurs.

En face de la porte sud de la mosquée est un portique formé de quatre arcades. Au sommet d'une de ces arcades est suspendue la balance où, d'après les musulmans, seront pesés les mérites de chacun. Pauvres gens !

On voit encore, à l'ouest de ce portique, une belle chaire en marbre d'où l'on prêche chaque vendredi du Ramadan.

De la mosquée d'Omar nous allons visiter la mosquée *El Aksa*, au sud de l'esplanade. Il faut descendre un large escalier, au bas duquel, près de quelques cyprès, est un beau bassin circulaire. Devant soi on a alors la mosquée.

Elle est bâtie sur l'emplacement d'une église construite par Justinien en l'honneur de la Présentation de

---

[1] Je ne me suis pas arrêté à toutes les légendes musulmanes touchant cette mosquée. On peut les lire dans l'ouvrage de Mgr Mislin ou dans le « Guide » du Frère Liévin.

la sainte Vierge. On croit que la maison des vierges qui desservaient le temple était là ; c'est donc en ce lieu que Marie aurait été amenée par ses parents et aurait passé son enfance. On peut dire que la mosquée, telle qu'on la voit aujourd'hui, date de la fin du viiie siècle. On entre d'abord sous un portique de sept arcades, qui ne date que de l'an 1236. Les sept arcades correspondent aux sept nefs de la mosquée. En y pénétrant, on se croirait dans une église chrétienne ; ce n'est plus le style ordinaire des mosquées. Les nefs ont quatre-vingt-dix mètres de longueur, la charpente s'aperçoit en grande partie à l'intérieur. A l'extrémité de la grande nef, on voit quatre piliers qui soutiennent la coupole. A l'angle sud-ouest de cette coupole se trouve le *mimbar* ou chaire, d'un style gracieux, et délicatement sculpté. De chaque côté de la coupole partent trois nefs, qui forment pour ainsi dire les bras de croix. Les deux premières colonnes de la nef de droite sont les colonnes de l'épreuve. Les musulmans prétendent que ceux qui ne peuvent passer entre ces deux colonnes, très rapprochées l'une de l'autre, n'entreront pas au ciel. Je n'ai pas essayé ; d'ailleurs les Turcs, pour éviter le retour d'accidents qui s'étaient produits ici, ont placé une grille à l'ouverture. Au bout de cette nef occidentale, on voit une vaste salle voûtée, divisée en deux par des piliers ; c'est l'ancienne salle d'armes des Templiers, qui habitèrent une partie d'*El Aksa* durant les croisades.

Au sortir d'*El Aksa*, on se rend à l'angle sud-est de l'esplanade, où l'on descend dans une salle appelée « berceau du Christ. » On croit que c'était l'habitation du vieillard Siméon, et qu'il obtint que la Sainte Famille y passât quelques jours, lors de la Présentation.

De cette salle, on descend dans ce qu'on appelle les

« Ecuries de Salomon. » Ce sont d'immenses souterrains voûtés et soutenus par des piliers. Le Frère Liévin admet que ces souterrains sont d'origine salomonienne, mais qu'ils ont été réparés par Hérode et les croisés. Les Templiers y logèrent leurs chevaux ; de là le nom qu'ils portent aujourd'hui.

Nous longeons ensuite tout le côté oriental de l'esplanade du Temple, et nous arrivons à la porte Dorée. Cette porte est séparée en deux par deux énormes colonnes. Les parois sont ornées de belles frises qui valent la peine d'être examinées. Au-dessus de chaque compartiment de la porte il y a une petite coupole. Cette porte est fermée à l'intérieur et de plus murée. On croit que c'est par elle que Notre-Seigneur entra à Jérusalem, le dimanche des Rameaux. Les musulmans l'ont murée, parce qu'une de leurs traditions rapporte que, lorsque les Francs entreront à Jérusalem, ce sera par la porte Dorée.

Plus au nord encore on voit un petit édifice, appelé par les musulmans « trône de Salomon. » Il contient un cénotaphe. On peut apercevoir l'intérieur par une fenêtre grillée. Ici se termine notre visite du *Haram-esh-chérif*. Il y a seulement cinquante ans, nous n'aurions pas pu la faire, et franchement c'eût été dommage. On peut plaindre les sectateurs de Mahomet, trouver naïves ou même ridicules certaines de leurs traditions, mais leurs édifices religieux méritent certainement d'être vus.

CHAPITRE XV

EXTÉRIEUR DE JÉRUSALEM. — MONUMENTS ET ÉTABLISSEMENTS DIVERS

~~~~~~~~

Nous avons visité l'intérieur de Jérusalem; nous allons maintenant faire le tour de ses murailles. Pour plus de facilité, nous grouperons les monuments que nous allons rencontrer selon leur position autour de la Ville sainte. Successivement nous allons parcourir : la vallée de Josaphat ou du Cédron, celle de Hennom et celle de Gihon, ainsi que les montagnes qui les enserrent.

Partons d'abord par la porte de Damas au nord de la ville. En suivant la route qui mène aux pentes du Scopus, nous trouvons bientôt, à main droite, le nouvel établissement des Pères dominicains français. Ils ne sont ici que depuis 1883 et ils ont déjà créé de vastes bâtiments, et acheté beaucoup de terrains, où ils ont fait des fouilles. Ils prétendent ainsi avoir découvert l'ancienne basilique d'Eudoxie, élevée au nord de la ville en l'honneur de saint Étienne, et peut-être sur le lieu de son martyre. Le dimanche 10 mai, le pèlerinage a eu sa messe dans la chapelle des Pères. Je suis venu rejoindre les autres pèlerins, et nous avons visité ces fouilles, qui sont très considérables. On a parfaitement retrouvé les fondations d'une église avec des soubassements de colonnes encore en place, des colonnes renversées, des mosaïques. On a découvert aussi plusieurs tombeaux, presque intacts, et qui donnent l'idée des sépultures anciennes. Naturellement les Pères sont convaincus qu'ils sont ici sur le lieu du martyre de saint Étienne; le Frère Liévin le place plutôt près de *Bab Sitti Mariam*, à l'est de la ville. Je crois qu'il faudrait peu de chose pour qu'il se range à l'avis de ses confrères de Saint-Dominique. Ceux-ci ont fondé dans cet endroit, qu'ils appellent Saint-Étienne, une maison pour l'étude approfondie de l'Écriture sainte et de ses monuments. Ils montrent des tendances antitraditionalistes, qui pourraient renverser bien des données admises jusqu'à présent, et peut-être ne rien mettre à la place. La vérité avant tout, évidemment; mais qu'il me soit permis de faire une simple réflexion : je n'aime les démolitions qu'à la condition de les remplacer par quelque chose de mieux. J'ai eu la bonne fortune de visiter la partie orientale de la ville avec un de ces bons Pères. Il fut charmant et se prêta de bonne grâce à toutes nos objections. Voici un court résumé de ses théories, et je dois avouer qu'il est très compétent dans la matière. D'après lui, la grotte de l'Agonie est à l'est et non pas au nord du jardin des Oliviers. Pour ce qui regarde la topographie, il n'admet que deux parties dans Jérusalem : la ville basse et la ville haute, séparées par la vallée du Tyropéon, qui prenant à la porte de Damas, va se terminer au sud à la piscine de Siloé. Pour lui, le Sion actuel n'est pas le Sion primitif; il voit le mont primitif où nous voyons Ophel, et ce que nous appelons Sion, il l'appelle ville haute. Il convient cependant que depuis longtemps, et même du temps des apôtres, on appelait Sion la montagne à laquelle nous donnons ce nom, mais il veut que ce soit simplement par extension. De là, il nie l'authenticité de la « tour de David. » Je n'ai pas la prétention de juger: cependant, pour mon compte, jusqu'à plus ample information, je n'admettrais qu'une de ces idées : c'est la situation du Tyropéon. Il me paraît difficile, en effet, de faire venir cette vallée de la porte de Jaffa et contourner le mont Sion ; il me semble plus naturel de la faire partir de la porte de Damas et aller en ligne droite.

De Saint-Étienne au Tombeau des Rois, il n'y a pas très loin. Ce monument est placé dans un terrain entouré de murs, et qui appartient à la France ; il y a un gardien, mais la visite est gratuite. On descend d'abord par un large escalier taillé dans le roc ; deux rigoles conduisent les eaux dans deux citernes creusées, l'une au fond, l'autre à droite. Arrivé au bas de l'escalier, on prend une porte à gauche, et l'on se trouve dans une vaste cour en contre-bas du sol. Dans cette cour s'ouvre le tombeau dit des rois. Aujourd'hui on s'accorde à dire que ce n'est pas celui des rois de Juda, ensevelis presque tous dans la cité de David, sur le Sion, mais bien celui d'Hélène, reine d'Adiabène. On pénètre d'abord dans un vestibule rectangulaire, creusé dans le roc, et dont le frontispice est orné d'une belle frise. A gauche, un petit couloir conduit à l'entrée des caveaux. On voit alors, à gauche de l'entrée, dans une sorte de rainure ou rigole, la grosse pierre ronde qui fermait le tombeau : on n'avait qu'à la faire rouler de gauche à droite. Ensuite, on entre dans une antichambre, sur laquelle donnent trois chambres, l'une au sud-est, l'autre au sud-ouest, la dernière à l'ouest. Chacune de ces chambres contient un certain nombre de loges funéraires, en forme de lit ou en forme de four. Cette visite est très intéressante et rappelle, par plus d'un point, celle des catacombes.

De là, nous allons voir la grotte de Jérémie. Nous passons par le cimetière musulman, qui s'étend au nord-est de la ville. Le derviche gardien fait des difficultés au sujet du *bakchiche*, mais enfin il nous laisse entrer. La grotte de Jérémie est située sur la gauche de la route qui longe les murailles du nord de la ville, en admettant que l'on vienne de la porte de Damas. On passe d'abord près de quelques tombeaux de musulmans plus célèbres, et l'on arrive bientôt dans une grotte spacieuse, qui n'est fermée que de trois côtés. Le côté sud, par lequel on arrive, est béant dans toute sa longueur. C'est là que Jérémie se retira après la destruction de Jérusalem et qu'il composa ses Lamentations. De sa retraite, il pouvait apercevoir la ville, avec ses murailles renversées et ses rues désertes ; qu'aurait-il dit s'il l'eût vue soumise au joug païen ? Combien il se serait écrié avec mille fois plus de raison : « *Jerusalem, convertere ad Dominum Deum tuum* (1) ! »

Nous continuons le tour des remparts, arrivons à la porte *Sitti Mariam*, descendons dans la vallée de Josaphat et traversons le Cédron sur un pont de pierre. Au bout du pont, à gauche, tout à côté de la grotte de l'Agonie, nous trouvons le tombeau de la sainte Vierge. On pénètre dans une cour entourée de murs, et l'on a devant soi l'entrée de l'église, qui recouvre le tombeau. On l'appelle église de l'Assomption. Le portail en est ogival, et paraît très ancien ; il semble qu'il est en contre-bas du sol du parvis. On entre et l'on se trouve immédiatement sur un escalier qui embrasse toute la largeur de la nef. Au milieu à peu près de la montée, on voit deux chapelles avec un autel, l'une à droite,

(1) Paroles qui, durant les trois derniers jours de la semaine sainte, terminent les leçons du premier nocturne, tirées elles-mêmes des Lamentations de Jérémie.

l'autre à gauche. La première chapelle serait le tombeau de sainte Anne et de saint Joachin; la seconde, celui de saint Joseph et du vieillard Siméon. C'est à ces tombeaux que se termine la partie de l'église restaurée par les croisés; le reste est en plein cintre et peut remonter à Constantin. Quand on est arrivé au bas de l'escalier, on trouve à main gauche un autel qui appartient aux Coptes. Au fond, il n'y a absolument rien. A l'est, on s'avance dans une nef, et l'on rencontre le monument qui renferme le tombeau de la sainte Vierge. Ce monument est taillé dans le roc, et isolé; on l'a recouvert de draperies. Une baie assez étroite donne accès dans l'intérieur; là on voit le tombeau lui-même; il est recouvert de deux plaques de marbre en forme de table, l'une horizontale, l'autre verticale. Quatre ou cinq personnes peuvent à peine y tenir ensemble. On y voit un grand nombre de lampes. Les représentants de tous les cultes, même les musulmans, ont le droit de prier et d'officier ici. Les catholiques seuls en sont privés; ils ne peuvent que venir s'agenouiller quelques instants devant cette tombe sacrée. Encore n'est-ce pas facile le matin, car les Grecs y ont souvent des *fonctions* (1).

Au sortir de l'église de l'Assomption, on prend, sur le parvis, un petit escalier et l'on commence l'ascension du mont des Oliviers. Cette montagne est élevée de huit cent trente mètres au-dessus de la Méditerranée; du point où nous sommes, il faut environ quinze ou vingt minutes pour en atteindre le sommet. Trois chemins y aboutissent. Celui du milieu n'est qu'un mauvais sentier fort raide, mais c'est le plus court.

---

(1) C'est le nom que l'on donne souvent aux offices des schismatiques.

Nous le prenons. A notre droite, nous trouvons un grand temple russe avec ses coupoles multipliées; plus loin, une plaque contre un mur rappelle l'endroit où Notre-Seigneur pleura sur Jérusalem (1); depuis peu, on y a aménagé une petite chapelle. De là nous arrivons à une vaste enceinte murée : c'est le couvent des Carmélites françaises. Elles se sont établies ici en 1873, sous le patronage de Mme la princesse de la Tour d'Auvergne. Pendant un an, elles logèrent chez les sœurs Saint-Joseph; ce ne fut qu'au mois de juin 1874 qu'elles purent assister à la messe dans leur chapelle. Leur couvent est bâti près du lieu où Notre-Seigneur enseigna le *Pater* à ses apôtres (2). L'endroit lui-même, où autrefois s'élevait une église, est aujourd'hui compris dans le préau d'un très beau cloître attenant au monastère. Les côtés nord et sud du cloître ont neuf arcades, du plus pur gothique ; les autres côtés en ont cinq. Le long du mur, en face des arcades, on voit de vastes panneaux de porcelaine découpés chacun en un certain nombre de plaques carrées, sur lesquelles on a gravé le *Pater* en trente-deux langues différentes; chaque langue forme un panneau; le fond est gris et les lettres bleues. Ces trente-deux idiomes sont les suivants : syriaque, chaldéen, latin, polonais, espagnol, portugais, géorgien, italien, français, samaritain, suédois, breton, thibétain, canadien, tartare, sanscrit, chinois, éthiopien, copte, hindoustani, kurde, hébreu, arménien, arabe, turc, allemand, anglais, moscovite, danois, slavon, norvégien, grec. Au milieu du mur méridional, la princesse de la Tour d'Auvergne a fait faire une chapelle en enfoncement. Cette chapelle renferme un cé-

---

(1) *Luc.*, xix, 41.
(2) *Luc.*, xi, 2-4

notaphe rectangulaire : c'est là qu'elle veut reposer un jour. Elle est représentée au-dessus du cénotaphe, couchée, les mains jointes. A une certaine hauteur au-dessus du tombeau, dans une sorte de niche pratiquée dans la muraille, on voit une urne : elle contient le cœur du père de la princesse. Pénétrons maintenant dans le monastère : un gentil petit jardin émaillé de fleurs précède la maison, que nous n'avons pas visitée, naturellement. En avant du jardin, un couloir mène à l'église, qui est romane et très simple. Je suis allé deux fois au *Pater*. La première, c'était le jour de l'Ascension ; le pèlerinage y a eu ce jour-là une grand'messe solennelle, et les sœurs ont voulu nous offrir à déjeuner. La deuxième fois, je revenais de Béthanie et de Bethphagé. Nous entrâmes avec mon compagnon pour demander un rafraîchissement ; nous fûmes très bien reçus.

Continuons à monter. En quelques minutes nous atteignons le petit village de El-Tour, dont la mosquée occupe le lieu même de l'Ascension (1). Autrefois s'élevait ici une basilique édifiée par sainte Hélène, et reconstruite plus tard par les croisés. L'édifice actuel a été bâti par un musulman en l'honneur de Jésus, que les disciples de Mahomet regardent aussi comme un grand prophète ; depuis, on s'en est servi comme de mosquée. C'est un monument de forme octogonale surmonté d'une coupole ; il n'a pas plus de six à sept mètres de diamètre. La veille et le jour de l'Ascension les Franciscains ont le droit d'y officier ; les Grecs et les Arméniens peuvent également y célébrer ce jour-là, mais seulement à l'extérieur. Cette mosquée est en effet bâtie au milieu d'une assez vaste cour entourée

---

(1) *Marc.*, xvi, 10 ; *Luc.*, xxiv, 51 ; *Act.*, i, 9.

de murs. Le jeudi 7 mai, jour de l'Ascension, nous avions la permission de passer la nuit au mont des Oliviers, et de célébrer nos messes à partir de minuit. Je n'osai profiter de cette faveur, et le matin, vers cinq heures, je montai, bien décidé à dire ma messe au *Pater*, où l'on avait dressé un grand nombre d'autels, s'il ne m'était pas possible de la dire dans la mosquée. Là, en effet, il n'y avait que trois autels, et la petite nef était remplie de fidèles. Quelques autels avaient cependant été dressés, à l'extérieur, contre le mur du monument. Je me dirigeai donc tout d'abord vers la mosquée, et le bon Dieu permit que je trouvasse un prêtre se déshabillant et n'ayant pas de successeur. Quoique la chose fût un peu précipitée, je saisis l'occasion et je célébrai immédiatement. Pendant cette messe, le mystère de l'Ascension se présenta à mon esprit avec une clarté parfaite; il me semblait n'avoir plus qu'un pas à faire pour monter au ciel à mon tour. Trop tôt, hélas ! il me fallut redescendre aux réalités terrestres.

A côté du mur d'enceinte dont j'ai parlé, il y a un minaret, sur lequel le derviche gardien permet facilement de monter, moyennant *bakchiche*. Du sommet on jouit d'une vue splendide : à l'ouest, la vallée de Josaphat et la ville en amphithéâtre; au sud, la route de Bethléem; à l'est, la mer Morte et la ligne bleue des monts de Galaad et de Moab; au nord, les montagnes d'Ephraïm.

Si, du lieu de l'Ascension, l'on continue son chemin à travers le village, on arrive bientôt à l'église russe. Cette église est fort belle, soit à l'extérieur, soit à l'intérieur. Au moment où je la visite, les Grecs célèbrent un office; il y a assez de monde; des femmes chantent sur un ton plein de douceur et d'onction.

Un peu plus loin se dresse la tour des Russes. C'est

un monument carré, qui s'élève à une grande hauteur, cinquante mètres, je crois. Ce n'est pas, évidemment, la tour Eiffel, mais on y jouit cependant d'une vue merveilleuse. Cette tour sert de clocher. A l'intérieur, un escalier en spirale vous conduit au sommet. Chaque façade est percée de trois rangs d'immenses fenêtres, qui correspondent à peu près aux trois étages du monument. L'escalier affleure presque ces fenêtres. Aussi, bien qu'il soit entouré d'une double rampe, le vertige me prend dès le premier palier, et, à ma grande honte, je redescends. Mais déjà, du premier étage, la vue est belle et vaut l'ascension. On m'a dit que du dernier on dominait toutes les montagnes du pays, et que l'on pouvait apercevoir jusqu'à la Méditerranée ; je n'ai pas contrôlé l'assertion.

De là, en descendant le versant oriental du mont des Oliviers, on peut aller à Bethphagé, village où Jésus-Christ monta sur l'ânesse, le jour des Rameaux. Il n'en reste rien, sauf une maisonnette élevée par les Franciscains en 1883, pour recouvrir le rocher sur lequel Notre-Seigneur posa le pied pour se mettre en selle. Cet édifice a été élevé sur les restes d'une ancienne chapelle (1).

De Bethphagé on peut revenir à la vallée de Josaphat par le mont des Oliviers, ou par la route de Béthanie, ce qui est plus long.

Revenons donc tout droit à l'enclos du jardin des Oliviers et dirigeons notre course vers le sud. Ici la vallée se rétrécit à chaque pas. A droite, on a le Cédron, les talus en gradins du Moriah et l'enceinte de la ville.

(1) Le R. P. Germer, des Augustins de l'Assomption, soutient que cette pierre, dite de Bethphagé, est la pierre du Colloque, dont nous parlerons plus loin. (*Echo de Notre-Dame de France*, septembre 1891.)

Presque en face du jardin de Gethsémani, on aperçoit, dans la muraille d'enceinte, l'extérieur de la porte Dorée. On fait remonter cette porte à Salomon; les ornements, au moins, ne sont que du temps d'Hérode.

Bientôt on rencontre la route qui mène à Béthanie et à Jéricho, et le pont sur lequel Notre-Seigneur dut traverser le Cédron en allant chez Anne. Nous commençons à avoir à notre gauche le mont du Scandale, ainsi appelé parce que Salomon y avait bâti des temples en l'honneur des dieux de ses femmes païennes. Au bas de la montagne, sur les bords du torrent, près du pont, nous trouvons d'abord le tombeau d'Absalon. Ce prince n'est pas enseveli ici, mais c'est le tombeau qu'il s'était préparé. Le monument se compose de trois parties : un rectangle, une maçonnerie en forme d'urne, une pointe cylindrique, surmontée d'un bouquet de palmes. La partie inférieure, taillée dans le roc, est monolithe. Cette forme est vraiment étrange.

Derrière ce tombeau, contre la montagne, était le tombeau de Josaphat, ou plutôt un cénotaphe élevé en l'honneur de ce roi. Aujourd'hui, il est caché sous un amas de pierres et l'on ne peut y pénétrer.

Quelques pas plus loin est le tombeau de saint Jacques le Mineur. Extérieurement, on aperçoit quelques colonnes réunies par une architrave, au-dessus de laquelle règne une frise surmontée d'une corniche. Comme le monument est à une certaine hauteur au-dessus du sol, il faut escalader la montagne pour y arriver. On y pénètre par une petite ouverture latérale, en se baissant. On se trouve alors sous le porche, d'où l'on entre dans le caveau. Il se compose de quatre chambres, qui contiennent plusieurs loges en forme de fours ou de lits funéraires. Ce tombeau, à part le portique, est donc creusé dans le rocher. Aux débris que l'on y rencontre, on voit qu'il doit servir de refuge aux bergers.

En sortant du tombeau de saint Jacques, on se trouve de suite sur la petite esplanade qui règne autour du tombeau de Zacharie, fils de Barachie. Ce tombeau est un monolithe carré, complètement détaché du roc. Sur ses quatre faces, on voit des colonnettes avec chapiteaux; une corniche règne ensuite tout autour. Enfin, le carré est surmonté d'une pyramide. L'ouverture de ce tombeau n'est pas visible.

Tout autour, on a accumulé un grand nombre de tombes. Nous sommes d'ailleurs, ici, dans le séjour des morts. La vallée de Josaphat, selon la tradition, doit être le lieu du jugement dernier; les juifs et les musulmans ont aussi cette croyance. Aussi, pour se trouver tout prêts au grand jour, ils aiment à se faire enterrer dans la vallée et sur les pentes environnantes. On marche au milieu des pierres tombales; bref, l'on peut faire ici une bonne méditation sur les fins dernières [1].

Au sortir de ces tombeaux, on se trouve à l'angle sud-est du Moriah, et l'on a, à droite, les pentes de l'Ophel. Du même endroit on voit, à gauche, le village de Silouan ou Siloé. Ce village, habité par des musulmans fanatiques, qui commencent cependant à voir l'étranger de moins mauvais œil, est curieusement suspendu et accroché en étages aux flancs de la montagne. En avant du village de Siloé, on aperçoit, creusé dans le flanc de la montagne, à une certaine hauteur, un petit monument jaunâtre, carré comme un dé à jouer; on croit que c'était un tombeau. Ce monument est curieux, parce qu'on lui attribue une architecture égyptienne.

[1] Voir l'appendice K.

Le chemin que nous avons suivi jusque-là se bifurque. Un sentier va au village, l'autre traverse le lit du Cédron et passe sur la rive droite. En suivant ce dernier, on arrive sur une espèce de petite place où se trouve la « Fontaine de Siloé. » Cette fontaine est encore appelée par les musulmans : fontaine de Madame Marie *(Aïn Silti Mariam)*, parce que la sainte Vierge y serait venue laver les vêtements de l'enfant Jésus, lors de la Présentation. Elle est située au pied de l'Ophel, et est précédée d'une voûte en ogive, à laquelle on parvient par un escalier extérieur de dix-sept marches. De cette voûte, on descend encore un escalier dont les parois sont taillées dans le roc, et l'on arrive à la source. Elle déverse aussitôt ses eaux dans un canal souterrain creusé dans le rocher, probablement par Salomon, et qui va aboutir, 540 mètres plus loin, à la piscine de Siloé. Ce canal a 2^m83 de hauteur et 0^m00 de largeur.

Je ne tente pas de le suivre. Je reviens plutôt prendre le chemin qui suit le torrent du Cédron. A ma gauche, j'ai des jardins que l'on appelle « Jardins du Roi; » c'est l'unique endroit de Jérusalem où l'on puisse cultiver des légumes pendant toute l'année; c'est même le seul que j'ai vu cultivé, ou à peu près. Plus bas, à la pointe de l'Ophel, on trouve l'étang de Siloé et la piscine du même nom. Cette piscine est en plein air; à l'une des extrémités, une arcade conduit à un petit bassin où débouche le canal dont j'ai parlé. Au moment où j'arrive, plusieurs musulmanes, occupées à leurs ablutions, me font signe d'attendre quelques minutes. Bientôt elles sortent et m'invitent à entrer; mais elles réclament *bakchiche* pour leur promptitude à me laisser le champ libre. Je ne me crois pas obligé de les satisfaire. La piscine de Siloé est célèbre dans l'Evangile. Jésus-Christ y envoya l'aveugle-né se laver après l'avoir guéri (1). Les premiers chrétiens y avaient bâti une chapelle. Autrefois cette piscine faisait partie de la ville.

En revenant vers le sud-est, on longe l'étang de Siloé, à l'extrémité duquel on voit un tertre surmonté d'un mûrier. C'est le lieu du martyre d'Isaïe. Un enfant a établi une balançoire aux branches de l'arbre; je le vois s'en amuser. Il ne pense pas, bien certainement, au grand souvenir que je viens vénérer ici.

Je descends toujours la vallée de Cédron, et j'arrive près d'un puits recouvert d'une construction et appelé *Bir 'Ayoub*. Quelques-uns y voient le puits où fut caché le feu sacré pendant la captivité (2). Un autre petit monument, situé tout près, est un lieu de prière pour les musulmans.

Un peu plus loin, au pied de la montagne, se trouve l'établissement des lépreux. Il a été construit en 1875. C'est un bâtiment rectangulaire, composé de cinq chambres et d'une terrasse. Actuellement il est habité par une quarantaine de personnes. J'entre, mais je ne vois qu'un ou deux de ces malheureux; les autres sont allés mendier en ville. Ce sont les moins malades qui soignent les autres; les sœurs de Charité viennent aussi les visiter. La lèpre est, en somme, moins horrible à voir que je ne l'aurais cru. La peau de ceux que j'ai vus était noire et noueuse; les jointures surtout ont ces nodosités; je n'ai pas remarqué de plaies proprement dites; j'ai vu cependant des hommes ayant les extrémités rongées par le mal. Les visiteurs se font un devoir de remettre une offrande à ces pauvres déshérités.

---

(1) *Joann.*, ix, 7.
(2) *II. Mach.*, i, 19-20.

Je reviens sur mes pas, et, à l'extrémité de l'Ophel, tournant à gauche, j'entre dans la vallée de Hennom. Cette vallée s'appelle encore vallée de Tophet ou de Géhenne, c'est-à-dire de Carnage, parce que les Hébreux y avaient élevé une statue de Moloch, auquel ils immolaient des enfants au son du tambour (1). C'est un profond ravin creusé entre le mont Sion et le mont du Mauvais-Conseil. Le figuier et l'olivier y sont très abondants.

Je monte sur le mont du Mauvais-Conseil, ainsi appelé parce qu'Anne avait ici une maison de campagne où se réunit le conseil qui décida la mort de Jésus. Sur ce mont, on voit un tombeau avec une belle frise, appelé tombeau d'Anne, et aussi le champ d'Haceldama, qui renferme un vaste monument voûté en ogive, mais creusé en contre-bas; ce monument a servi de cimetière.

Je redescends alors de la montagne dans la vallée. Au haut de cette vallée on voit, à gauche, un champ qui sert de charnier. J'y ai vu des cadavres d'animaux à moitié rongés et exhalant une fort désagréable odeur.

Ensuite je remonte les pentes du Sion et passe près d'une école protestante coquettement bâtie. De là, venant près du Cénacle, je côtoie l'emplacement de la maison où Marie se retira avec saint Jean après l'Ascension, et où elle mourut. Aucun édifice ne s'élève aujourd'hui en ce lieu. Un peu plus loin, près de la porte de Sion, on remarque l'endroit où le cortège funèbre de Marie fut arrêté par des Juifs. Autrefois il y avait une chapelle; on n'y voit plus que des ruines.

Il nous reste maintenant à visiter l'ouest et le nord-ouest des environs de la Ville sainte. Mais avant de

---

(1) En hébreu *Tophet*.

commencer notre excursion, disons quelques mots de l'hôtellerie de Notre-Dame de France. Elle est située au nord-ouest de la ville, entre la porte de Jaffa et celle de Damas, en face d'une porte nouvellement ouverte, appelée porte des Francs. Ces bâtiments ont été construits sous l'inspiration des Pères Augustins de l'Assomption, pour abriter les membres du pèlerinage français de pénitence. Quand la maison sera achevée, elle comprendra trois ailes : celle du milieu, avec façade au nord; celle de droite, regardant l'ouest; celle de gauche, regardant l'est. La chapelle sera au milieu de la façade principale; des cours et des jardins rempliront les intervalles.

Durant l'année, les Pères de l'Assomption y tiennent quelques religieux pour surveiller les travaux et recevoir les pèlerins qui se présentent. Actuellement, l'aile occidentale est achevée, la façade principale ne l'est qu'à moitié; il faut que les pèlerins se montrent généreux s'ils veulent avoir un monument digne de représenter la France. M. le consul général de France a insisté sur ce point, dans une réunion tenue à Notre-Dame de France, le dimanche 10 mai. La chapelle actuelle n'est que provisoire; le réfectoire sera aussi bâti plus tard; pour le moment, c'est le corridor du rez-de-chaussée qui en tient lieu. A Notre-Dame de France nous avions la vie de famille, pour ainsi parler. Chaque soir après souper nous assistions au salut et au mois de Marie. Le jour de l'Ascension, nous eûmes notre petite fête; on avait invité les représentants de toutes les maisons religieuses d'hommes de la ville; nos confrères logés à *Casa Nova* vinrent aussi partager notre repas. Ici nous nous sentons vraiment chez nous [1].

---

[1] Voir l'appendice L.

Si nous étions malades, nous n'avions qu'un pas à faire pour être à l'hôpital Saint-Louis, élevé aux frais du comte de Piellat. Cet hôpital, fondé en 1880, est spécialement pour les catholiques et les musulmans; c'est une belle construction romane avec jardins, chapelle et vastes salles; il est tenu par les sœurs Saint-Joseph.

Dirigeons-nous maintenant vers la porte de Jaffa. A l'ouest de cette porte s'étend, pour ainsi dire, une nouvelle ville, habitée par des Européens et par des juifs, possédant les uns d'élégantes villas, les autres des maisons neuves, mais petites. On y voit le consulat français. C'est M. Ledoulx qui représente actuellement la France à Jérusalem et qui est le protecteur des Lieux Saints; il s'acquitte de sa charge avec beaucoup de zèle et de tact (1). Habituellement, Son Excellence nous recevait à notre entrée dans la ville. Cette année il avait été appelé à Jaffa pour s'occuper du renflouage du *Seignelay*, vaisseau qui était venu s'échouer sur les rochers de Jaffa. A son retour, il vint nous voir, et deux fois il présida notre repas ou nos réunions. Dans chaque circonstance il sut nous adresser quelques paroles vibrantes de foi et de patriotisme. Il serait trop long de rapporter ici les beaux discours qu'ils nous a faits; ils ont paru dans l'*Echo de Notre-Dame de France* de juillet 1891. Qu'il nous suffise de dire que M. Ledoulx a promptement gagné nos cœurs et nos sympathies. Au physique, M. le consul reflète la bonté de son cœur; il a un visage affable et souriant; les cheveux et la barbe commencent à grisonner et lui

---

(1) M. Ledoulx avait le titre de consul général personnel. Le consulat de Jérusalem dépendait cependant de celui de Beyrouth. A la fin de cette année 1891, il a été élevé au rang de consulat général.

donnent un air de paternelle autorité. Puisse-t-il rester longtemps à Jérusalem pour y protéger les œuvres catholiques et françaises !

Les Russes aussi ont ici leur consulat, une belle église, un vaste hôpital ou hospice. J'aurais voulu visiter au moins l'église russe, je l'ai trouvée fermée ; mais l'ensemble de ces constructions révèle la grandeur des sommes que la Russie ne craint pas d'employer pour accroître son prestige en Terre Sainte.

Derrière ces établissements, on peut visiter la petite église des sœurs de Marie Réparatrice. Chaque jour ces religieuses ont l'adoration perpétuelle et le salut.

Enfin, presque en face, on voit l'église anglicane de Saint-Paul.

Dans ce faubourg, il faut signaler encore un orphelinat allemand pour les petites filles, dirigé par des diaconesses. Voilà quels sont les efforts du schisme et de l'hérésie ; ils doivent exciter les catholiques à ne pas se laisser dépasser.

Revenons à la porte de Jaffa, et dirigeons-nous vers le sud-ouest. Nous apercevons en face de nous un vaste établissement connu sous le nom d' « École professionnelle de Saint-Pierre. » Il est dirigé par les Pères de Sion ; c'est le P. Ratisbonne qui l'a fondé en 1882. Aujourd'hui, c'est le P. de Chaumontel qui en est supérieur. Nous y avons été invités à une petite séance, le lundi 10 mai. M. le consul présidait. Les jeunes gens et les enfants nous débitèrent quelques poésies et nous dirent quelques chansons vraiment très bien. Un des acteurs, qui est revenu le plus souvent, nous a enchantés ; malheureusement, c'est le fils d'un rabbin. Après la séance, nous visitâmes les ateliers de cordonnerie, d'ébénisterie, de confection de vêtements. Outre l'école professionnelle, les Pères ont encore une école ordinaire pour l'instruction des enfants. Leurs élèves portent un petit costume gris, simple, mais gracieux. N'oublions pas de mentionner la fanfare de l'établissement ; elle est excellente, et nous devons lui voter des remerciements pour l'empressement avec lequel elle a voulu égayer nos petites fêtes françaises.

Et maintenant notre promenade autour des murs est terminée ; nous connaissons Jérusalem. Nous avons vu les maisons religieuses, françaises ou autres, qui y travaillent à la gloire de Dieu ; aidons-les de nos prières et aussi de notre bourse. Ce sera faire acte à la fois de chrétiens et de Français : de chrétiens, parce que nous contribuerons à étendre le règne de Dieu dans les âmes ; de Français, parce que nous aiderons notre pays à garder son prestige sur ces esprits arabes, pour lesquels les Européens sont tous des Francs, comme si la France était, de droit, la tête de l'Europe et du monde.

CHAPITRE XVI

LE JOURDAIN ET SES ENVIRONS

Il faut deux jours et demi pour faire l'excursion du Jourdain, de la mer Morte et de Saint-Sabbas. Chaque année, le pèlerinage organise une caravane à cet effet. Il peut arriver cependant qu'en certains cas, la direction décline toute responsabilité ; c'est lorsque le temps est trop chaud. Alors, en effet, l'expédition n'est pas sans dangers. Cette année, nous ne trouvons aucun obstacle. Nous avions eu la chaleur en Samarie ; à Jérusalem nous avions eu des alternatives de chaleur et de froid réel : il était à supposer qu'au Jourdain nous aurions un temps convenable. Deux caravanes se forment : l'une à 30 fr., pour la course entière, l'autre à 37 fr. 50. La première devait aller à Jéricho, puis à la mer Morte, ensuite au Jourdain et enfin à Saint-Sabbas ; la seconde devait faire le même tour, mais en mettant le Jourdain avant la mer Morte. Cette dernière avait Morcos pour drogman ; le Frère Liévin et le Père Alfred en faisaient partie ; elle offrait toutes les garanties : c'est celle que je choisis. Ceux qui ont fait partie de la première sont revenus, les uns satisfaits, les autres mécontents ; sans vouloir juger, je crois que la seconde fut mieux organisée et mieux tenue. C'est le mardi 12 mai, vers une heure de l'après-midi, que nous sommes partis. Nous étions une quarantaine. Les chevaux sont venus nous prendre à la porte de Notre-Dame de France. J'en ai pris un qui n'était pas mauvais, mais dont la selle tournait continuellement, en sorte que j'ai réellement souffert moralement dans cette première étape. Le drogman Ibrahim m'a rendu beaucoup de services dans cette circonstance. Nous contournons les murailles nord et est de la ville ; nous traversons le Cédron en face du tombeau de la sainte Vierge, nous passons près de l'enclos Gethsémani et nous suivons la route de Béthanie, qui passe entre le mont des Oliviers et le mont du Scandale. Au sommet du col, on voit un champ où se trouvait, dit-on, le figuier maudit par Notre-Seigneur [1]. A une heure de Jérusalem, on aperçoit, à gauche, à un détour de la route, le village de Béthanie, suspendu à la montagne.

Béthanie est un village de 300 habitants, tous musulmans. Notre-Seigneur aimait à venir s'y reposer, lorsqu'il était à Jérusalem ; la maison de Lazare, Marthe et Marie, lui offrait une hospitalité large et empressée [2]. L'emplacement de cette maison appartient aux Franciscains ; autrefois une chapelle s'y élevait, aujourd'hui on ne voit plus qu'un jardinet entouré de murs. J'y ai cueilli une fleur en souvenir. Non loin de là, on voit aussi les restes d'un ancien couvent de Bénédictines, ainsi que la maison de Simon le Lépreux, ou plutôt son emplacement, car il n'en reste plus rien. C'est là que Marie-Madeleine versa un parfum précieux sur la tête du Maître, quelques jours avant la Passion [3]. Le seul monument que l'on puisse encore voir à Béthanie est

[1] *Matth.*, xxi, 19 ; *Marc.*, xi, 13, 14.
[2] *Luc.*, x, 38-42.
[3] *Matth.*, xxvi, 6, 7 ; *Marc.*, xiv, 3 ; *Joann.*, xii, 1-3.

le tombeau de Lazare. La porte s'ouvre sur un petit chemin à mi-côte. Une femme, qui est à la porte, nous donne des bougies. Après avoir descendu vingt-quatre marches, on arrive dans une salle dont la voûte est soutenue par de la maçonnerie. C'est là que se trouvait Notre-Seigneur, quand il cria à Lazare de sortir du tombeau. Dans cette chambre, on voit une maçonnerie carrée, qui sert d'autel aux Franciscains, lorsqu'ils viennent célébrer ici. Pour arriver au tombeau proprement dit, il faut descendre encore trois marches; il est entièrement vide et on ne voit même plus le banc ou le four à cercueil qui dut recevoir le corps de Lazare. C'est là qu'il se trouvait depuis quatre jours, lorsque Jésus le rappela à la vie [1]. Nous n'avons pas fait cette visite de Béthanie en allant à la mer Morte. Je l'avais faite seul, avec un de mes amis de Lyon, et cela vaut mieux, je crois; si l'on est en nombreuse compagnie, la visite devient longue et fastidieuse.

Quand on a traversé le village, on arrive à une bifurcation de routes. A droite, on peut aller voir la pierre du Colloque [2]. C'est une pierre qui indique l'endroit où Marthe vint à la rencontre de Notre-Seigneur, et où se tint le beau dialogue, rapporté par saint Jean [3], et que nous lisons à la messe des morts. Les bâtiments que nous voyons un peu à notre droite sont aux Grecs, qui y ont établi un couvent. C'est à la pierre du Colloque que je rencontrai un jeune Bédouin de douze à treize ans. Il voulut absolument nous accompagner. S'étant écorché le pied, il nous le montra en pleurant et en réclamant *bakchiche*; il avait l'air de nous dire : « C'est à cause de vous que je me suis fait mal; don-

---

(1) *Joann.*, XI, 1-46.
(2) Voyez la note, p. 240.
(3) *Joann.*, XI, 21-27.

nez-moi quelque chose à la place. » Le territoire sur lequel nous entrons est habité par des Bédouins, qui s'y considèrent comme chez eux, ne reconnaissant aucune autorité. Il nous a fallu prendre avec nous un *cheik*, sans quoi nous n'aurions pas été en sûreté. Les Bédouins auraient été dans le cas de faire un mauvais parti à ces étrangers, qui osaient venir chez eux sans permission et sans se mettre sous leur protection. Les Bédouins sont descendants d'Ismaël; leur type est beau et fier; ils mènent la vie nomade, habitent sous des tentes la plupart du temps ; ils sont libres comme l'air, et n'obéissent qu'à leurs *cheiks*. Il y a une certaine poésie grandiose dans cette manière de vivre au grand soleil, au milieu du désert, avec un cheval et quelques troupeaux pour toutes richesses. Les poètes ont chanté cette vie; j'ai compris, dans cette course de la mer Morte, qu'ils ont pu le faire avec une certaine vérité. Malheureusement ce genre de vie n'est pas favorable au sentiment religieux; sans doute le Bédouin croit en Dieu et à la vie future; le spectacle de la grande nature l'élève forcément jusqu'au Créateur; mais comme il n'a pas de demeure fixe, il n'a pas de temples, et par conséquent, si la religion est chez lui à l'état de sentimentalité, elle ne peut guère être à l'état de culte. Aussi les missionnaires ont-ils peu d'influence sur ces pauvres gens.

Mais reprenons notre route, ou plutôt prenons la gauche. Nous descendons bientôt, et arrivons à la fontaine des Apôtres en vingt minutes. Cette fontaine est ainsi nommée parce que les apôtres s'y sont certainement arrêtés toutes les fois qu'ils vinrent de Jéricho à Jérusalem. L'eau en est bonne. Deux heures après nous sommes à *Khan el Akhmar*. C'est une assez vaste enceinte, dont une partie est recouverte. Nous y faisons halte ; nos moukres s'empressent de préparer du café, qu'ils vendent très cher. Mais la chaleur est forte; on se résigne facilement. La tradition place en cet endroit la parabole du bon Samaritain [1]; il paraîtrait que de tout temps il y a eu ici une hôtellerie pour les voyageurs. Encore aujourd'hui, c'est un khan, c'est-à-dire un abri, où l'on peut entrer librement et passer la nuit, à condition que l'on ait avec soi tout ce qu'il faut pour se nourrir et se coucher. Le chemin monte, au sortir du khan, pour redescendre ensuite de plus en plus. A certains endroits, la route carrossable est coupée ou inachevée. Environ une heure avant d'arriver à Jéricho, on aperçoit, à gauche, un sentier le long de la montagne. Il conduit au fond d'un gouffre épouvantable, où est un couvent de Grecs non unis. Cette gorge étroite, creusée par un torrent, le Nahr el Kelt, est bien un des lieux les plus pittoresques que j'aie vus en Palestine. Un sentier circule le long des parois du rocher; j'aurais voulu avoir le temps d'y descendre. Nous arrivons cependant à la plaine. Bientôt nous traversons un ruisseau assez large, bordé d'arbustes. Nous passons près de l'endroit où Notre-Seigneur guérit deux aveugles [2], et vers six heures et demie nous sommes à Jéricho.

Jéricho, dont Josué fit tomber les murailles au son des trompettes sacrées [3], fut souvent visitée par Jésus-Christ. Plus tard on y mit un évêque suffragant de Césarée de Palestine. Après les croisades, elle ne fit plus que décliner. Aujourd'hui, on n'y voit guère qu'un groupe de pauvres petites cabanes, habitées par trois cents Bédouins. Cependant, depuis quelques années, il

---

[1] *Luc.*, x, 30-35.
[2] *Matth.*, xx, 29-34; *Marc.*, x, 46-52; *Luc.*, xviii, 35-43.
[3] *Josué*, vi, 20.

y a quelques maisons bâties à l'européenne, spécialement le *Jordan Hotel*, un hospice bâti par les Russes et une petite église russe. C'est au *Jordan Hotel* que nous nous rendons tout d'abord. Là une difficulté se présenta; il n'y avait pas à l'hôtel assez de chambres pour tout le monde; nous étions rompus et affamés, il fallait vite faire. On décida d'envoyer un certain nombre de pèlerins à l'hospice russe. C'était plus ennuyeux sans doute, mais enfin il fallait d'abord loger à l'hôtel les dames, le tour des messieurs viendrait après. Pour tirer d'embarras les directeurs de la caravane, nous nous offrons un certain nombre, et nous voilà partis. L'hospice russe n'est qu'à cinq minutes; il est bien conditionné et entouré d'un jardin fort beau. On nous conduit à notre dortoir; quatre lits, protégés par des moustiquaires, nous attendent; nous serons parfaitement. Nous retournons à l'hôtel pour souper. Là encore j'ai une légère déconvenue. J'avais pris ma place; une dame, qui arrive au dernier moment, me fait prier par le Père directeur d'aller en chercher une autre où je pourrai; elle désire être tout près de son frère. Cette brave dame, qui a dû voyager, sait très certainement qu'en arrivant dans un hôtel on se met aux places vides; mais à quoi bon insister? Enfin nous soupons gaiement et abondamment. Il faut certainement rendre justice à Morcos : tout est bien préparé et assez bon. On excusera ce soupir de satisfaction sensuelle! Nous étions si las et nous avions si grand besoin de nous restaurer!

Le lendemain 13 mai, on sonne le réveil à trois heures du matin. Trois quarts d'heure plus tard, après avoir reconnu nos chevaux tant bien que mal, nous nous acheminons vers le Jourdain. Il fait encore nuit; cependant bientôt le jour paraît. Nous passons devant les restes d'un château fort, qui occupe l'emplacement de la maison de Zachée [1], à ce que l'on croit. Nous chevauchons à travers la plaine de Jéricho; mon cheval est dispos : je suis presque toujours en tête, car je veux arriver des premiers, afin de vite célébrer au Jourdain. Au bout d'une bonne demi-heure, nous traversons l'emplacement de Galgala. C'est ici le premier campement des Hébreux en Terre promise [2]; Saül y fut reconnu roi d'Israël [3]. Le pays a l'air riche en végétation; autrefois il était très fertile; aujourd'hui on y voit des arbustes et des fourrés assez élevés. Le terrain, en certains endroits, est crevassé en forme de damier; cela provient du limon que le Jourdain débordé y dépose quelquefois. Cependant, la terre est ferme, et nous avançons facilement. Enfin, vers cinq heures, nous sommes sur les bords du fleuve. En cet endroit il est ombragé par de grands arbres et ses rives sont d'une fraîcheur que n'ont guère les autres paysages palestiniens. Le Jourdain vient du Grand-Hermon aux neiges éternelles, traverse le lac de Tibériade et se jette dans la mer Morte, après un cours de 120 kilomètres d'après le Frère Liévin, de 168 kilomètres d'après Mgr Mislin; ces auteurs comptent par lieues; le premier en compte trente, le second quarante-deux. Le Jourdain est d'un cours très rapide, à cause de la déclivité du terrain, depuis le lac de Tibériade jusqu'à la mer Morte. En hiver et au printemps il est assez large; on compte environ de trente à quarante mètres à l'endroit où nous sommes; les eaux en sont ordinairement grises, actuellement elles sont complètement jaunes. Nous sommes ici à

---

[1] *Luc.*, XIX, 1-10.
[2] *Jos.*, IV, 19.
[3] *I. Reg.*, XI, 15.

l'endroit où la tradition place le passage des Hébreux (1) et le baptême de Notre-Seigneur (2). La côte orientale est escarpée et à pic, la côte occidentale est basse, mais elle s'enfonce brusquement dans l'eau en maints endroits. Le fleuve décrit ici plusieurs courbes très accentuées. A la courbe supérieure, il s'est formé une espèce de bassin, où le courant est presque nul et la profondeur peu considérable. En arrivant, je dresse un autel sous l'ombrage d'un arbre magnifique, à deux pas du fleuve. J'y célèbre la messe du baptême de Notre-Seigneur. « Le murmure des eaux, comme dit Mgr Mislin, accompagnait le saint sacrifice de sa douce harmonie. » Après ma messe j'en sers une autre, et me rendant près du petit bassin dont j'ai parlé, je me mets à l'eau. Comme le courant est rapide cette année, le Frère Liévin a défendu de se baigner. Heureusement j'ai découvert ce petit coin ; heureusement encore, la masse des pèlerins ne nous voit pas : nous ne sommes guère que trois ou quatre, et c'est suffisant, car le bassin est étroit. On y est comme dans une baignoire ; assis j'ai de l'eau jusqu'au cou ; la seule différence, c'est que l'on peut changer de place et évoluer sur une dizaine de mètres. L'eau est excellente, elle est presque tiède et ce bain nous délasse. Quelle pensée peut-on avoir en prenant un bain dans le Jourdain, sinon de renouveler les promesses de son baptême ? Je le fais de tout cœur. Je me hâte ensuite d'aller boire mon café ; puis, vers huit heures, nous remontons à cheval et partons pour la mer Morte.

Plus nous avançons, plus le sol devient stérile. Aux broussailles verdoyantes succèdent des bruyères, puis du sable et des pierres. A neuf heures et demie,

---

(1) *Jos.*, III, 15-17.
(2) *Matth.*, III, 13-17 ; *Marc.*, I, 9 ; *Luc.*, III, 21.

nous atteignons le rivage. Le bord septentrional, sur lequel nous nous arrêtons, est couvert de cailloux et de débris de bois. Au premier abord, l'aspect de la mer Morte n'a rien de triste ; les eaux sont bleues, les monts de Galaad et de Moab en forment la ceinture, presque à pic, du côté de l'Orient ; et les monts de Juda l'enserrent à l'ouest. On dirait le lac du Bourget, moins les villages qui égaient ses bords (1). Mais quand on réfléchit aux causes qui ont amené la désolation de ce pays, on se sent envahi par la mélancolie. Autrefois l'emplacement de la mer Morte était occupé par la « vallée des Bois. » Cinq villes peuplaient cette vallée : Sodome, à l'angle sud-ouest ; Ségor, au nord-ouest de Sodome ; Gomorrhe, au nord-ouest de la mer ; Séboïm et Adama, dont l'emplacement n'est pas encore bien déterminé. La colère de Dieu vint un jour punir ces villes de leurs crimes. Cette région, d'origine volcanique, donna naissance à un cratère qui engloutit les villes coupables, tandis qu'une pluie de feu et de soufre en acheva la désolation (2). Depuis lors, la mort a succédé à la vie ; plus d'habitations sur ces bords empoisonnés ; la végétation y est devenue rare ; les animaux eux-mêmes semblent fuir ce rivage. Quelques canards sauvages viennent cependant de temps à autre prendre leurs ébats sur ces eaux, mais ils se hâtent bientôt de les fuir. C'est pour cela qu'on a appelé cette mer intérieure mer Morte. On l'appelle aussi mer *Asphaltite*, à cause de la composition de ses eaux. Elles contiennent surtout du chlore, du magnésium, du calcium, du so-

---

(1) Il y a cependant des auteurs qui font des bords de la mer Morte des descriptions toutes différentes. Je crois qu'en effet nous ne l'avons pas vue sous son aspect le plus terrifiant ; il faudrait pour cela en côtoyer le rivage du nord au sud.

(2) *Gen.*, xix, 24-25.

dium ; de là vient le goût très amer qu'elles ont. En apparence, c'est de l'eau ordinaire ; j'y ai trempé la main ; elle est onctueuse comme de l'huile. Un ou deux de nos compagnons s'y sont baignés ; on peut le faire sans danger, ou plutôt on ne peut guère s'y noyer, à moins de le vouloir. L'eau est si dense qu'elle vous porte comme du liège. Il y a cependant quelques précautions à prendre. C'est d'abord de ne pas nager à plat, car alors les jambes se soulèvent, la tête porte en avant et on goûte toutes les amertumes de la situation. En second lieu, il faut se couvrir le corps, pour éviter l'insolation. Enfin, il est bon de prendre ensuite un bain ordinaire, pour empêcher que le corps ne se couvre de pustules dues à la présence des matières corrosives contenues dans cette eau. La mer Morte est à quatre cents mètres au-dessous de la Méditerranée et à onze cents au-dessous de Jérusalem ; il y fait donc très chaud. Pour nous, nous n'avons pas extraordinairement souffert de la chaleur, elle n'a pas trop dépassé 30 à 35 degrés.

Après une halte d'une demi-heure, nous reprenons nos chevaux et nous rentrons à Jéricho. Le terrain généralement plat nous permet de galoper et à onze heures et demie nous sommes à l'hôtel. Après le dîner, je vais sommeiller en attendant le départ pour le mont de la Quarantaine. Ce départ a lieu à trois heures. Mais lorsqu'on vient nous réveiller, je suis trop en retard de la nuit dernière : je me remets sur le traversin pour prendre encore cinq minutes, et quand je rouvre les yeux, il est six heures. Je n'ai que le temps de dire un peu de bréviaire et d'aller souper. Je dis mon office dans le jardin de l'hôtel. Il est bien cultivé, les fruits y viennent en abondance. J'y ai vu des raisins très longs dont la graine était déjà grosse comme un petit pois.

A souper, mes compagnons me racontent le plaisir qu'ils ont eu dans leur excursion. Je regrette ma paresse. Le mont de la Quarantaine est au nord-ouest de Jéricho ; il fait partie du massif des monts de Juda ou d'Ephraïm. C'est là que Notre-Seigneur s'est retiré pendant quarante jours pour y jeûner et y prier (1). On part à cheval et l'on passe à la « Fontaine d'Elisée, » ainsi appelée parce que ce prophète en adoucit les eaux (2). Un peu au-dessus de la fontaine est l'emplacement de la maison de Rahab. Il faut une petite heure pour aller de Jéricho au pied de la montagne. Là, on quitte les chevaux, et en vingt-cinq minutes on arrive à la grotte où Notre-Seigneur passa les quarante jours. Cette grotte sert de chapelle à des moines grecs, qui y sont établis depuis 1874. On y remarque des peintures anciennes bien conservées. On peut, si l'on veut, monter jusqu'au sommet de la montagne où le démon tenta Jésus-Christ. Mais la course est longue; notre caravane ne l'a pas faite. A six heures tous étaient de retour.

Le lendemain 14 mai, après la messe célébrée à quatre heures, nous partons pour Saint-Sabbas. Mon moukre a changé ma selle, et je me mets en route le dernier. Nous reprenons d'abord le chemin de Jérusalem. Au bout d'une heure et demie à peu près, nous nous séparons en deux groupes : les uns rentrent directement à Jérusalem, les autres, et je suis du nombre, vont faire le tour par Saint-Sabbas. Pendant plus de trois heures, nous chevauchons à travers des ravins et des montagnes, ne descendant d'une hauteur que pour escalader la suivante. Toute cette route est un désert affreux. Nous ne voyons presque pas d'arbres,

---

(1) *Matth.*, IV, 1-11; *Marc.*, I, 12, 13; *Luc.*, IV, 1-13.
(2) *IV. Reg.*, II, 22.

pas même de broussailles ; des pierres, une herbe maigre et de temps en temps un champ de blé, voilà tout. Les coins ensemencés deviennent plus fréquents aux approches du monastère.

Environ une demi-heure avant d'arriver, nous rencontrons la vallée de Cédron ; nous sommes au-dessus. En cet endroit elle forme un gouffre profond. Le Cédron s'est creusé un lit entre deux immenses parois de rochers. Les gorges du Fier en Savoie, celles de Trient dans le Valais, peuvent en donner une idée, avec cette différence que les gorges du Cédron sont plus larges et à sec en été ; mais elles sont au moins aussi profondes. Suspendues à la paroi du rocher et bâties en escalier, se trouvent les constructions du couvent.

Dans son ensemble, ce couvent ressemble à une forteresse. Tout autour, on voit dans le rocher des grottes qui servaient d'habitation aux anciens anachorètes. Actuellement le couvent est habité par une quarantaine de moines grecs. Autrefois il fut le centre d'une *laure* (1) très importante : saint Euthyme, saint Sabbas, saint Jean Damascène, y vécurent. Lorsqu'on arrive devant la porte massive, un moine, du haut d'une tour, fait descendre un panier dans lequel on dépose la permission de visiter, accordée par le patriarche grec de Jérusalem. Quand la porte d'entrée est ouverte, on descend quelques marches, et l'on se trouve dans une cour pavée. Sur la droite est le divan

---

(1) On appelle *laure* une agglomération plus ou moins considérable de cellules ou de grottes, habitées par des anachorètes. Ces religieux vivaient sous la conduite d'un même supérieur, mais ils menaient la vie solitaire et se réunissaient seulement le dimanche, dans l'église située au centre de la *laure*. Nos chartreuses peuvent donner une idée de ce qu'étaient les *laures*; mais, dans ces dernières, les cellules n'étaient pas reliées entre elles, elles étaient séparées et quelquefois assez éloignées les unes des autres.

où l'on reçoit les étrangers. Nous nous y installons et l'on nous y sert un dîner dans le goût de la Samarie ; je ne mange pas et je préfère dormir un peu. Nous sommes rejoints par quelques pèlerins qui arrivent de Jérusalem ; ils apportent avec eux quelques douceurs, qu'ils partagent avec les amis. Étant fatigué, j'ai commis l'indiscrétion d'en demander un peu. Cela ne m'a guère servi.

Vers une heure, nous visitons le monastère. Nous voyons d'abord dans la cour une petite rotonde, qui est le tombeau de saint Sabbas, mais les restes du saint n'y sont pas. Tout près est l'église Saint-Nicolas ; on y remarque un grand nombre de crânes ; ce sont les restes des anachorètes martyrisés sous Chosroès. Nous entrons ensuite dans le monastère proprement dit : c'est un vrai dédale d'escaliers, de cellules, de chapelles. Il est absolument impossible de s'y reconnaître. Nous voyons la chapelle du couvent. Elle vient d'être restaurée et a de beaux tableaux. De là nous passons sur une étroite terrasse, d'où nous dominons le lit du torrent : dans un coin, à gauche, nous apercevons un palmier, que l'on dit planté par saint Sabbas. Plus loin c'est la chapelle et la grotte de saint Jean Damascène. Nous visitons ensuite la grotte de saint Sabbas, dans laquelle eut lieu le miracle du lion, obéissant à la voix du saint et se couchant à ses pieds. Chemin faisant, nous jetons un coup d'œil sur les cellules des moines ; elles sont petites et mal tenues. Les moines, du moins ceux que j'ai vus, portent une tunique bleue serrée à la ceinture et une espèce de bonnet. On dit que leur vie est très austère.

Cependant il est deux heures ; il faut songer au retour. Nous nous mettons en selle, et, pendant trois heures, nous suivons presque constamment la vallée de Cédron. Nous étions en marche depuis une heure à peine, quand ma selle tourne tout doucement et me dépose sur le sol. Depuis ce moment mon cheval se sent le maître; impossible de le faire avancer convenablement. Nous arrivons cependant à l'endroit où la vallée de Cédron se relie à la vallée de Josaphat. Nous passons près de Bir-Ayoub et des Lépreux. Alors j'abandonne ma monture à ses volontés et je perds de vue le reste de la caravane, qui va faire le tour par l'est de Jérusalem. Pour moi, je prends la vallée de Hennom, celle de Gihon et j'arrive clopin-clopant, tout honteux de ma bête, mais devançant malgré tout le gros de la caravane, qui a pris le plus long chemin. Ici, j'ai affaire avec un affreux nègre, qui veut avoir *bakchiche* parce que mon cheval lui appartient. Comme mon individu n'en a pas eu soin, et que je ne l'ai jamais trouvé aux haltes, je lui refuse carrément. Ainsi s'est terminée cette course ; en somme, elle a été moins fatigante que je ne l'aurais cru. Nous devons remercier le bon Dieu, qui nous a donné un temps bien passable. On voulait me dissuader d'aller à Saint-Sabbas, ce qui, en effet, est un surcroit de fatigue appréciable ; après avoir fait le voyage, je suis bien aise de ne pas m'être laissé persuader. Saint-Sabbas est certainement un des points de vue les plus pittoresques de ces pays.

CHAPITRE XVII

BETHLÉEM. — SAINT-JEAN IN MONTANA

La course de Bethléem est une des premières que j'aie faites en arrivant à Jérusalem. C'est le mardi 5 mai et le mercredi 6 que j'ai fait ce pèlerinage. J'avais voulu me trouver à Bethléem, seul ou à peu près, afin de pouvoir célébrer à la grotte même de la Nativité. J'avais eu soin de me procurer, chez le R. P. Jérôme, non seulement un billet de logement pour les Franciscains de la ville, mais encore un billet de célébration à la grotte, ce qui est absolument différent. Je partis de Notre-Dame de France avec trois de mes confrères lyonnais, dans une voiture louée par nous. Nous mettons une bonne heure pour faire le chemin. Il est nuit quand nous arrivons au couvent : nous sonnons et on nous introduit dans le réfectoire, où déjà dix à douze prêtres soupaient. Comment allons-nous faire pour dire nos messes ? Une grande discussion s'engage. La plupart n'ont qu'un billet de logement et non de célébration; ils voudraient que l'on célébrât dans l'ordre où l'on est arrivé; la difficulté vient de ce que l'on ne peut pas dire de messe à la grotte entre quatre heures et neuf heures du matin, parce qu'alors la grotte est occupée par les Grecs et les Arméniens. Or, nous sommes treize, et treize messes en quatre heures !.... Le Père gardien se montre aimable. Ceux qui ont un billet de célébration passeront les premiers, puis les autres, autant qu'il sera possible. On ne perdra point de temps : tandis que l'un dira la messe, le suivant s'habillera à la sacristie, descendra et commencera pendant même que le précédent récitera le *Salve Regina* au bas de l'autel ; enfin on se servira mutuellement la messe. Cette véritable manœuvre nous est singulièrement facilitée par un jeune abbé, qui se charge de tout, même de nous réveiller ; il avait pris nos noms et nos numéros de chambre dans l'ordre voulu. Pour moi, je célébrai à une heure du matin: c'était presque l'heure où Notre-Seigneur était venu au monde dans cette même grotte. « *Puer natus est nobis*, » disait l'introït ; et ce même Enfant divin rehaissait en effet quelques minutes après dans mes mains.

Je remontai ensuite dans notre dortoir, car nous étions cinq dans la même chambre : mais je ne pus pas plus dormir qu'avant mon premier lever. Enfin, à cinq heures, je me lève définitivement, et je visite en détail l'établissement des Franciscains. Cet établissement, qui est contigu à la basilique de la Nativité, comprend le couvent proprement dit, avec réfectoire et cellules pour les étrangers, une école de garçons, et l'église paroissiale latine de Sainte-Catherine. Cette église est romane et a trois nefs ; elle ne date que de 1881, époque à laquelle elle en a remplacé une autre devenue insuffisante. C'est de cette église que les Latins pénètrent dans la basilique pour descendre ensuite dans les grottes par un escalier d'une quinzaine de marches. La grotte de la Nativité est pratiquée dans le rocher, elle a douze mètres de long et trois ou quatre mètres de large; sa configuration est très irrégulière, elle est plutôt rectangulaire. Le pavé et la paroi du rocher ont été recouverts de plaques de marbre. Au bas de l'escalier dont j'ai parlé, on voit immédiatement à gauche le lieu où est né Notre-Seigneur. Cet endroit est en forme d'abside; sur le sol est une plaque de marbre, sur laquelle a été clouée une étoile d'argent; autour de l'étoile on lit : « *Hic de virgine Maria Jesus Christus natus est* (1). » Les Latins ne peuvent pas célébrer en cet endroit: les Grecs et les Arméniens y placent une table quand ils disent la messe. En 1847, les Grecs avaient enlevé l'étoile; elle fut replacée; en 1873, ils voulurent recommencer : dès lors les Franciscains obtinrent qu'un soldat de la garnison de Bethléem serait constamment en sentinelle devant la sainte Crèche. Jour et nuit, on voit donc, immobile comme une statue, un soldat turc veillant sur l'endroit où est né le divin Sauveur (2).

A quelques pas de ce saint lieu, sur la gauche, on descend, par trois marches, à une seconde grotte longue de 3m50 et large de 2m30. Le sommet en est soutenu par trois colonnes de marbre. A droite, on voit dans le rocher une excavation en forme de crèche : c'est ici que l'enfant Jésus fut déposé par sa Mère. En face est un autel dédié aux mages : c'est là que les Latins peuvent célébrer le saint sacrifice. L'autel est surmonté d'un tableau représentant l'adoration des mages. Le bois de la Crèche est depuis longtemps à Rome, dans l'église de Sainte-Marie Majeure.

On peut alors visiter quelques autres grottes contiguës à celle de la Nativité. Un couloir mène d'abord à

---

(1) Ici Jésus-Christ est né de la vierge Marie.
(2) *Luc.*, II, 4-7.

une chapelle dédiée à saint Joseph, parce que ce serait ici qu'il reçut l'ordre de partir en Egypte (1). On arrive ensuite dans la chapelle des Saints-Innocents (2) ; sous l'autel est le caveau dans lequel les saints martyrs auraient été inhumés. De là on prend un couloir, où l'on voit un autel élevé en l'honneur de saint Eusèbe, disciple de saint Jérôme, et supérieur, après lui, du monastère de Bethléem, et l'on arrive à la chapelle des Tombeaux. Contre le mur, en face de soi, on trouve le tombeau de saint Jérôme. Ce saint docteur vint s'établir à Bethléem et y fonda un monastère, où il passa les dernières années de sa vie. On l'ensevelit dans cette grotte, tout près de la Crèche, où il aimait tant à venir prier et pleurer. Plus tard son corps fut transporté à Rome et déposé dans l'église de Sainte-Marie Majeure. En face du tombeau de saint Jérôme, on voit celui de sainte Paule et de sainte Eustochie, sa fille. Paule vint se fixer à Bethléem, et là, sous la conduite de saint Jérôme, elle fonda un monastère de vierges. A sa mort, on la déposa dans la grotte où nous sommes. Quinze ans plus tard, sainte Eustochie mourut à son tour et vint reposer près de sa mère. De la chapelle des Tombeaux on passe dans une autre grotte appelée Oratoire de saint Jérôme, parce que, d'après la tradition, il s'y retirait pour vaquer à la prière et à l'étude.

Au-dessus de ces cryptes, consacrées par tant de souvenirs, s'élève la basilique de la Nativité. Cette basilique a remplacé une chapelle bâtie par les premiers chrétiens, et démolie sous Adrien. Construite par sainte Hélène, restaurée par Justinien, plusieurs fois réparée dans la suite des âges, elle appartient aujourd'hui aux

---

(1) *Matth.*, II, 13-14.
(2) *Matth.*, II, 16-18.

Grecs et aux Arméniens schismatiques, qui se servent du chœur et du transept comme d'église paroissiale. Les nefs ont été converties en marché. Cependant les Franciscains ont conservé une clef de la basilique et ont gardé le droit de passage dans le chœur. L'église a cinq nefs longues de trente-trois mètres, séparées par des colonnes monolithes rouges veinées de blanc. Le toit n'est pas en forme de voûte; c'est une simple charpente, dont les poutres sont visibles à l'intérieur. Les schismatiques ont défiguré ce beau monument en élevant un mur entre les nefs et le chœur en 1842. Le chœur et les transepts sont terminés chacun par une abside.

Cependant il nous faut songer au départ. Les bons Pères nous servent à déjeuner et nous allons prendre une voiture pour rentrer à Jérusalem, nous promettant bien de revenir visiter les environs. A peine sommes-nous sortis du couvent que nous pouvons admirer la situation pittoresque de Bethléem. Ses maisons sont en partie suspendues au flanc de la montagne, et en partie bâties sur le sommet. La grotte de la Nativité et le couvent des Franciscains sont placés à l'extrémité orientale de la ville. On y entre en venant de Jérusalem par le côté de l'ouest. Bethléem est la patrie de Booz et de David. Ce dernier y fut sacré roi par Samuel [1]. La ville est à huit cent quarante-six mètres au-dessus du niveau de la mer. On y compte six mille habitants, en majorité catholiques. Les Bethléémites sont industrieux et travailleurs; ils fabriquent beaucoup d'objets de piété; ils sont habiles surtout sur la nacre, qu'ils sculptent avec goût. Malheureusement ils vendent fort cher. J'ai visité un petit atelier : j'y ai marchandé un

---

[1] *I. Reg.*, xvi, 13.

camée fort bien dessiné et large comme un écu de cinq francs ; on me l'a fait dix francs.

Dans l'intérieur de la ville, outre les Franciscains, il y a encore des prêtres du Sacré-Cœur, des Carmélites, des sœurs de Saint-Joseph. Un prêtre du patriarcat, dom Belloni, dirige un orphelinat de garçons ; il a été très aimable pour les pèlerins. Enfin les Frères des Ecoles chrétiennes viennent d'y fonder un noviciat.

Aux alentours de Bethléem on peut visiter la grotte du Lait, Beït-Sahour ou village des Pasteurs, le champ de Booz [1] et la grotte des Pasteurs. Cette dernière grotte est à l'endroit où les bergers gardaient leurs troupeaux quand l'ange vint leur annoncer la naissance du Sauveur [2]. Les habitants de Beït-Sahour peuvent donc chanter en toute vérité :

> Les Anges, dans nos campagnes,
> Ont entonné l'hymne des cieux ;
> Et l'écho de nos montagnes
> Redit ce chant mélodieux :
> *Gloria in excelsis Deo !*

C'est avec un élan de cœur inexprimable que je redis en moi-même ce chant, qui a bercé notre enfance à tous, et que nous trouvions si délicieux, la nuit de Noël.

C'est de Bethléem que l'on part pour faire l'excursion d'Hébron. Je n'y suis pas allé ; la population en est fanatique, et l'on ne peut visiter le tombeau d'Abraham, la seule chose qui mérite d'y être vue. En route, on trouve bien le chêne de Mambré, appelé aussi chêne d'Abraham, mais je me le représente aisément et je ne

---

[1] *Ruth*, II, 3.
[2] *Luc.*, II, 8-14.

trouve pas cette raison suffisante pour faire une course aussi longue et aussi pénible (1).

C'est encore de Bethléem que l'on va voir les Vasques de Salomon, et le jardin fermé, « *hortus conclusus* (2). » Les Vasques de Salomon sont des bassins destinés à recevoir les eaux de la pluie et d'une fontaine voisine pour les distribuer ensuite par des canaux dans les environs. Ces bassins sont remarquables par leur étendue le plus grand a cent soixante-dix-sept mètres de longueur, sur soixante-quatre de largeur et quinze de profondeur. Le jardin fermé est dans le fond d'une vallée étroite; il est si fertile, par suite de la chaleur qui s'y concentre et des eaux qui l'arrosent, qu'il peut produire jusqu'à cinq récoltes de pommes de terre par an.

L'ensemble des pèlerins est venu à Bethléem le samedi 9 mai. Il y a eu messe pontificale dans l'église Sainte-Catherine, et Mgr Denéchau a célébré à la grotte.

Mais revenons à Jérusalem. Nous avons fini par trouver une voiture. La route de Bethléem à Jérusalem est excellente et bien entretenue. Sur cette route, on trouve d'abord le tombeau de Rachel, à une demi-heure de Bethléem (3). C'est un monument carré et surmonté d'une coupole. Un peu plus loin, on remarque, sur la droite, un vaste couvent : c'est le couvent grec non uni de Saint-Elie. Nous descendons de voiture pour aller le visiter; l'église en est assez belle et possède d'anciennes peintures. On trouve aussi dans ce couvent un puits dont l'eau est excellente; les pèlerins sont heureux de le rencontrer.

En approchant de Jérusalem, nous arrivons à la vallée

(1) Il faut en effet trois heures de voiture de Bethléem à Hébron et autant pour revenir. On trouve des voitures à Bethléem.
(2) *Cant.*, IV, 12.
(3) *Gen.*, XXXV, 19, 20.

de Raphaïm ou des Géants. David y battit deux fois les Philistins (1). Cette vallée est fertile et bien cultivée. Nous passons non loin du couvent des Clarisses, et enfin nous atteignons la porte de Jaffa.

A ce récit du pèlerinage à Bethléem il faut joindre celui du voyage à Saint-Jean du Désert. Les deux localités se trouvent du même côté de la Ville sainte, et, si l'on veut, on peut aller directement de l'une à l'autre. Cependant le chemin qui les rejoint est mauvais, et un guide est au moins très utile. Aussi j'ai préféré partir tout simplement de Jérusalem. Je sors de la porte de Jaffa, et tournant immédiatement à l'ouest, j'arrive bientôt à un cimetière musulman.

Au milieu de ce cimetière, je vais visiter l'ancienne « Piscine supérieure, » appelée aujourd'hui *Birket Mamilla*. C'est auprès de cette piscine, longue de cent mètres et large de cinquante, que Salomon fut sacré roi d'Israël (2). C'est aussi l'endroit où Isaïe prononça la prophétie célèbre : « *Ecce virgo concipiet et pariet filium* (3). » Telle est du moins l'opinion du Frère Liévin ; un autre sentiment place la Piscine supérieure à Siloé.

A l'est de cette piscine s'étend le « champ du Foulon. » Là, l'ange du Seigneur vint, une nuit, visiter les troupes de Sennachérib et mit à mort 185,000 hommes (4).

Je reviens sur la route que j'ai quittée. Je suis seul et à pied. Mon « Guide » entre les mains, j'arrive en vingt minutes au couvent grec de Sainte-Croix. Ce couvent a l'air d'une forteresse ; il sert aujourd'hui de séminaire aux schismatiques. L'église est bâtie au centre

(1) *II. Reg.*, v, 18 et 22.
(2) *II. Reg.*, I, 38, 39.
(3) Voici qu'une vierge concevra et enfantera un fils. (*Is.*, VII, 14.)
(4) *IV. Reg.*, XIX, 35.

du monastère. Elle a été élevée par Héraclius à l'endroit où, d'après une tradition, aurait été coupé l'arbre dont on fit la croix du Sauveur. Cette église est à trois nefs; on peut y voir encore de nombreuses peintures à fresque; mais on ne les entretient pas et elles tombent de vétusté. Cette visite demande un petit quart d'heure, et on n'a pas lieu de le regretter.

Pendant près d'une heure ensuite, il me faut continuellement monter et descendre; je traverse ainsi dans le sens de la largeur trois ou quatre petites vallées. Enfin j'atteins la grande route, nouvellement faite, de Jérusalem à Saint-Jean. J'aperçois bientôt le village, bâti sur le sommet et sur les pentes d'un mamelon peu élevé, au milieu d'un cirque de montagnes. Je descends pendant près d'une demi-heure, et, à travers un dédale de ruelles, j'arrive au couvent des Pères Franciscains.

Après avoir reçu ma chambre, je vais voir le sanctuaire de la Visitation, situé sur les pentes qui sont en face du village. On passe devant une fontaine pittoresque qui s'appelle Aïn-Karem, et qui a donné son nom au village. Au bout de dix minutes, on arrive à la chapelle. Cette chapelle a été élevée à l'emplacement d'une maison de campagne, qui aurait appartenu aux parents de saint Jean-Baptiste. Quand Marie vint voir sa cousine, c'est là qu'elle la trouva, et là par conséquent qu'elle laissa échapper de son cœur le *Magnificat* (1). A côté de la chapelle, on peut visiter les ruines assez vastes d'un ancien couvent.

Le « Guide » du Frère Liévin indique que, pour visiter le sanctuaire du *Magnificat*, il faut s'arrêter à une porte en fer. Or, il y en a deux entre lesquelles on peut hésiter. J'entrai d'abord par la première; je me trouvai

(1) *Luc.*, I, 39-55.

alors dans un petit jardin en pente, au sommet duquel je voyais une chapelle. Je fus bien surpris, en arrivant, de me voir au milieu de religieuses grecques chantant leur office du soir. Il m'a semblé qu'elles menaient, au moins quelques-unes, la vie anachorétique, car tout autour de la chapelle j'ai aperçu des cellules séparées les unes des autres. Comprenant que je m'étais fourvoyé, je me hâte de redescendre et de continuer mon chemin jusqu'à la seconde porte en fer.

J'ai trouvé au sanctuaire de la Visitation deux Franciscains en train de chanter le *Salve regina*. Ils viennent ainsi tous les soirs rendre leurs hommages à la Reine du ciel. Je reviens avec eux au monastère. En chemin, ils m'apprennent qu'ils sont Espagnols, que leur couvent d'Aïn-Karem est une espèce de *sanatorium* pour leurs religieux malades. Ils me donnent aussi quelques renseignements sur le village. Saint-Jean dans les montagnes, Saint-Jean *in montana* (1), ou Aïn-Karem, compte 1,200 habitants, dont une centaine seulement sont catholiques. Les Franciscains desservent la paroisse et tiennent l'école des garçons. Les dames de Sion possèdent sur le sommet de la colline un couvent, un orphelinat et une école pour les filles. C'est dans le couvent de ces dames qu'est mort le P. Ratisbonne, il y a quelques années. On y montre encore sa chambre, laissée intacte, et sa tombe.

Cependant nous arrivons au couvent. Un souper excellent nous attend. Je trouve deux confrères avec les-

---

(1) C'est le terme reçu ; on devrait dire plutôt « *in montanis.* » L'erreur vient probablement de ce que saint Luc dit de Marie : « *Abiit in montana.* » On a tout simplement conservé cette formule, sans faire attention que, séparée de son verbe primitif, elle devenait fautive. D'ailleurs, on peut l'expliquer correctement en sous-entendant *regione.*

quels on peut faire bon ménage. Un domestique alsacien nous sert; un Frère italien nous tient compagnie; il est charmant de naïveté et de gaieté. Il parle français, mais il ne cesse de nous répéter qu'il le parle *comme une vache espagnole;* et c'est vrai, nous ne le lui aurions certainement pas donné à entendre. Je dois une mention ici au vin blanc d'Aïn-Karem; c'est bien un des meilleurs et des moins irritants que j'aie goûtés en Palestine.

Après souper, je monte dans ma chambre. Longtemps avant de me coucher, je reste accoudé à ma fenêtre. Le spectacle est enchanteur : le ciel brille de mille étoiles; au-dessous de moi, le village s'endort, et les dernières lumières s'éteignent; un pâtre lance dans les airs des roulades pures comme le firmament; je me croirais au milieu d'un paysage de la Suisse, avec cette différence que la Suisse n'offre pas un ciel semblable à celui-ci. Il faut cependant songer au repos; je m'endors bien doucement, savourant le plaisir d'être enfin seul dans ma chambrette : voilà bientôt deux mois que je n'ai pas eu ce bonheur, et je ne l'aurai plus qu'à mon retour.

Le lendemain 16 mai, je dis ma messe dans la grotte de la Nativité de saint Jean-Baptiste. Cette grotte, taillée dans le roc, est au fond de la nef gauche de l'église franciscaine. Elle formait autrefois une des chambres de la maison de saint Zacharie : c'est là qu'est né le saint Précurseur et que Zacharie prophétisa dans le *Benedictus* la vocation extraordinaire de son enfant[1]. Au moment où je termine ma messe, Mgr Koppès arrive et célèbre à son tour.

Après le déjeuner, je prends un âne et je vais avec

---

(1) *Luc.*, I, 57-79.

mes deux compagnons de la veille à Saint-Jean du Désert. Nous repassons d'abord devant la fontaine d'Aïn-Karem, puis devant le sanctuaire de la Visitation. Un sentier qui court le long de la montagne, et qui est à peine visible à certains passages, forme toute notre route. Or, nous avons de petites bêtes très orgueilleuses ; elles ne peuvent supporter que l'on dérange l'ordre adopté au départ, et lorsque le cas se présente, les voilà qui prennent le trot, et passent au bord des précipices au risque de nous jeter en bas. Nous traversons plusieurs petites vallées, dont quelques-unes sont plantées de vignes, et au bout d'une heure de chemin, nous arrivons à un petit monument appelé « Tombeau de sainte Elisabeth. » Une tradition, moins bien établie que d'autres, il est vrai, rapporte que sainte Elisabeth vint se retirer auprès de son fils, qu'elle y mourut, et qu'elle y fut ensevelie. Nous trouvons ici un gardien pour nous faire visiter la grotte de Saint-Jean. Il nous faut descendre par un sentier très raide jusqu'à cette grotte qui domine presque à pic la vallée du Térébinthe. En face de nous, sur la montagne, de l'autre côté de la vallée, nous apercevons le village de Shathâf. En descendant, nous rencontrons une source dont l'eau est excellente, et nous arrivons à une petite plate-forme, sur laquelle s'ouvre la grotte où saint Jean a passé sa jeunesse [1]. Cette grotte est naturelle, elle a cinq mètres de long sur trois mètres de large et deux mètres de haut. Elle est absolument nue ; au fond seulement est une pierre sur laquelle on dépose l'autel portatif quand on vient y dire la messe. Au-dessus de la grotte on remarque quelques ruines : ce sont celles d'un ermitage, qui aurait été habité par plusieurs

---

[1] *Luc.*, i, 80.

saints solitaires. Rappelons en passant que nous avons rencontré en chemin un bon nombre de caroubiers, dont les fruits en forme de siliques présentent vaguement l'aspect de certaines sauterelles. C'est pourquoi les Romains les avaient appelés *locustæ*. Saint Jean-Baptiste a donc bien pu s'en nourrir et c'est dans ce sens qu'il faudrait entendre le mot de l'Evangile : *Et locustas* (1) *et mel sylvestre edebat* (2).

Après cette visite, nous remontons sur la montagne, le gardien nous offre des rafraichissements, et nous reprenons le chemin d'Aïn-Karem. Après le dîner et une sieste, je repars à pied pour Jérusalem. Cette fois je prends la grande route. Elle va faire un immense détour pour rejoindre celle de Jaffa. En deux heures j'arrive à Notre-Dame de France.

(1) *Marc.*, I, 6.
(2) J'ai rencontré cette explication dans l'ouvrage de M. Vachet et ailleurs encore. Je n'ai pas besoin de dire que l'opinion, qui prend le mot *locustas* au sens propre, est parfaitement admissible.

CHAPITRE XVIII

LE RETOUR

Cependant notre pèlerinage touche à sa fin. Aujourd'hui 16 mai, on nous a avertis de préparer nos bagages ; ils partiront en effet avant nous, à dos de chameau. J'engage vivement ceux qui pourraient être tentés de faire ce pèlerinage à ranger leurs bagages de manière à pouvoir tout porter avec eux, surtout au sortir du bateau à Marseille. Il n'est malheureusement pas possible de faire la même chose pour aller de Jérusalem à Jaffa ; ce serait pourtant bien plus commode (1). Le lundi 18 mai, les derniers colis sont partis vers le soir ; je n'ai gardé que le nécessaire. Après souper, nous écoutons le chant des adieux, dont nous reprenons tous le refrain avec émotion (2).

(1) Bientôt on pourra le faire. Un chemin de fer se construit de Jaffa à Jérusalem. On en a inauguré deux sections au commencement de décembre 1891. Les pèlerins de 1892 pourront s'en servir probablement. On ne peut nier les avantages matériels de cette voie ferrée. Mais quelle prosaïque entrée dans la Ville sainte, que de débarquer à quelques pas de la porte de Jaffa, aux cris de : « El Kods, el Kods, » poussés par un employé en veste grise !.... Combien alors il vaudra mieux arriver par le côté du mont Scopus ! Le Pèlerin du 12 décembre annonce heureusement que la gare sera à vingt minutes de la ville.
(2) Voir l'appendice M.

J'emploie la journée du 19 à revoir les souvenirs les plus intéressants de la ville. Nous soupons à cinq heures du soir, nous faisons notre mois de Marie, et à six heures nous prenons place dans une voiture qui paraît bien conditionnée. Nous sommes six, tous de Lyon.

La route de Jérusalem à Jaffa est large et bien construite ; cependant elle a des montées et des descentes très raides. Vers huit heures nous arrivons à un pont construit sur le torrent de Térébinthe. C'est dans ce torrent que David ramassa les cinq pierres avec lesquelles il tua Goliath ; le combat eut lieu dans la vallée, entre le pont où nous sommes et Aïn Karem (1). A peine avons-nous passé ce pont, que nous nous arrêtons à Kalounieh, où nous faisons une longue halte pendant le repas des chevaux. Tandis que nous arpentons la route de long en large, nous voyons arriver une caravane d'hommes et de femmes. Le bruit se répand que ce sont des pèlerins polonais. Aussitôt nous les entourons ; nous causons avec un prêtre, qui paraît être le chef du pèlerinage. En effet, ce sont des Polonais. Plus courageux que nous, ils viennent de faire à pied la route depuis Jaffa. Nous nous séparons aux cris répétés de : « Vive la Pologne! vive la France! »

La nuit est venue, quand nous nous remettons en marche. Nous essayons de dormir. Tout à coup un craquement se fait entendre et notre voiture s'arrête. Qu'y a-t-il ? Nous descendons et nous constatons que le bandage de la roue vient de se briser. Nous étions en tête de la caravane. Nous avons la douleur de voir défiler les autres voitures, tandis que nous essayons de rattacher ce malheureux bandage. A chaque voiture

(1) *I. Reg.*, xvii, 40-51.

qui passe nous crions : « Avez-vous de la corde? avez-vous du fil de fer? avez-vous une place avec vous? » Invariablement on nous répond : « Désolés, nous n'avons rien. » Cependant, à force de chercher, nous trouvons le conducteur d'un fourgon de bagages, qui possède un peu de corde ; nous arrivons à rajuster à peu près notre bandage. Mais au bout d'un quart d'heure la corde est usée, et tout est à recommencer. Un de nos compagnons, plutôt que de rester en route, a mieux aimé monter sur les bagages du fourgon que nous avons rencontré. Nous envions son sort. Heureusement la voiture des drogmans nous rejoint ; nous les faisons descendre et nous prenons leur place, malgré leurs protestations. Peu après nous arrivons à El Latroun, autant que je puis m'en souvenir : c'est, d'après la tradition, la patrie du bon larron. Il est minuit moins un quart. Je me hâte de boire une tasse de café bien chaud, car l'air de la nuit est assez frais.

Nous repartons, et vers trois heures je suis tiré d'un profond sommeil par notre arrivée à Ramleh. Nous descendons à la porte des Franciscains. Comme nous avons une heure et demie devant nous, je vais à la chapelle de Saint-Nicodème. Voyant quelques prêtres dire leur messe, j'attends, et je puis célébrer à mon tour. Je n'ai que juste le temps ensuite de remonter en voiture. Ramleh serait, d'après une tradition, la patrie de Joseph d'Arimathie. C'est une ville de 8,500 habitants, dont 100 seulement sont catholiques. Les Franciscains y ont l'école des garçons, et les sœurs Saint-Joseph celle des filles. Dans le couvent, outre la chapelle paroissiale, qui occuperait l'emplacement de la maison de Nicodème, on montre une autre petite chapelle, qui serait à la place de son atelier. On y montre aussi les appartements occupés par Bonaparte en 1799.

Nous avons, de plus, vu en passant, à la clarté de la lune, la tour des Quarante-Martyrs. Je ne sais pourquoi on l'appelle ainsi (1). L'architecture en est gothique et assez belle, autant que j'ai pu en juger. Enfin, c'est à Ramleh que nous avons été rejoints par un groupe de nos compagnons, qui étaient partis de Jérusalem le mardi matin. Ils ont passé par Emmaüs et ont été satisfaits de leur course. Pour moi, je n'ai pas osé affronter une journée de cheval pour voir des ruines dont l'authenticité est aujourd'hui fort discutée.

Nous traversons maintenant la plaine de Saron, dont l'Ecriture égale la beauté à celle du Carmel (2). En effet, à mesure que le jour paraît, nous pouvons admirer les belles cultures de ce pays. Une demi-heure avant d'arriver à Jaffa, nous passons au milieu de ce que l'on appelle les « Jardins de Jaffa. » Ce sont d'immenses plantations de citronniers, d'orangers, de grenadiers. Vers six heures, nous faisons notre entrée dans la ville et nous descendons à l'hôpital français, construit par un Lyonnais, M. Guinet. Comme l'aumônier est également Lyonnais, nous sommes reçus à bras ouverts. Après le déjeuner, je monte sur la terrasse, d'où l'on a un beau coup d'œil. On aperçoit une grande partie de la ville, qui s'étage en amphithéâtre sur la colline jusqu'à la mer. Jaffa compte environ 15,000 habitants, dont 1,500 catholiques de tous les rites. Les Frères des écoles dirigent l'école des garçons, et les Sœurs Saint-Joseph celle des filles. L'hôpital français est certainement un des plus beaux monuments de la ville.

Vers neuf heures, je descends sur la plage, traverse

---

(1) En tout cas ce n'est pas à cause du martyre des quarante soldats, dont nous faisons la fête le 10 mars. Ces quarante soldats ont souffert à Sébaste, en Arménie.

(2) *Is.*, xxxv, 2.

la douane et prends le bateau qui doit me conduire au *Poitou*. La rade de Jaffa est fermée en effet par des récifs dangereux et les navires ne peuvent approcher. En une demi-heure, nous avons franchi la barre et nous abordons. Nous éprouvons un véritable plaisir à retrouver notre navire et son équipage : ce sont de vieux amis, que nous n'avions pas vus, semble-t-il, depuis longtemps.

En arrivant nous apprenons que la mort a fait parmi nous une nouvelle victime. Nous avions laissé à Jérusalem une vieille demoiselle, malade d'un érysipèle, survenu à la suite d'une chute. Elle a succombé quelques heures après notre départ. Un autre spectacle aussi triste se déroule sous nos yeux. Un prêtre est couché sur le pont et se débat en proie à la fièvre. Il a voulu absolument nous suivre. Cependant le médecin déclare qu'il ne pourra pas supporter la mer, et on le conduit à l'hôpital. J'ai su depuis qu'il a pu revenir en France par le bateau suivant, parfaitement guéri.

Nous devions lever l'ancre à dix heures. Mais les bagages ne sont pas arrivés. La douane a fait des difficultés; elle a voulu ouvrir tous les colis. Ce n'est que moyennant une somme de 400 francs qu'elle a consenti à se relâcher de sa rigueur. Enfin nos bagages arrivent; l'opération de l'embarquement est longue. Je reconnais ce qui m'appartient; tout y est, à part une courroie qui attachait un paquet. J'ai su plus tard que j'avais fait là une imprudence, les gens du pays étant amateurs forcenés de courroies et de ficelles. Moins heureux que moi, plusieurs pèlerins ont retrouvé leurs sacs, leurs malles, leurs caisses, éventrés. Aussi c'est de bon cœur que nous disons adieu aux Turcs.

A une heure, nous levons l'ancre au chant de l'*Ave maris stella*. Une seule pensée occupe maintenant notre esprit : « Quand serons-nous arrivés? Encore sept jours de mer! Si au moins nous pouvions gagner du temps et avoir le vent favorable! » La mer est douce, elle n'a pas une ride. Dès le premier jour nous reprenons nos exercices de piété comme à l'aller. Nous reprenons aussi le mal de mer; je craignais pour moi le retour; il a été encore plus calme que l'aller. Chaque soir nos artistes égaient la société; chaque jour ramène à peu près les mêmes événements que précédemment.

Voici cependant les divers incidents qui ont signalé le retour. Le jeudi 21 mai et le lendemain nous avons eu un fort tangage : les vagues embarquent à l'avant et à l'arrière; plusieurs imprudents se laissent surprendre par les flots. Le 24, nous avons eu un vent très fort, suivi d'un violent roulis le 25 et le 26, dans les eaux de la mer de Toscane. Le 21, le 23 et le 25, aucune terre n'est venue nous réjouir. Le 22, nous avons côtoyé Candie pendant tout l'après-midi; un petit moineau parti de l'île est venu s'abattre sur le navire, où nous nous amusons à suivre ses évolutions. Le 24, nous passons la soirée à examiner les côtes de la Calabre, avec ses montagnes sombres et découpées; je peux apercevoir un instant le sommet de l'Etna entre deux nuages, sur les côtes de Sicile. Le détroit de Messine se déploie sous nos yeux, en plein jour cette fois; c'est un panorama admirable. Le 26, jusqu'à midi, nous avons tout le loisir d'étudier les montagnes de la Corse. La plaine, au bas des montagnes, paraît très étroite; Bastia se mire dans les flots bleus. A midi, nous doublons le cap Corse; nous envoyons une dépêche par le sémaphore qui est placé sur la pointe même du cap. Demain nous verrons les côtes de France.

Au retour, nous avons eu sur le *Poitou* deux belles cérémonies. C'était le 24, dimanche de la Sainte Trinité.

Le matin, un mousse de douze ans et un matelot de quarante ans ont fait leur première communion. Ils étaient accompagnés de quelques camarades. Mgr Denéchau les a ensuite confirmés. S'inspirant alors d'une comparaison tout à fait appropriée aux circonstances, il leur parle de l'océan de la vie, où l'on court tant de dangers, où il y a tant d'orages, et il les exhorte à se montrer de braves matelots du bon Dieu. Notre jeune premier communiant est le héros de la journée. A vêpres, il renouvelle les promesses de son baptême, et le soir il assiste à notre séance récréative, à la place d'honneur. Notre aimable M. Tréca nous déclame dans cette circonstance une pièce de vers où le bonheur de ce petit mousse est célébré en beau langage (1). A vêpres également, nous devançons la procession de la Fête-Dieu, que plusieurs d'entre nous, grâce à nos lois très libérales, ne devaient pas voir dans leur ville natale. Un magnifique reposoir s'élevait au centre du navire. Le capitaine, aidé de nos dames et de ses matelots, avait mis tous ses soins à le construire. La procession se déroule le long du bastingage et fait le tour du navire. Le dais était porté par le commandant, le capitaine, le docteur et le chef mécanicien. Mgr Koppès portait le saint Sacrement, précédé par les pèlerins et une vingtaine de prêtres en chasuble. C'était splendide et consolant. Nous garderons de ces deux cérémonies un profond souvenir.

La nuit du 26 au 27 mai fut courte. J'attendais le jour avec impatience pour revoir les côtes de la patrie. A quatre heures, je célèbre la sainte messe; puis je contemple le beau rivage de France qui se rapproche de plus en plus. A sept heures, Notre-Dame de la Garde

---

(1) Voir l'appendice N.

apparaît. Nous la saluons avec transport. Puis chacun dispose ses bagages; on échange quelques paroles d'adieu avec ceux que l'on a vus plus fréquemment, tandis que le navire s'avance lentement dans le chenal du port. Le service de la santé se présente; nous sommes admis, et, à huit heures, nous accostons le quai de Marseille. Nous sommes en France.

Je puis sortir des premiers; la douane fait sa visite assez brièvement; je porte mes bagages à la gare et je suis assez heureux pour pouvoir prendre le train de 2 heures, qui m'amène à Lyon à 10 heures, sain et sauf.

De tout ce long voyage, il ne reste aujourd'hui plus que le souvenir. Mais ce souvenir ne saurait s'effacer. Tout a été aussi bien que peuvent aller les choses en ce monde. Quelques désagréments, sans doute, se sont présentés; mais nous les prévoyions d'avance. Quant aux charmes du voyage, je crois qu'ils ont dépassé mes prévisions. Il faut en remercier Dieu, qui a écarté les accidents; les Pères de l'Assomption, qui ont tout organisé aussi bien que possible; l'état-major de l'équipage, qui a été parfait; les religieux du pays, qui nous ont fait bon accueil; pour ma part, je suis heureux de témoigner ma gratitude à ceux de mes compagnons qui m'ont aidé et avec lesquels j'ai particulièrement vécu. Et la conclusion de tout cela? C'est qu'en revenant de Jérusalem on n'a qu'une pensée : celle d'y retourner. Oui, puissé-je te revoir, ville sainte ; puissé-je oublier ce que fait ma main droite si je t'oublie, ô Jérusalem; et que ma langue s'attache à mon palais si je cesse jamais de publier tes gloires et tes beautés!

APPENDICE A

ITINÉRAIRE ET HORAIRE DU PÈLERINAGE DE 1891

~~~~~~~~~

Jeudi 9 avril. — Départ de Lyon à 8 h. 7 m. du soir.

Vendredi 10 avril. — Arrivée à Marseille à 5 h. 1/2 du matin. — A 7 h., messe à Notre-Dame de la Garde. — A 10 h., embarquement sur le *Poitou*. — A midi, départ.

Samedi 11 avril. — En mer.

Dimanche 12 avril. — En mer. — Détroit de Messine.

Lundi 13 avril. — En mer.

Mardi 14 avril. — En mer. — Côtes de Candie.

Mercredi 15 avril. — En mer.

Jeudi 16 avril. — Alexandrie. — Débarquement à 1 h. 1/2. — Salut à la cathédrale. — Visite de la ville.

Vendredi 17 avril. — Alexandrie. Messe à la cathédrale à 7 h. — Visite des catacombes. — A 2 h., séance récréative chez les Frères. — Salut chez les Pères Jésuites. — Visite de la ville.

Samedi 18 avril. — Messe chez les sœurs Saint-Vincent de Paul. — A 9 h. 1/2, départ pour le Caire. — A 3 h., arrivée au Caire. — Salut à l'église franciscaine.

Dimanche 19 avril. — Le Caire. Messe au Vieux-Caire. — Visite de la mosquée d'Amrou. — A 2 h., séance récréative chez les Frères. — Salut.

Lundi 20 avril. — Le Caire. — Messe à Matarieh. — Le soir, visite de la citadelle. — Salut chez les Frères.

Mardi 21 avril. — Le Caire. — Messe aux Pyramides. — Le soir, visite du musée de Giseh. — Salut à la mission soudanaise.

Mercredi 22 avril. — A 6 h. 1/2 du matin, départ pour Ismaïlia. — Arrivée à midi. — Embarquement sur le canal de Suez. — Arrivée sur le *Poitou* à 8 h. 1/2 du soir.

Jeudi 23 avril. — En mer. — Vers 3 h., débarquement à Caïffa. — Ascension du Carmel. — Salut.

Vendredi 24 avril. — Le Carmel. — Messe à 7 h. — Visite des environs. — Le soir, salut.

Samedi 25 avril. — A 6 h. 1/2, départ. — Dîner à El-Hartieh à 11 h. — Soir. Départ à 1 h. 1/2. — Arrivée à Nazareth vers 6 h. — Salut à la basilique.

Dimanche 26 avril. — Messe à la basilique à 7 h. — Le soir, à 3 h., procession aux sanctuaires. — Salut.

Lundi 27 avril. — A 7 h., départ pour le Thabor. — Messe au lieu de la Transfiguration.

1ᵉʳ groupe.

Retour à Nazareth.

Mardi 28 avril. — A Naïm.

Mercredi 29 avril. — A Cana.

2ᵉ et 3ᵉ groupes.

A midi, départ pour Tibériade. — Arrivée à 6 h. 1/2. — Salut à l'église franciscaine.

Mardi 28 avril. — Messe à l'église franciscaine à 7 h. — Visite des environs. — A midi, départ pour Capharnaüm. — Le soir, salut.

Mercredi 29 avril. — A 8 h., départ. — A 11 h., dîner à Loubieh. — Départ à 1 h. 1/2. Visite de Cana et salut. — Arrivée à Nazareth, à 6 h.

1ᵉʳ et 2ᵉ groupes.

Jeudi 30 avril. — De Nazareth à Caïffa. — Embarquement.

Vendredi 1ᵉʳ mai. — En mer. — Débarquement à Jaffa. — Départ pour Jérusalem.

Samedi 2 mai. — Arrivée à Jérusalem.

3ᵉ groupe.

Jeudi 30 avril. — A 7 h., départ. — A 10 h., messe à Naïm. — Départ à 1 h. — Halte à Jesraël. — Arrivée à Djennine à 5 h. 1/2.

Vendredi 1ᵉʳ mai. — Départ à 5 h. — A 10 h., halte à Jéba. — Dîner à Samarie, vers 1 h. — Départ à 3 h. — Arrivée à Naplouse à 6 h. — Salut.

Samedi 2 mai. — Messe au puits de la Samaritaine. — Visite de la ville. — Départ à 1 h. — Arrivée à Sendjil à 8 h. 1/2.

Dimanche 3 mai. — A 8 h., messe à l'autel de l'Invention de la sainte Croix. — Le soir, à 2 h., salut à Saint-Sauveur.

Dimanche 3 mai. — Départ à 5 h. 1/2. — Dîner à Ramalah, vers 11 h. — Départ à 2 h. — Arrivée à Jérusalem à 5 h. 1/2.

Lundi 4 mai. — A 9 h., réunion à Notre-Dame de France et entrée solennelle au Saint-Sépulcre. — Messe au Calvaire. — A 3 h., salut solennel chez les Frères.

Mardi 5 mai. — A 6 h. 1/2, messe à la basilique du Saint-Sépulcre et visite de la basilique. — Le soir, visite au Mont-Sion, au Cénacle, etc.

Mercredi 6 mai. — A 6 h. 1/2, messe à la grotte de l'Agonie. — Visite du tombeau de la sainte Vierge et de Gethsémani. — Retour par la vallée de Josaphat, Siloé, Haceldama, vallée de Géhenne. Le soir, pèlerinage des Pères de Terre-Sainte au mont des Oliviers. — A 3 h., vêpres, complies, procession au sanctuaire de l'Ascension.

Jeudi 7 mai. — Ascension. — Messes au sanctuaire de l'Ascension et au *Pater*, à partir de minuit. — Messe pontificale au *Pater* à 6 h. — Visite du sanctuaire du *Credo*. — Café. — Départ pour Bethphagé, Béthanie, la Pierre du Colloque. — Le soir, salut au Patriarcat, à 2 h. 1/2. — A 3 h. 1/2, séance récréative chez les Frères. — Réunion générale et dîner à Notre-Dame de France à 6 h.

Vendredi 8 mai. — A 7 h., messe à Sainte-Anne. — Visite de la piscine probatique. — Le soir, à 2 h. 1/2, chemin de la croix solennel. — Visite au mur des pleurs.

Samedi 9 mai. — Pèlerinage à Bethléem. — Départ à 5 h. — Messe à la crèche. — Le soir, visite des environs. — Retour à Jérusalem.

Dimanche 10 mai. — A 6 h. 1/2, messe à Saint-Etienne. — Visite des fouilles de la basilique, du tombeau des rois et de la grotte de Jérémie. — Le soir, salut à Saint-Sauveur à 2 h. — Réunion générale du pèlerinage à Notre-Dame de France à 3 h.

Lundi 11 mai. — Messe à la Flagellation. — Visite de la mosquée d'Omar. — Le soir, à 3 h., séance récréative à l'orphelinat de Saint-Pierre.

Mardi 12 mai. — Matin. — Messe au patriarcat latin à 7 h. — Le soir :

Groupe de Jérusalem.

Groupe du Jourdain.

Départ à 1 h. 1/2. — Arrivée à Jéricho à 6 h. 1/2.

Mercredi 13 mai. — A 6 h.

Mercredi 13 mai. — Départ à

1/2, messe à l'église grecque catholique.

Jeudi 14 mai. — A 6 h. 1/2, messe à l'hôpital Saint-Louis.

3 h. 3/4 du matin. — Messe au Jourdain à 5 h. — A 8 h., départ pour la mer Morte. — Retour à 11 h. 1/2. — Le soir, départ pour le mont de la Quarantaine, à 3 h. — Retour à 6 h.

Jeudi 14 mai. — Messe à 4 h. — Départ à 5 h. Arrivée à Saint-Sabbas à 11 h. — Dîner, visite. — Départ à 2 h. — Retour à Jérusalem à 5 h.

Le soir, ouverture de la retraite à 6 h.

Vendredi 15 mai. — A 6 h. 1/2, messe à l'*Ecce homo*. — Le soir, chemin de la croix solennel à 2 h. 1/2. — A 6 h., retraite.

Samedi 16 mai. — Messe au sanctuaire arménien catholique à 6 h. — A 7 h., messe à Sainte-Véronique. — Le soir, retraite à 6 h.

Dimanche 17 mai. — Messe au mont Sion, près du Cénacle, à 6 h. — Visite au Cénacle. — Grand'messes à Saint-Sauveur et au Patriarcat à 9 h. — Le soir, salut solennel à Saint-Sauveur et au Patriarcat à 2 h. 1/2.

Lundi 18 mai. — Messe d'obligation. — Départ à 5 h. — Messes à Saint-Jean *in montana*. — Visite à la grotte de saint Jean au désert. — Retour à Jérusalem par Sainte-Croix.

Mardi 19 mai. — Messe à Saint-Sauveur à 7 h. — Le soir, départ à 6 h. — Arrivée à El-Latroun à minuit.

Mercredi 20 mai. — Messe à Ramleh. — Arrivée à Jaffa à 6 h. — Embarquement à 9 h. — Départ vers 1 h.

Jeudi 21 mai. — En mer.

Vendredi 22 mai. — En mer. — En vue de Candie.

Samedi 23 mai. — En mer.

Dimanche 24 mai. — En mer. — Sicile et Calabre.

Lundi 25 mai. — En mer.

Mardi 26 mai. — En mer. — Les côtes de la Corse.

Mercredi 27 mai. — Arrivée à Marseille à 8 h. — Départ pour Lyon à 2 h. — Arrivée à 10 h. du soir.

APPENDICE B

LE « POITOU »

Un robuste vaisseau, tout de fer revêtu,
Lentement s'avançant sur la croupe de l'onde
Et son gaillard d'avant, effilé, bien pointu,
Solennel et vainqueur, sillonne l'eau profonde
Dans ses flancs ténébreux, la brûlante vapeur
Ebranle en frissonnant la puissante machine,
Et le poisson errant au fond des eaux prend peur,
Quand au liquide azur s'enfonce son échine....
Poitou, vaisseau puissant nous portant aux saints Lieux,
Marche droit ton chemin, le vent te soit propice,
Car l'Orient, vois-tu, c'est la route des cieux.
Dépose-nous là-bas, au lieu du sacrifice :
Quand nous aurons prié, puis répandu des pleurs
Au sépulcre sacré de l'auguste Victime,
Tu nous rapporteras aux lieux chers à nos cœurs,
Sauvés de la tempête et sauvés de l'abîme.
Oh ! je t'aime, *Poitou*, comme on aime le lieu
Où, plein de charme, on goûte une émotion douce :
Sur ton paisible bord, nous voguons avec Dieu.
Avance, ô mon vaisseau, car un bon vent te pousse.

V. TRÉCA.

APPENDICE C

LISTE DES PÈLERINS PAR DIOCÈSE

PRÉSIDENTS D'HONNEUR

Mgr Denéchau, évêque de Tulle. | Mgr Koppès, évêque de Luxembourg.

DIRECTION

T. R. P. Vincent de Paul Bailly, directeur spirituel. | R. P. Alfred, directeur temporel.

PÈLERINS

Agen.

Aynaud (M??).
Bouhant (M. l'abbé).
Calmels (M??).
Carrière (M??).
Douziech (M??).
Dubos (M. l'abbé).
Léotard (M?? de).
Michelleau (M. l'abbé).
Roblin (M.).

Albi.

Cadars (M. l'abbé).
Chabbert (M. l'abbé).
Souillard (M.).
Taurines (M. l'abbé).

Alger.

Lécorchet (M. l'abbé).
Plummer (Miss).

Amiens.

Duparque (M. l'abbé).
Gaffet (M??).
Vllerelle (M.).

Angers.

Chaillou (M. l'abbé).
Grandlaunay (M. du).
Grosbois (M. l'abbé).
Joslau (M.).
Mordin (M??).
Motais (M??).
Porte (M. de la).

Angoulême.

Sardain (M. l'abbé).

Arras.

Debras (M. l'abbé).
Desmarquoy (M⁴).
Lœuil (M. l'abbé).

Auch.

Dulac (M. l'abbé).
Fallières (M. l'abbé).
Mortera (M. l'abbé).

Autun.

Bidault (M. l'abbé).

Avignon.

Amiel (M. l'abbé).
Amiel (M⁴).
Blanc (M⁴).
Farget (M.).
Forest (M.).
Illy (M. l'abbé).
Ollivier (M. l'abbé).
Redon (M. l'abbé).
Ripert (M. l'abbé).
Ripert (M. l'abbé), vic.
Rodet (M⁴).

Bayeux.

Aumont (M⁴).
Granger (R. P.).
Roger (R. P.).

Bayonne.

Pochelu (M. l'abbé).

Belley.

Perrotte (M. l'abbé).

Besançon.

Barret (M⁴).
Carruthers (M⁴).
Dumont (M. l'abbé).
Labeuche (M. l'abbé).
Laroyenne (M.).
Pergaud (M.).

Blois.

Pillette (M⁴).

Bordeaux.

Anglade (M⁴).
Boujut (M. l'abbé).
Chiron (M. l'abbé).
Claverie (M⁴).
Cousin (M.).
Destanque (M. l'abbé).
Faure (M.).
Jollit (M. l'abbé).
Latour (M. l'abbé).
Page (M. l'abbé).
Piron (M. l'abbé).
Saintout (M⁴).

Bourges.

Bruant (M.).
Péloille (M.).
Pouillot (M⁴).

Cahors.

Bergues (M⁴).
Laborie (M. l'abbé).
Sarnel (M⁴).
Souiry (M. l'abbé).

Cambrai

Cocheteux (M.).
Dallhuin (M.).
Deforge (M.).

Deman (M. l'abbé).
Dourdain (M.).
Guislain (M.).
Hantschotte (M. l'abbé).
Hennecart (M.).
Huyge (M.).
Lepers (M.).
Liekens (Mlle).
Tréca (M.).
Vanhouck (M.).
Wallaërt (M. l'abbé).

Carcassonne.

Cros (M. l'abbé).
Graveleux (Mme).
Heinike (Mlle).
Jean (M.).

Châlons.

Goncourt (Mme de).
Leloup (M. l'abbé).

Chambéry.

Talon (M. l'abbé).

Chartres.

Charpentier (M. l'abbé).
Quiller (M. l'abbé).

Clermont.

Citerne-Bacquelin (Mme veuve).
Culhat (M.).

Evreux.

Blanquart (M. l'abbé).
Fossey (M. l'abbé).
Leclerc (M.).
Roux (M.).
Vanssay (Mme de).

Gap.

Brunet (M. l'abbé).
Pellegrin (M. l'abbé).
Roux (M. l'abbé).
Sauvebois (M. l'abbé).

Grenoble.

Argoud (M. l'abbé).
Barthélemy (Fr.).
Chabert (M. l'abbé).
Ferrouillat (M.).
Guillaud (M. l'abbé).
Hugot (Mlle).
Janon (Mlle).
Janon (M. l'abbé).
Jean de la Croix (R. P.).
Martin (M. l'abbé).
Serratrice (M.).

Langres.

Boitouset (M. l'abbé).
Gaudonnet (M.).
Gaudonnet (Mme).
Moussu (M. l'abbé).

Laval.

Beaudouin (M.).
Richard (M. l'abbé).

Le Mans.

Le Bèle (M.).
Nouët (M. l'abbé).
Roulin (M. l'abbé).
Saillant (Mlle).
Soloman (Mlle).
Verdier (M.).

Le Puy.

Gilbert (M. l'abbé).

Limoges.

Nénert (M. l'abbé).
Ricoux (M.).

Luçon.

Baud (R. P.).
Boutin (M. l'abbé).
Martin-Donos (M. l'abbé de).

Lyon.

Basson (Mlle).
Bonnard (M. l'abbé).
Bruyas (Mlle).
Burdin (M. l'abbé).
Cartelier (Mlle).
Genevet (M. l'abbé).
Goutailler (Mlle).
Grivet (Mme).
Guyot (M. l'abbé).
Jacquet (Mme).
Janot (M. l'abbé).
Narbonnet (Mlle).
Porte (Mme).
Porte (M.).
Richard (M. l'abbé).
Rivier (M.).
Roffat (M. l'abbé).
Rousset (M. l'abbé).
Saline (M.).
Vernay (M.).
Vettard (M. l'abbé).

Marseille.

Deshay (M.).
Leclerc (Mlle).

Meaux.

Gérard (M. l'abbé).
Mahé (M. l'abbé).

Mende.

Baptifolier (M. l'abbé).

Montauban.

Boyer (M. l'abbé).

Montpellier.

Aubez (Mme).
Auzuech (M.).
Bongarçon (R. P.).
Dambier (M. l'abbé).
Fabre (M.).
Faget (M.).
Jullen (Mlle).
Roucaud (Mlle).

Moulins.

Barre (Mlle de la).
Fouilhouze (Mlle).
Moreau (M. l'abbé).
Pajot (M. l'abbé).

Nancy.

Chambourcy (M. de).
Collot (M. l'abbé).
Grosdidier (Mlle).
Landrian (Mme la comtesse de).

Nantes.

Defontaine (M. l'abbé).
Lefeuvre (M. l'abbé).
Legentilhomme (M. l'abbé).

Nevers.

Perreau (M. l'abbé).

Nice.

Canebier (Mme).
Jaime (M. l'abbé).
Wenkheim (M. le comte de).

Nimes.

Boisson (M. l'abbé).
Sabatier (M.).
Valat (M⁽ᵐᵉ⁾).
Vergez (M⁽ᵐᵉ⁾).

Orléans.

Baille (M. le Dʳ).
Billy (M⁽ᵐᵉ⁾ de).
Billy (M. le cᵗᵉ de).
Billy (M. le vᵗᵉ de).
Boullet (M. l'abbé).
Houdray (M.).
Mallet (M.).
Tournemiche (M. l'abbé).

Paris.

Aulong (M⁽ˡˡᵉ⁾).
Bayeux (M⁽ˡˡᵉ⁾).
Bégin (M.).
Berthelot (M⁽ˡˡᵉ⁾).
Blondé-Guy (M⁽ᵐᵉ⁾).
Bourdin (M⁽ˡˡᵉ⁾).
Brun (M⁽ᵐᵉ⁾).
Collot (M⁽ᵐᵉ⁾).
Decorbie (M. l'abbé).
Delfosse (M⁽ˡˡᵉ⁾).
Dominique (R. P.).
Dupré (M.).
Dupré (M⁽ᵐᵉ⁾).
Fossa (M. de).
Fréchat (M⁽ˡˡᵉ⁾).
Geynet (M.).
Griffaton (M.).
Gros (R. P.).
Guérin (M⁽ˡˡᵉ⁾).
Hodeng (M⁽ˡˡᵉ⁾).
Lardier (M.).
Le Guziat (M⁽ˡˡᵉ⁾).
Marie-Jules (R. P.).

Maze (M. l'abbé).
Ménancourt (M. de).
Meugnon (M⁽ˡˡᵉ⁾).
Millier (M⁽ˡˡᵉ⁾).
Raynal de Bavre (M.).
Ribot (M.).
Rousseau (M.).
Sigrist (M⁽ˡˡᵉ⁾).
Simon (M⁽ᵐᵉ⁾).
Smith (M⁽ˡˡᵉ⁾).
Tourneur (M⁽ˡˡᵉ⁾).
Winckler (M⁽ˡˡᵉ⁾).

Périgueux.

Busselet (M. l'abbé).
Dambier (M. l'abbé).
Dovillers (M⁽ᵐᵉ⁾).

Perpignan.

Payré (M.).
Roca (M. l'abbé).

Poitiers.

Benoit (Frère).
Laglaine (M⁽ˡˡᵉ⁾).

Quimper.

Mauduit (M. de).
Morvan (M⁽ˡˡᵉ⁾).

Reims.

Avennes (M⁽ᵐᵉ⁾ la baronne d').
Conduché (M⁽ˡˡᵉ⁾).
Godefroy (M⁽ˡˡᵉ⁾).
Lefèvre (M⁽ˡˡᵉ⁾).
Merlin (M⁽ˡˡᵉ⁾).
Petit (M. l'abbé).

Rennes.

Crosson (M. l'abbé).
Crosson-Ducormier (M.).

Delalande (M.).
Gruel (M. l'abbé).
Varangot (M⁰ᵉ).
Villarlay (M⁰ᵉ de).

Rodez.

Cat (M.).
Majorel (M. l'abbé).

Rouen.

Blanquart (M. l'abbé).
Revet (M.).

Saint-Claude.

Lesne (M. l'abbé).
Miny (M.).
Morin (M. l'abbé).

Saint-Dié.

Chalumeaux (M. l'abbé).

Saint-Flour.

Borne (M.).

Sées.

Besnardière (M.).
Bidault (M.).
Bougon (M⁰ᵉ).
Brohan (M⁰ᵉ).
Desechalliers (M⁰ᵉ).
Foreau (M. l'abbé).
Hostel (M⁰ᵉ d').
Langlais (M⁰ᵉ).
Lebigot (M. l'abbé).
L'Héréteyre (M. l'abbé).
Morin (M. l'abbé).

Sens.

Méry (M. l'abbé).
Millot (R. P.).
Moreau (M. l'abbé).

Soissons.

Soret (M. l'abbé).
Marquette (M⁰ᵉ).

Tarbes.

Gaye (M. l'abbé).
Noguès (R. P.).
O'Sullivan (M.).

Tarentaise.

Carret (M. l'abbé).
Rymard (M. l'abbé).
Michel (M. l'abbé).

Toulouse.

Mila (M.).

Tours.

Brisacier (M. l'abbé).
Cognet (M.).
Couturier (M⁰ᵉ).
Desroches (M. l'abbé).
Dorion (M⁰ᵉ).
Martin (M. l'abbé).
Pasquier (M. l'abbé).
Roze (M.).
Viot (M.).

Tulle.

Couffy (M. l'abbé).
Dulaurens (M. l'abbé).
Malmartel (M.).
Paré (M. l'abbé).
Place (M⁰ᵉ de la).
Soullier (M. l'abbé).

Valence.

Camille (R. P.).
Chirouze (M. l'abbé).
Chosson (M. l'abbé).

Cluze (M. l'abbé).
Dorier (M. l'abbé).
Galland (M.).
Girard (M. l'abbé).
Pansier (M. l'abbé).

Vannes.

Angèle (Sœur).
Even (M.).
Guyot (Mlle).
Guyot (M. l'abbé).
Le Noal (M. l'abbé).
Marlin (M. l'abbé).
Nays (M. l'abbé).
Tanguy (Mlle).

Verdun.

Jacques (M. l'abbé).
Petitjean (M. l'abbé).
Tridon (M. l'abbé).

Versailles.

Abel (R. P.).
Aristhènes (M. l'abbé).
Colas (M. l'abbé).
Flavien (Frère).
Gérard-Gorioz (M.).
Jean-Baptiste (R. P.).
Lescure (Mlle).
Louis de Montfort (R. P.).
Marie-Paul (R. P.).
Planchenault (M.).
Romuald (Frère).
Samuel (Frère).
Simplicien (Frère).
Tessier (M.).

Viviers.

Armand (M. l'abbé).
Couderc (M. l'abbé).

Lèche (M. l'abbé).
Magnard (M. l'abbé).
Montgolfier (M. de).
Tastevin (M. l'abbé).

Alsace-Lorraine.

Doll (M.).
Folschwiller (M. l'abbé).

Angleterre.

Carvet (Frère).

Belgique.

Burlet-Rouffard (M.).
Fulgence (R. P.).
Sépulchre (Mlle).
Van Damme (M.).

Bulgarie.

Ivan (R. P.).

Espagne.

Creus (M.).

Etats-Unis.

Domenech (M. l'abbé).

Italie.

Anselme (R. P.).

Luxembourg.

Nothumb (M. l'abbé).

Suisse.

Muller (M.).

Syrie.

Germer (R. P.).
Piellat (M. de).

APPENDICE D

SALUT, PÈLERINS DE LA FRANCE

Refrain

Salut, pèlerins de la France !
Salut, vaillants fils de la croix !
Salut, croisés de pénitence !
Salut, soldats du Roi des rois !

1er Couplet

Ici sur la terre étrangère,
Tout joyeux nous vous contemplons.
Cette France, qui nous est chère,
C'est elle qu'en vous nous voyons.

2e Couplet

Qu'il est beau, sur votre navire,
L'étendard sacré de la foi !
A tous ne va-t-il pas redire
Du Sauveur l'amour et la loi ?

3e Couplet *(au départ)*

Adieu, croisés de pénitence !
A vous nos cœurs, à vous nos vœux,
Donnez-nous de votre vaillance !
Priez pour nous le Roi des cieux.

APPENDICE F

FLEURS DE LA FRANCE

1er Couplet

O pèlerins, fleurs de la douce France,
Fils des croisés, en marche vers Sion,
Le cœur rempli de divine espérance,
Allez prier pour votre nation.
L'astre béni de la foi vous éclaire,
De l'amour saint vous portez le trésor ;
Allez pleurer sur le roc du Calvaire,
Allez baiser le sommet du Thabor.

Refrain

O pèlerins français, fleurs de la douce France !
O fils de vos croisés, en marche vers Sion !
Vous, dont le cœur est plein de divine espérance,
Allez, allez prier pour votre nation.

2e Couplet

Allez fouler la terre du miracle,
Le Christ en vous reconnaîtra ses preux.
Prosternez-vous dans son divin cénacle,
Et révérez son tombeau glorieux.
De Bethléem qui décrira la joie,
Du Golgotha qui dira la douleur !
Vous la suivrez, la douloureuse voie,
Vous baiserez la crèche du Sauveur.

3ᵉ Couplet

Quand tout regard est abaissé sur terre,
Vous, vous allez, les yeux fixés en haut,
Le pied vaillant, le cœur plein de prière.
Chaque croisé du Christ est le héraut !
Fleurs de la France, ô chrétiens, nos modèles,
Fils des croisés, en marche vers Sion.
Prêtres zélés, pontifes et fidèles,
Allez prier pour votre nation.

APPENDICE F

NOTRE GUIDE

C'est un vieillard tout jeune, à voir ses yeux perçants,
Quel âge aurait-il bien ? — Pardi, trois fois vingt ans.
Du guide en Palestine il est parfait modèle.
Dès que l'aube paraît : cavaliers, vite en selle !
Ce ne sont que rocs nus, lits séchés de torrents,
Pans de murs écroulés, ravagés par le temps ;
Il connaît son pays comme on connaît sa poche.
Un cavalier titube, à la selle il s'accroche ?
Le Frère Liévin suit son petit chemin,
Sans broncher, marchant droit dès le premier matin,
De sa pipe de bois tirant une bouffée,
S'asseyant, s'il le faut, sur la roche échauffée
Par les rayons brûlants du soleil au zénith.
Puis, quand l'astre flambant, qui voyage, a fini
De bronzer notre teint et d'assoiffer la plante,
Après un court repas, on le voit sous la tente
S'entretenir joyeux avec les voyageurs
Épongeant à l'envi leurs fumantes sueurs :
« A demain, compagnons, dormez bien, je vous prie,
» Soignez, lavez, pansez la jambe endolorie
» Par les cahots si durs de l'équitation.... »
.... Ainsi, toujours robuste, ardent comme un lion,
On le voit traverser gué, torrent, précipice,
Sans que son cœur frissonne et sans que son pied glisse,
C'est notre chef à tous, c'est notre général.
Soldats, nous le suivrons, fût-ce même à cheval.
Il est de cœur vaillant et de puissante race :
Saluez, pèlerins, c'est Liévin qui passe !....

V. Tréca.

APPENDICE G

NAZARETH

Air : *Gastibelza*.   Paroles du P. MARIE-JULES.

1ᵉʳ COUPLET

Chers pèlerins, au vrai berceau du monde
　　Tous réunis ;
Sous le regard de la Vierge féconde,
　　Chantons unis.

REFRAIN

O Nazareth, à bon droit l'on t'appelle
　　Ville des fleurs ;
Nos yeux ravis, en te voyant si belle,
　　Versent des pleurs.

2ᵉ COUPLET

Ici vécut la très pure Marie,
　　Mère de Dieu ;
Son pied foula cette même prairie,
　　Ce même lieu.

3ᵉ COUPLET

La Vierge ici conçut dans le mystère.
　　Son chaste sein
Reçut le Dieu tant promis à la terre,
　　Le trois fois Saint.

4° Couplet

Ici, Jésus, dans les bras de sa mère,
    Son ostensoir,
Bénit ces monts, ces jardins, cette terre,
    Fiers de le voir.

5° Couplet

Ici, Jésus forma sa main docile
    Au dur métier.
C'est bien le fils, disait-on dans la ville,
    Du charpentier.

6° Couplet

Ici, Jésus enseigna sa doctrine.
    Sa bouche d'or
Fit tressaillir l'écho de la colline
    Et du Thabor.

7° Couplet

Près de tes bords le Seigneur nous appelle,
    Génésareth.
Nous garderons ton souvenir fidèle,
    Cher Nazareth.

APPENDICE H

QUELQUES COMMANDEMENTS A L'USAGE DES SAMARITAINS

Du grand Morcos (1) tu subiras
Le paternel commandement.
De bon matin te lèveras,
Quittant la tente lestement.
Un café trouble absorberas,
S'il le faut, même en te brûlant.
De bonne humeur tu garniras
Sac et valise abondamment.
Et puis, après, tu partiras
Le cœur léger, le nez au vent.
Chemin faisant réciteras
Le chapelet dévotement.
Gués du Cison tu franchiras
Sans te salir, évidemment.
Un temps de trot tu piqueras
Pour conquérir le premier rang.
Des deux genoux tu presseras
De ton coursier le noble flanc.
A ton moukre tu promettras,
Mais tiendras ultérieurement.
Au directeur obéiras :
N'en as-tu pas fait le serment?
Hélas! ami, tu peineras.
Eh bien! peinons, mais en riant.
Ton équilibre tu perdras,

(1) Drogman en chef de la caravane.

Regagne-le, même en tombant.
Lorsqu'à l'étape arriveras,
Ne bois pas d'eau, c'est imprudent.
Quelques œufs durs absorberas,
D'un doux nectar les arrosant.
Os de poulets tu rongeras,
Si c'est possible proprement.
De bière chaude t'abstiendras,
C'est tout au moins mon sentiment.
Au coup de trompe enfourcheras
Ton fier coursier à l'œil ardent.
Le bon docteur écouteras,
Sœur Camomille (1) également.
Sur la dure tu coucheras,
Les poings fermés, tout en ronflant.
Ainsi faisant tu gagneras
Jérusalem prochainement.
S'il faut souffrir, tu souffriras :
Avant le ciel, c'est le tourment.
Courage donc !... arriveras
Au noble port exactement :
Par la souffrance épureras
Ton corps de fange, sûrement.
Et par là même gagneras
Le paradis certainement...

V. Tréca.

(1) Notre sœur infirmière.

APPENDICE I

LES NUITS AU CAMP

Air : *Cadet Roussel.*

1ᵉʳ COUPLET

C'est l'heure où le bon Pèr' Bailly
Nous souhaite excellente nuit.
Toute précaution est prise
Vous pouvez vous mettre en chemise.

REFRAIN

Ha! ha! ha! oui vraiment,
Les belles nuits qu'on passe au camp.

2ᵉ COUPLET

Des chardons, un nid de fourmis
Vous serv' de descente de lits.
Vous tombez sur votre couchette,
Mais vos pieds sont plus hauts qu' vot' tête!

3ᵉ COUPLET

Vos voisins sont de vieux amis,
Qu'un mauvais sort a réunis.
Hélas! ils ont beaucoup à dire,
Vous, vous ne pouvez que redire :

4ᵉ COUPLET

Quand ils ont fini de parler,
Les voilà qui s'mett' à ronfler!
C'est un changement de musique
Mais n'riez pas, ça d'vient tragique.

5ᵉ COUPLET

Onze heur'! enfin ça vient d'finir,
Loué soit Dieu! je vais dormir;
Quand tout à coup ma tente craque,
Je reçois sur l'nez la baraque.

6ᵉ COUPLET

Au milieu d'un rêve doré,
Soudain je me sens dévoré
Par une abominable bête,
Qui se promène sur ma tête.

7ᵉ COUPLET

Poursuivez les microb' de nuit,
Mais n'grattez pas, trop gratter cuit.
Ecoutez plutôt sans colère
Voilà qu' les ânes se mett' à braire.

8ᵉ COUPLET

Alors tous les chiens du pays
Se dis' : faut faire tapage aussi :
On sonne, on siffle, on hurle, on crie,
Comment dormir, je vous en prie?

9ᵉ COUPLET

Deux heur'! ah! le calme se fait,
Dormons bien vite un tantinet.
Ces Messieurs commencent leur messe,
Sans trop de bruit, chacun se presse.

10ᵉ COUPLET

Si les chansons vous font plaisir
Les moukres vont vous en servir.
Dès quatre heur' ils vous romp' la tête,
C'est leur manièr' d' nous fair' la fête.

11ᵉ COUPLET

Attendez donc pour vous r'poser,
Que le train vous ait déposés
Dans vos bons lits en douce France,
En attendant, fait' pénitence!

UN LYONNAIS.

APPENDICE J

LES SANCTUAIRES ET LES INDULGENCES

Durant notre voyage, nous avons dit la sainte messe dans les principaux sanctuaires. Ces sanctuaires ont un privilège : c'est qu'on peut toujours y dire la même messe votive, excepté à certains jours déterminés. Sous ce rapport, ils se divisent en deux classes. Dans les sanctuaires de première classe on peut dire la messe désignée tous les jours, excepté le jour de l'Epiphanie, — toute la semaine sainte, — toute la semaine de Pâques, — le jour de l'Assomption, — le jour de Noël. Dans les sanctuaires de seconde classe on dit la messe votive, excepté les jours ci-dessus, — les dimanches de 1re et de 2e classes, — les doubles de 1re et de 2e classes, — les vigiles de Noël et de Pentecôte, — le mercredi des Cendres, — les octaves privilégiées. De plus, on gagne en Terre Sainte un très grand nombre d'indulgences, soit plénières, soit partielles, en visitant les endroits qui rappellent les souvenirs évangéliques. Voici la liste des sanctuaires où j'ai pu dire la sainte messe. La double croix indique les sanctuaires de première classe; la croix simple ceux de seconde; enfin l'astérisque désigne les indulgences plénières :

10 avril, à Notre-Dame de la Garde;
11   — sur le *Poitou*;
13   —   —
14   —   —
15   —   —
16   —   —
17   — à la cathédrale d'Alexandrie;
18   — dans la chapelle Saint-Marc, à la cathédrale;
19   — au vieux Caire;

20 avril chez les Frères du Caire;
21 — à l'église franciscaine du Caire;
23 — sur le *Poitou*;
24 — à la grotte Saint-Elie. — Messe de saint Elie;
26 — à Nazareth, autel de l'Annonciation ††°. — Messe de l'Annonciation;
28 — à Tibériade, église franciscaine ††. — Messe de la vigile de saint Pierre et de saint Paul;
29 — à Tibériade, église grecque unie;
30 — à Naïm°;
2 mai, à Naplouse;
4 — au Saint-Sépulcre, chapelle des Sept-Douleurs ††. — Messe des Sept Douleurs;
5 — à l'*Ecce homo* †°. — Messe de la sainte Couronne d'épines;
6 — à Bethléem, dans la grotte ††°. — Messe de l'octave de Noël;
7 — au lieu de l'Ascension ††°. — Messe de l'Ascension;
8 — à l'église de la Flagellation ††°. — Messe du Précieux Sang;
9 — à la chapelle de l'Invention de la Sainte-Croix †°. — Messe de la Croix;
10 — à la chapelle du Crucifiement ††°. — Messe de la Passion;
11 — à la grotte de l'Agonie ††°. — Messe de la prière de Notre-Seigneur;
12 — à la chapelle de Sainte-Véronique;
13 — sur les bords du Jourdain †°. — Messe de l'octave de l'Epiphanie;
15 — à la crypte de la Naissance de la sainte Vierge ††°. — Messe de l'Immaculée-Conception;
16 — à la grotte de la Naissance de saint Jean-Baptiste ††°. — Messe de la vigile de saint Jean-Baptiste;
17 — près du Cénacle ††°. — Messe de la Pentecôte;
18 — à l'autel de l'Apparition à sainte Madeleine †;
19 — à Saint-Sauveur, autel de l'Apparition à saint Thomas°;
20 — à Ramleh;
21 — sur le *Poitou*;
22 — —
23 — —
24 — —
25 — —
26 — —
27 — —

APPENDICE K

VISION

A Josaphat j'ai vu les peuples assemblés
En multitude immense, et dans les airs troublés
Par les convulsions du monde qui s'écroule,
J'entendis une voix, un tonnerre qui roule,
Et d'échos en échos parcourt tout l'univers....
Dans l'espace infini, les cieux sont entr'ouverts
Tandis que des démons on aperçoit l'empire,
Séjour épouvantable, impossible à décrire !....
Accourez, venez tous au dernier jugement,
Jésus-Christ l'a promis et Dieu tient son serment :
« Un jour, en vérité, je reviendrai sur terre,
» En juge impitoyable, à côté de mon Père,
» Chacun sera jugé, selon ce qu'il a fait ;
» C'est à ce dernier jour qu'il sera satisfait
» Aux inégalités incomprises sur terre....
Or, Jésus apparaît, noyé dans la lumière ;
Des anges radieux les innombrables chœurs
Font résonner les airs de leurs accents vainqueurs :
« Honneur au Tout-Puissant, au Souverain du monde
» Qui commande au soleil, aux étoiles, à l'onde ;
» Si Dieu fut patient, son grand jour est venu. »
Et voici qu'à ses yeux le mortel triste et nu
Est comme un simple atome égaré dans l'espace.
Or, un grand bruit se fait, c'est saint Michel qui passe,
L'envoyé du Seigneur, à la foule annonçant
La sainte Trinité, le juge tout-puissant,

Et de l'humanité les êtres innombrables,
Etres dès l'origine à leurs aînés semblables,
En un cercle parfait se rangent tour à tour,
Formant du ciel en terre une vivante tour.
Et chaque siècle à part, de cette tour immense
Occupait un anneau — tous les pays, la France,
Rome et Jérusalem se trouvent confondus.
Au milieu des martyrs, les tyrans éperdus
Reconnaissent enfin leur cruelle injustice,
Regrettant, mais trop tard, leur débauche et leur vice :
Les rois, les empereurs, de leurs sceptres privés,
Sont tremblants, eux aussi, car ils sont arrivés
Devant de leur pouvoir rendre un compte terrible
Au juge dont le cœur désormais insensible
Pèsera le mérite en un sûr jugement,
Donnant aux uns la gloire, aux uns le châtiment....
A côté des heureux, les pauvres de la terre,
Qui surent endurer la peine et la misère,
Contemplent le Seigneur d'un regard confiant :
Je vois Jésus vers eux se tourner souriant;
Le moment est venu du jugement suprême....
Le juge a prononcé.... Le maudit triste et blême
Par les démons cruels est soudain emporté,
Pour une éternité dans les enfers jeté :
Des amis du bon Dieu la céleste phalange
S'élève doucement, conduite par un ange....
Je vis en cet instant, dans l'infini des cieux,
Un navire éclatant, éthéré, radieux,
Emporté dans les airs, sur les ailes des anges,
Répétant du Seigneur les célestes louanges :
C'était notre *Poitou !*.... matelots, pèlerins,
Personne ne manquait !.... Nous étions tous des saints !....

V. TRÉCA.

APPENDICE L

LA RUCHE

Il est une ruche fameuse
Qu'élève la France aux Saints Lieux ;
Là, chaque abeille est bienheureuse,
Elle travaille pour les cieux.

Voyez Notre-Dame de France,
Ses murs épais sortant du sol.
Cette demeure au ciel s'élance,
Comme un aigle qui prend son vol.

Ici nous trouvons la patrie,
Sa foi, son cœur et son drapeau ;
Notre patronne, c'est Marie
Qui veille bien sur ce berceau ;

Berceau des saints pèlerinages
Que feront les fils des croisés :
Ils entreprendront ces voyages
Par l'espoir doucement bercés ;

L'espoir d'être utile à la France
En priant pour elle Jésus,
En consacrant leur pénitence ;
Les autres soins sont superflus.

Achève-toi, maison bénie.
Ouvre ta porte au voyageur ;
Que toute crainte soit bannie,
Ici régnera le bonheur.

A la ruche il faut des abeilles,
Nous le serons pour notre part ;
Notre argent fera des merveilles,
Sinon, cessons les travaux d'art.

Cette demeure inachevée
Dira sans doute à l'avenir
Qu'une œuvre si bien commencée
Les fils ne l'ont point su finir....

Nous apporterons notre pierre
A ce splendide monument ;
L'aumône, c'est une prière....
Prions en donnant largement.

V. Tréca.

APPENDICE M

ADIEUX A JÉRUSALEM

~~~~~~~~

Air : *Du nid charmant.*   Paroles du P. MARIE-JULES.

1er COUPLET

Il faut partir,
Tel est le cri d'alarme,
Reçois, chère Sion, une dernière larme.
Il faut partir,
Tel est le cri d'alarme,
Sion, de tes grandeurs je garde souvenir.

REFRAIN

Encore une prière
En quittant le saint Lieu;
Plutôt que t'oublier, s'éclipse la lumière.
Jérusalem, adieu *(bis).*

2e COUPLET

Il faut partir,
Au jardin solitaire,
Où Jésus se plaisait à faire sa prière,
Il faut partir,
Au jardin solitaire,
Reverrai-je la rose et l'olivier fleurir ?

3e COUPLET

Il faut partir,
Adieu, grotte bénie,
Témoin de la sueur de sang de l'agonie,

Il faut partir,
Adieu, grotte bénie,
Où l'on aime à verser les pleurs du repentir.

4ᵉ Couplet

Il faut partir,
O route douloureuse,
De pleurer sur ton sol mon âme fut heureuse :
Il faut partir.
O route douloureuse,
Puis-je espérer qu'un jour je viendrai te gravir ?

5ᵉ Couplet

Il faut partir,
Adieu, mont du Calvaire,
L'empreinte des baisers restera sur ta pierre.
Il faut partir,
Adieu, mont du Calvaire,
J'ai lu sur tes rochers l'amour d'un Dieu martyr.

6ᵉ Couplet

Il faut partir,
Sépulcre plein de gloire,
L'*Alleluia* sans fin célèbre ta victoire.
Il faut partir,
Sépulcre plein de gloire,
Ta poussière vaut mieux que l'or et le saphir.

7ᵉ Couplet

Il faut partir,
Mont de l'Eucharistie,
Sur tes cimes, Sion, Jésus devint Hostie.
Il faut partir,
Mont de l'Eucharistie ;
A ton cénacle en deuil un meilleur avenir.

8ᵉ Couplet

Il faut partir,
Adieu, montagne sainte,
Où de son pied vainqueur Jésus laissa l'empreinte.
Il faut partir,
Adieu, montagne sainte ;
Sur tes sommets, joyeux j'aurais voulu mourir.

APPENDICE N

A NOTRE PETIT FRÈRE

~~~~~~~~~~

Cher enfant qu'au matin nous vîmes à genoux
Prier pour tes parents et peut-être pour nous,
Garde bien de ce jour la fidèle mémoire :
D'autres ont préféré la richesse ou la gloire,
Mais ils se sont trompés, car le seul vrai bonheur,
Petit frère, vois-tu, c'est d'aimer le Seigneur.
Tu devins son enfant au jour du saint baptême,
D'autres pour toi l'ont dit : « O Seigneur, je vous aime,
Et quand je serai grand, je veux vous le prouver,
Et jusqu'à ce moment dans mon cœur conserver
Le doux trésor charmant qu'on nomme l'innocence. »
Et voici qu'aujourd'hui, loin des rives de France,
Sur un autel flottant que berce l'Océan,
Le divin Rédempteur apparut rayonnant;
D'une voix caressante, il parlait à ton âme :
« Oui, je viens t'inonder d'une divine flamme,
» Du feu de cet amour qu'au monde j'ai porté....
» Tu n'es qu'un faible enfant sur la terre jeté,
» Mais si je suis en toi, courage et confiance !
» Je donne à mes amis cette sainte vaillance
» Qui les fait d'ici-bas affronter les récifs,
» A travers les écueils diriger leurs esquifs....
» Si leur âme parfois souffre de lassitude,
» Qu'ils ne doutent jamais de ma sollicitude.... »
Et tu lui répondais : « Me voici, bon Seigneur,
» Prends tout ce que je suis, et mon âme et mon cœur;

» On m'a dit de compter sur ta douce clémence,
» Et voici que vers toi, radieux je m'élance,
» Ravi de ta bonté, plein d'espoir, confiant,
» Tout rempli de respect et pourtant souriant.... »
Et pendant ce colloque on entendit un ange
Dire de l'hosanna l'éternelle louange,
Et les hommes, en chœur lui répondant, chantaient,
Tandis que bien des yeux de larmes se mouillaient :
« Oh ! des petits enfants que béni soit le père,
» Qui d'un seul mot créa le monde et la lumière,
» L'ami de la faiblesse et de la pauvreté,
» Le Dieu de la justice et de la charité ! »
Et ce fut le moment d'ineffable tendresse
Où la première fois tu reçus la caresse
De celui qui se donne à qui le veut chérir....
Puis, l'auguste prélat, pour mieux te soutenir
Contre tous les dangers de l'humaine nature,
Oignit ton jeune front d'une huile sainte et pure.
Te voici désormais le chéri du Seigneur :
Au meilleur des amis conserve tout ton cœur ;
Tu grandiras un jour, et sur la mer du monde
Tu connaîtras l'orage et les fureurs de l'onde :
Garde ton cœur naïf et jeune en vieillissant ;
Oh ! chasse loin de toi le démon frémissant,
Et pense quelquefois aux pèlerins de France,
Qui, priant pour les leurs et faisant pénitence,
Ont été les témoins du plus beau de tes jours !
A ton père des cieux sois fidèle toujours !....
Nous allons nous quitter à jamais sur la terre :
Commun soit notre amour, commune la prière ;
Tendons tous vers le port radieux et vermeil :
Là nous nous reverrons.... Au revoir ! au beau ciel !

V. TRÉCA.

TABLE ANALYTIQUE DES MATIÈRES

A

Aïn Djaloud.	150
Aïn Karem, voyez Saint-Jean in *Montana*.	
Alexandrie.	41-55
Catacombes.	45
Cathédrale.	53
Colonne de Pompée.	43
Conférence de Saint-Vincent de Paul.	52
Débarquement.	41
Départ.	54
Église copte schismatique.	43
— grecque —	43
Franciscains.	54
Frères des écoles.	47
Historique.	51
Jardins du khédive.	44
Jésuites.	49
Lazaristes.	54
Mahmoudieh (canal).	44
Port.	39
Religieuses de la Mère de Dieu.	54
Séance récréative.	47
Sœurs Saint-Vincent de Paul.	54
Villa Antoniadis.	50
Alfred (R. P.)	23
Anti-Gozzo.	37

B

Bailly (R. P.).	22
Bakchiche.	50
Balat-esh-Cheikh.	118
Bédouins.	84, 252
Beït-Sahour.	269
Benha.	64
Béthanie.	251
Pierre du Colloque.	252
Tombeau de Lazare.	252
Béthel.	162
Bethléem.	264
Basilique de la Nativité.	267
Champ de Booz.	269
Église Sainte-Catherine.	265
Franciscains.	265
Grotte de la Nativité.	266
— des Pasteurs.	269
— du Lait.	269
Orphelinat.	269
Sœurs Saint-Joseph.	269
Tombeau de saint Jérôme.	267
— de sainte Paule.	267
Bethphagé.	240
Bethsaïda.	139
— Julia.	141
Béthulie.	153
Bidault (l'abbé).	34
Bir Ayoub.	244
Birket Mamilla.	271

C

Caïffa.	102
Baie.	99
Dames de Nazareth.	102
Débarquement.	102
Église paroissiale.	102
Frères des écoles.	102
Caire (le).	
Ânes.	93
Bazars.	81
Bir Youssouf.	80
Citadelle.	79

Conférence St-Vincent de Paul 74
Consulat français. 82
Franciscains. 75
Frères des écoles. 72
Historique. 65
Jardins de l'Esbékieh. 91
Jésuites. 75
Mosquée de Méhémet-Ali. 79
— du sultan Mahmoud. 71
Pont du Nil. 82
Séance récréative. 71
Camille (frère). 23
Camp (le). 123
Cana. 144
   Franciscains. 144
   Maison de saint Barthélemy. 144
   — Simon le Cananéen. 144
Candie. 37
Capharnaüm. 130
Capraja. 32
Carmel. 104
   Chapelle de St-Simon-Stock. 107
   Couvent. 112
   Ecole des prophètes. 107
   Eglise. 112
   Fontaine d'Elie. 111
   Grotte d'Elie. 112
   Historique. 111
   Monument des soldats français. 106
Carmélites. 237
Cédron. 181
Cénacle. 180
Champ des épis. 144
Champ du foulon. 271
Chapelle du Sacrifice d'Elie. 120
Charybde et Scylla. 36
Cheikh-Abreik. 120
Chemins de fer de l'Egypte. 56
Choix des chevaux. 109
Cimetières :
   — chrétien. 181
   — juif. 242
   — musulman. 118, 174
Cison. 147
Clarisses. 271
Coptes. 68
Corozaïn. 140
Costumes. 39
Couvent du *Pater*. 237
   — de Sainte-Croix. 271
   — de Saint-Elie. 270

D

Damanhour. 63
Dames du pèlerinage. 25
Decorbie (l'abbé). 161
Denéchau (Mgr). 24
Djebbata. 120
Djeida. 120
Djennine. 151
Dominicains. 232
Dominus flevit. 237
Dothaïn. 153
Drogmans. 108

E

Ebal. 157
Ecole professionnelle de Saint-Pierre. 248
Eglise de l'Assomption. 235
Eglise *in galli cantu.* 187
Eglise russe au mont des Oliviers. 239
Eglise hors la porte de Jaffa. 248
Eglise protestante de St-Paul. 248
El Bireh. 162
El Hartieh. 120
El Kantarah. 97
El Latroun. 279
Emmaüs. 280
Er Roïneh. 145
Esdrelon (plaine d'). 115
Etablissements des Lépreux. 244
Et Tour. 238

F

Fontaine d'Elisée. 260
— du Cresson. 145
Formation des groupes. 108
Franciscains à Alexandrie, 54 — à Bethléem, 265 — à Cana, 144 — au Caire, 75 — à Jaffa, 280 — à Nazareth, 123 — à Ramalah, 162 — à Ramleh, 279 — à Saint-Jean *in Montana*, 273 — à Saint-Sauveur, 211 — au Saint-Sépulcre, 201 — au Thabor, 133 — à Tibériade, 136.
Frères des écoles chrétiennes à Alexandrie, 47 — à Caïffa, 102 — au Caire, 72 — à Jaffa, 280 — à Jérusalem, 214.

G

Galgala.	256
Garizim.	157
Gelboé (monts de).	150
Gethsémani.	182
Grotte.	183
Jardin.	182
Lieu de la trahison de Judas.	184
Rocher des apôtres.	183
Giseh.	88
Aquarium.	90
Jardins.	89
Musée.	89
Gozzo.	37
Grotte de Jérémie.	235
Grotte du Repentir de saint Pierre.	187

H

Haceldama.	245
Hattine (cornes d').	143
— (plaine d').	143
Héliopolis.	77
Hermon (Grand).	133
— (Petit).	148
Hôpital Saint-Louis.	247
Hortus conclusus.	270

I

Ida (mont).	37
Iperti (commandant).	26
Ismaïlia.	96

J

Jaffa.	280
Douane.	281
Franciscains.	280
Frères.	280
Hôpital.	280
Jardins.	280
Rade.	281
Jaime (abbé).	30
Jardin fermé.	270
Jardins du roi.	243
Jean de la Croix (frère).	23
Jéba.	153
Jéricho.	254
Maison de Zachée.	256
Jérusalem.	166-231
Abyssins.	221
Jérusalem.	
Agriculture.	178
Arc de l'*Ecce homo*.	191
Arméniens.	221
Aspect intérieur.	172
Basilique de la Résurrection, voyez :	
Basilique du Saint-Sépulcre.	197
Calvaire.	205
Autel de la plantation de la Croix.	206
Autel du crucifiement.	206
Autel du *Stabat*.	206
Configuration.	195
Historique.	205
Lieu du dépouillement des vêtements.	206
Chambres des Arméniens.	203
— des Grecs.	202
Chapelle copte.	202
— syrienne.	202
Chapelles arméniennes schismatiques :	
de la Division des vêtements.	205
de Sainte-Hélène.	205
Chapelles grecques schismatiques :	
d'Adam.	207
de la Colonne des Impropères.	205
de Saint-Longin.	205
Chapelles latines :	
de l'Apparition à la sainte Vierge.	203
de l'Apparition à Madeleine.	203
de l'Invention de la sainte croix.	205
de Notre-Dame des Sept-Douleurs.	198
Chœur des Grecs.	202
— des Latins.	202
Couvent des Franciscains.	201
Edicule du saint Sépulcre.	200
Chapelle de l'Ange.	200
Saint Tombeau.	200
Entrée solennelle du pèlerinage.	207
Parvis.	198
Pierre de l'Onction.	199
Portail.	198
Prison du Christ.	204

Jérusalem.
- Procession quotidienne. 208
- Sacristie latine. 204
- Epée de Godefroy de Bouillon. 204
- Tombeau de Joseph d'Arimathie. 202
- Tombeau des rois latins de Jérusalem. 207
- Bazars. 178
- Casa Nova. 213
- Chapelle de la Flagellation. 190
- Chemin de la croix. 192
- Collines à l'intérieur. 168
- Commerce. 177
- Consulat français. 247
- Couvent abyssin. 226
- — de Saint-Sauveur. 211
- — des Arméniennes. 185
- — syrien. 222
- Couvents arméniens schismatiques. 221
- — coptes. 221
- — grecs schismatiques. 220
- Dames de Sion. 219
- Ecuries de Salomon. 231
- Eglise Sainte-Anne. 215
- — Saint-Jacques le Majeur. 221
- Enceintes. 168
- Etablissements protestants. 222
- Faubourg. 169
- Forteresse Antonia. 188
- Franciscains. 211
- Frères des écoles. 214
- Grecs schismatiques. 175
- — unis. 176
- Historique. 170
- Hôpital Sainte-Hélène. 226
- Hospice arménien uni. 217
- — autrichien. 217
- Juifs. 172
- Lieu de la naissance de Marie. 216
- — du couronnement d'épines. 190
- Maison d'Anne et de Caïphe. 185
- — de Jean Marc. 222
- — de sainte Véronique. 194
- — de saint Thomas. 226
- — des derviches. 226
- — de Simon le Pharisien. 226
- — du mauvais riche. 194
- Mosquée d'Omar. 228
- — El Aksa. 229

Jérusalem.
- Murailles. 167
- Mur des pleurs. 224
- Musulmans. 173
- Notre-Dame du Spasme. 193
- Patriarcat grec uni. 217
- — latin. 210
- Pères Blancs. 215
- Piscine probatique. 216
- Pont sur le Tyropéon. 188
- Population. 172
- Porte Dorée. 231
- — Judiciaire. 194
- Portes. 167
- Prison du Christ au Sion. 186
- Protestants. 176
- Quartiers. 169
- Sainte-Marie la Grande. 223
- Sœurs de Marie Réparatrice. 248
- Sœurs de Saint-Joseph de l'Apparition. 218
- Sœurs de Saint-Vincent de Paul. 218
- Sœurs du Rosaire. 220
- Sœurs Franciscaines. 220
- Synagogues. 224
- Syriens. 176
- Topographie. 166
- Tour de David. 225
- Trône de Salomon. 231
- Vallées intérieures. 168
- Voie de la Captivité. 179
- Voie douloureuse. 192
- Jesraël. 150
- Jésuites, au Caire, 75 — à Matarieh, 75 — à Alexandrie, 49
- Jourdain. 256

K

- Kabatieh. 152
- Kafr-ez-Zaïat. 63
- Kalounieh. 278
- Khan el Ahhmar. 253
- Koppès (Mgr). 24
- Koscos. 120

L

- Laïques du pèlerinage. 25
- Lieu de la multiplication des pains. 145
- — de l'Ascension. 238

Lieu du martyre d'Isaïe.	211
Liévin (Frère).	109
Lipari (îles).	35
Loubieh.	143
Louis de Montfort (R. P.).	23

M

Magdala.	139
Mal de mer.	27
Maloul.	120
Marie-Jules (R. P.).	23
Marroc (lieutenant).	26
Marseille.	15
Départ.	19
Notre-Dame de la Garde.	16
Retour.	284
Matarieh.	75
Arbre de la Vierge.	76
Jésuites.	75
Parc d'autruches.	78
Source de la Vierge.	76
Menzaleh (lac).	97
Mer Adriatique.	37
— Ionienne.	37
— Méditerranée.	32
— Morte.	258
— Tyrrhénienne.	35
Messine.	36
Mission soudanaise.	90
Mois de Marie.	151
Monnaies égyptiennes.	94
Mont de la Quarantaine.	260
— des Béatitudes.	143
— des Oliviers.	236
— du Mauvais Conseil.	167
— du Scandale.	167
Monte Cristo.	32
Moukres.	109

N

Nahr-el-Kelt.	254
Naïm.	148
Naplouse.	155
Bazars.	158
Église latine.	156
Pentateuque.	157
Nazareth.	122
Atelier de saint Joseph.	126
Église de l'Annonciation.	124
— des Grecs unis.	128
— maronite.	127

Entrée solennelle.	122
Fontaine de la Vierge.	127
Franciscains.	128
Grotte de l'Annonciation.	125
Mensa Christi.	127
Notre-Dame de l'Effroi.	129
Précipice d'où les Nazaréens voulurent jeter Notre-Seigneur.	147
Synagogue (ancienne).	128
Nil.	82
Notre-Dame de France.	216

P

Pèlerins étrangers.	25
Pères des missions africaines.	61, 95
Pianozza.	32
Piellat (le comte de).	101
Piscine supérieure.	271
Poitou (le).	20
Bénédiction du navire.	18
Chapelle.	31
Conférences.	36
Confirmation.	283
Couchettes.	31
Équipage.	26
Exercices religieux.	33
Première communion.	283
Procession.	283
Séances récréatives.	33
Pont du Cédron.	134
Port-Saïd.	98
Prêtres du pèlerinage.	24
Privilèges accordés aux pèlerins.	17
Puits de Jacob.	159
Pyramides.	82
Ascension.	84
Chambres intérieures.	86

R

Ramalah.	162
Ramleh.	279
Razouls (capitaine).	26
Reggio.	36
Repas sur le *Poitou*, 27 — en caravane, le matin, 106 — à midi, 120 — le soir, 105.	
Roudah (île de).	82
Route d'Alexandrie au Caire.	63
— de Caïffa à Nazareth.	118
— de Caïffa au Carmel.	102

EN ÉGYPTE ET EN PALESTINE. 21

Route de Djennine à Naplouse. 152
— de Jérusalem à Aïn Karem. 271
— de Jérusalem à Bethléem. 270
— — à Jaffa. 278
— — à Jéricho. 251
— de Naplouse à Sendjil. 158
— de Nazareth à Djennine. 147
— — au Thabor. 131
— de Sendjil à Jérusalem. 161
— de Tibériade à Nazareth. 142
— du Caire à Ismaïlia. 95
— du Thabor à Tibériade. 131

S

Saint-Étienne. 232
Saint-Jean *in Montana*. 272
  Église. 274
  Franciscains. 273
  Grotte de la Nativité de saint Jean-Baptiste. 274
  Sanctuaire de la Visitation. 273
Saint-Jean du Désert. 275
Saint-Sabbas. 261
Samarie. 154
Sanour. 153
Saron (plaine de). 280
Scopus (mont). 163
Sébastieh. 154
  Église Saint-Jean-Baptiste. 155
  Ruines. 154
  Tombeau d'Abdias. 155
  — d'Élisée. 155
  — de S. Jean-Baptiste. 155
Sendjil. 161
Siloé. 242
  Étang. 244
  Fontaine. 243
  Piscine. 243
  Village. 242
Simoniade. 120
Sœur Joséphine. 129
Sœurs Saint-Joseph de l'Apparition. 124
Sœurs Saint-Vincent de Paul, à Alexandrie, 54 — à Jérusalem. 218
Source des Voleurs. 161
Sphinx. 85
Steinmetz (docteur). 26
Stromboli. 35
Suez (canal de). 97
Sunam. 149

T

Tantah. 63
Tell-el-Barout. 63
Tell-Houm. 139
Temple du Sphinx. 85
Terre de Gessen. 96
Thabor (mont). 131
  Franciscains. 133
  Historique. 132
  Panorama. 133
  Ruines. 132
Tibériade. 135
  Bains chauds. 136
  Église grecque unie. 142
  — latine. 136
  Franciscains. 136
  Historique. 137
  Lac. 138
  Panorama. 135
Tombeau d'Abraham. 269
  — d'Absalon. 241
  — de Josaphat. 241
  — de Joseph. 159
  — de la sainte Vierge. 236
  — de Rachel. 270
  — de saint Jacques le Mineur. 241
  — des rois. 234
  — de Zacharie. 242
Tour des Russes. 239

V

Vallée de Géhenne, voyez :
  — de Hennom. 245
  — de Josaphat. 242
  — de Raphaïm. 271
  — de Térébinthe. 278
Vasques de Salomon. 270
Vieux Caire. 66
  Maison de la Sainte Famille. 67
  Messe. 68
  Mosquée d'Amrou. 70

Y

Yafa. 121

Z

Zagazi. 95
Zebd. 120

TABLE GÉNÉRALE DES MATIÈRES

CHAPITRE PREMIER. — LE DÉPART. — Le 9 avril 1891. — Un Français mal élevé. — Marseille. — Notre-Dame de la Garde. — Deux avis importants — Dieu le veut ! — Arrivée au *Poitou*. — Bénédiction du navire. — Un cri déchirant. — On lève l'ancre. 13

CHAPITRE II. — EN MER. — La parure du *Poitou*. — Les cinq étages. — La direction du pèlerinage. — Nos présidents d'honneur. — Nos prêtres. — Nos laïques. — Nos dames. — L'équipage. — Un repas troublé. — Le mal de mer. — Dernier coup d'œil sur la France. — La chapelle du *Poitou*. — Une prophétie. — Utilité de la gymnastique dans les maisons d'éducation. — La mer Tyrrhénienne. — La piété en pèlerinage. — Le roulis. — Les « Pompiers d'Alexandrie. » — Un dimanche en mer. — Le point. — Un chœur de chant. — Un volcan. — Charybde et Scylla. — Une illumination. — Un peu d'histoire. — La température sur mer. — Candie. — Naufrage de Saint-Paul. — Départ de « Guignol » pour le pèlerinage de 1891. — Un grain. — Messe pontificale en l'honneur de saint Benoît Labre. — Vue d'Alexandrie. — L'entrée au port. — Nos amis d'outre-mer. — Les indigènes. 20

CHAPITRE III. — ALEXANDRIE. — En avant sur la terre d'Égypte. — Le drapeau de la France et le drapeau du Sacré-Cœur. — Place Méhémet-Ali. — Place des consuls. — Une réception solennelle. — Église grecque schismatique. — Église copte. — Colonne de Pompée. — Canal Mahmoudieh. — Jardins du Khédive. — Les Champs-Élysées d'Alexandrie. — Une messe en musique. — Une course au clocher. — Un dessert oriental. — Les louanges de la France en six langues. — Le retour du croisé. — Le collège des Jésuites. — Adm Marroum. — Villa Antoniadis. — Un cocher intelligent. — Alexandrie païenne, chrétienne et moderne. — Les Anglais en Égypte. — Au voleur ! — La cathédrale Sainte-Catherine. — Le catholicisme à Alexandrie. — Vivent les Français ! vivent les Alexandrins ! 41

CHAPITRE IV. — LE CAIRE. — En wagon ! — Un ancien lac. — Un village fellah. — Un enterrement. — Damanhour. — Tantah. — Les hôtels du Caire. — On ne peut avancer. — Un repas nécessaire. — Un bon lit. — Le Caire ancien et actuel. — L'architecture au Caire. — Fostat ou le vieux Caire. — Une chapelle copte. — Maison de la Sainte Famille. — La fête du baptême. — Une entente fraternelle. —

Les coptes. — La mosquée des mille colonnes. — « Un bakchiche » ou la prison. — Mosquée du sultan Mahmoud. — Reposons-nous. — Un exemple d'humilité. — L'épreuve ou la vertu couronnée. — La conférence de Saint-Vincent de Paul 56

Chapitre V. — Matarieh. — Les Pyramides. — L'église paroissiale du Caire. — Un Arabe religieux. — Collège des Jésuites. — L'arbre de Matarieh. — La source. — Un déjeuner chez les Jésuites. — Héliopolis. — Un parc d'autruches. — Le désert. — Les Mameluks. — Une belle mosquée. — Un panorama splendide. — Bir Youssouf. — Les bazars. — Les moucharablehs. — Le consulat français. — Le pont du Nil. — Roudah. — Un cheval qui sait faire. — Les Pyramides. — Une messe en plein air. — « Dieu seul est grand. » — Un Arabe qui sait le français. — Le sphinx. — Un ancien temple. — A dos de chameau. — Une descente périlleuse. — L'intérieur de la grande pyramide. — *Prius est vivere*. — Un dîner sur l'herbe. — Un jardin féerique. — Le musée de Gisch. — La civilisation anglaise. — La mission soudanaise. — L'Esbékieh. — Les ânes du Caire. — Le Ramadan. — Une nuit d'Orient. — Monnaies égyptiennes . . 75

Chapitre VI. — Du Caire au Carmel. — Un buffet oriental. — Une vieille connaissance. — La terre de Gessen. — Ismaïlia. — L'Ibis. — Un remorqueur. — Le canal de Suez. — Terrible soirée. — Port-Saïd. — Le Poitou. — Heureux vaguemestres. — Le blanc et le vermillon. — Le promontoire du Carmel. — La baie de Caïffa. — La Terre Sainte. — Un intrépide franciscain. — Un chevalier. — Baisons la terre. — Caïffa. — Ascension du Carmel. — Un jeune catholique 95

Chapitre VII. — Le Carmel. — Les RR. PP. Carmes. — Un dortoir primitif. — La grande tente. — Un repas succulent. — Les bagages. — Les élèves des Frères de Caïffa. — A la mémoire des braves soldats français. — La chapelle de Saint-Simon Stock. — L'école des prophètes. — Une cueillette d'éponges. — Formation des groupes. — Le guidon jaune. — Morcos. — Antoun. — L'ougeance des moukres. — Tirage au sort. — Choisissez bien votre cheval. — Fontaine d'Elie. — Le Carmel autrefois et aujourd'hui. — L'église du Carmel. — La grotte d'Elie. — Un feu d'artifice. — Une hôtellerie peu européenne. — Un catéchisme. — Change de monnaie. — Costume des pèlerins. — Départ du Carmel. — La plaine d'Esdrelon. — Un cimetière. — El Hartieh. — Un repas froid. — Sacrifice d'Elie. — Pas d'accidents . . 104

Chapitre VIII. — Nazareth. — La ville des fleurs. — Entrée triomphale. — Soyez les bienvenus. — Le camp. — La grotte de l'Annonciation. — Un jeûne forcé. — Les sœurs Saint-Joseph. — L'église de l'Annonciation. — Lorette et Nazareth. — Le temps change. — La fontaine de la Vierge. — *Mensa Christi*. — L'église maronite. — Eglise grecque unie. — Notre-Dame de l'Effroi. — Un bain de pieds forcé. — Sœur Camomille. — Motion ajournée. 122

Chapitre IX. — Le Thabor. — Tibériade. — Les trois groupes. — Aspect du Thabor. — Une ascension pénible. — La messe au Thabor. — La main de Dieu. — Panorama. — L'hôtellerie des Franciscains. — Où est mon cheval? — Une confusion de genre. — Léger accident. — Vue de Tibériade. — Une descente dangereuse. — Procession aux flambeaux. — L'église franciscaine de Tibériade. — Les bains chauds. — Les bains froids. — Histoire de Tibériade. — Un embarquement singulier. — Le lac. — Magdala. — Bethsaïda. — Capharnaüm. — Le vent tourne. — Un plat du pays. — L'église grecque. — La multiplication des pains. — Le mont des Béatitudes. — Loubieh. — Un nouvel instrument de musique. — Champ des épis. — Cana. — Retour à Nazareth. — « Un curé de Naïm, s'il vous plaît. ». . . . 131

CHAPITRE X. — EN SAMARIE. — La séparation définitive. — Le précipice où les Juifs voulurent jeter le Sauveur. — Le Cison. — Débora. — Naïm. — Sunam. — La perfidie d'une fleur. — Jesraël. — Athalie. — « Qu'il fait chaud ! » — Djennine. — L'ouverture du mois de Marie. — Deux familles catholiques. — Une longue étape. — Dothaïn. — Souvenirs de Judith. — Une descente. — Enfin ! Samarie. — Colonnes du temple d'Auguste. — Ruines de Sébastieh. — Église Saint-Jean-Baptiste. — Une belle route. — Reprenons des forces. — Nouvelle procession aux flambeaux. — Naplouse. — Les Samaritains et le Pentateuque — Le lieu des bénédictions et des malédictions. — Le puits de la Samaritaine. — Tombeau de Joseph. — Une chevauchée nocturne. — On se compte. — Triste nouvelle. — La source des voleurs. — Béthel. — El Birch. — Ramalah. — Deux baptêmes. — Un cheval fourbu. — Mont-Scopus. — *Lætatus sum*. — Jérusalem ! — Notre-Dame de France. — Trois étages à monter 147

CHAPITRE XI. — JÉRUSALEM. — TOPOGRAPHIE. — HISTOIRE. — Configuration. — Vallées et montagnes extérieures — Murailles. — Portes. — Enceintes. — Vallées et collines intérieures. — Division par quartiers. — Historique. — Aspect intérieur. — Population. — Les juifs. — Les musulmans. — Départ d'une caravane pour le tombeau de Moïse. — Schismatiques. — Protestants. — Catholiques, grecs et arméniens. — Commerce. — Bazars. — Agriculture 166

CHAPITRE XII. — VOIE DE LA CAPTIVITÉ. — Le 2 avril de l'an 29. — Institution de l'Eucharistie. — Le Cénacle. — La Pentecôte à Jérusalem. — Le cimetière latin. — Jésus sort de la ville avec ses disciples. — Gethsémani. — Le Jardin. — Le rocher des Apôtres. — Les oliviers. — La grotte de l'Agonie. — Lieu de la trahison de Judas. — Jésus est enchaîné et conduit chez Anne. — Pont du Cédron. — Maison d'Anne et de Caïphe. — Prison de Jésus-Christ. — Couvent arménien. — Grotte du repentir de saint Pierre. — Jugement de Jésus. — Désespoir et suicide de Judas. — Jésus est conduit au prétoire. — La forteresse Antonia. — Le lithostrotos. — Jésus chez Hérode. — Église de la flagellation. — Lieu du couronnement d'épines. — Arc de l'*Ecce homo* 179

CHAPITRE XIII. — VOIE DOULOUREUSE. — Chemin de la croix solennel. — Première station. — Escalier saint. — Quatrième station. — Notre-Dame du Spasme. — Maison du mauvais riche. — Chapelle Sainte-Véronique. — Porte Judiciaire. — Huitième station. — Neuvième station. — Les cinq dernières stations. — Basilique du Saint-Sépulcre. — Historique. — Parvis. — Portail. — Droits des différentes confessions sur la basilique. — Pierre de l'Onction. — Saint-Tombeau. — Chœur des Latins. — des Grecs. — Chapelle copte. — Chapelle syrienne. — Tombeau de Joseph d'Arimathie — Chapelle de l'Apparition. — Couvent franciscain. — Sacristie latine. — Épée de Godefroy de Bouillon. — Prison du Christ. — Chapelle de Saint-Longin. — Chapelle de la Division des vêtements. — Chapelle de Sainte-Hélène et de l'Invention de la sainte Croix. — Chapelle de la Colonne. — Calvaire. — Entrée solennelle du pèlerinage dans la Basilique. — Veillée d'honneur. — Procession quotidienne des Franciscains 192

Chapitre XIV. — Intérieur de la ville. — Monuments et établissements divers. — Le Patriarcat latin. — Le couvent de Saint-Sauveur. — L'église paroissiale latine. — Une messe consulaire. — *Casa Nova*. — Les Frères des écoles chrétiennes. — Les Pères Blancs — Eglise Sainte-Anne. — Crypte où est née la sainte Vierge. — Piscine probatique. — Hospice autrichien. — Le patriarcat grec uni. — Les sœurs Saint-Joseph. — Un projet de loi à déposer à la Chambre. — Un passage du *Joseph* de Méhul. — Sœurs Franciscaines. — Sœurs du Rosaire. — Couvents grecs schismatiques. — Couvents abyssins et coptes. — Patriarcat arménien schismatique. — Lieu du martyre de saint Jacques le Majeur. — Maison de Jean Marc. — Etablissements protestants. — Sainte Marie la Grande. — Synagogues juives. — L'aveuglement d'un peuple. — La citadelle turque. — La tour de David. — L'emplacement du palais d'Hérode le Grand. — Emplacement de la maison de Simon le Pharisien. — Maison des derviches. — Le palais de justice. — La prison. — L'hôpital Sainte-Hélène. — La mosquée d'Omar. — Sérieux incident. — La Sakhrah. — Les reliques de Mahomet. — Le Tribunal de David. — Une balance qui aura de l'ouvrage. — La mosquée d'El Aksa. — Les colonnes de l'épreuve. — Le berceau du Christ. — Les écuries de Salomon. — La porte Dorée. — Légende musulmane. — Trône de Salomon. . . . 210

Chapitre XV. — Alentours de Jérusalem. — Monuments et établissements divers. — Les Pères dominicains. — Ruines de l'église d'Eudoxie. — Une nouvelle école critique. — Tombeau des Rois. — Grotte de Jérémie. — Un derviche récalcitrant. — Les lamentations. — L'église de l'Assomption. — Le tombeau de la sainte Vierge. — Le mont des Oliviers. — — *Dominus flevit*. — Le *Pater* en trente-deux langues. — Le lieu de l'Ascension. — Le minaret de la mosquée d'El Tour. — Une église russe. — Un diminutif de la tour Eiffel. — Bethphagé. — La vallée de Josaphat et ses tombeaux. — Le jugement dernier. — Siloé. — Un enfant peu respectueux de l'antiquité. — Bir Ayoub et le feu sacré. — Une visite chez les lépreux. — Vallée de Géhenne. — Champ d'Haceldama. — Un endroit peu odorant. — Notre-Dame de France. — Une fête de famille. — L'hôpital Saint-Louis. — M. Ledoulx. — Etablissements russes. — École Saint-Pierre. 232

Chapitre XVI. — Le Jourdain et ses environs. — Les deux caravanes. — Une selle qui tourne. — Le figuier maudit — Béthanie — Le tombeau de Lazare. — La Pierre du Colloque. — Un jeune Bédouin. — La vie au grand air. — Khan el Ahhmar. — Un couvent au fond d'un gouffre. — Jéricho. — L'hospice russe. — La maison de Zachée. — Galgala. — Le Jourdain. — La messe sur les bords du fleuve. — Un bain agréable. — La mer Morte. — Un trop long sommeil. — Une grappe de raisins. — La fontaine d'Elisée. — Le mont de la Quarantaine. — Les monts de Juda. — Les gorges du Cédron. — Saint Sabbas. — Retour à Jérusalem. — Un cheval qui comprend la situation. — Un nègre sans vergogne 250

Chapitre XVII. — Bethléem. — Saint Jean « in Montana. » — En volture. — Les Franciscains de Bethléem. — Un problème difficile. — La messe de minuit, le 6 mai 1891. — De méchants insectes. — L'église Sainte-Catherine. — La grotte de Bethléem. — La perversité grecque. — Une statue vivante. — La crèche. — Chapelle des Saints-Innocents. — Saint Jérôme et sainte Paule — Basilique de la Nativité. — Vandalisme grec. — Une ville catholique en Palestine. — La nacre. — Une idylle juive. — *Gloria in excelsis Deo!* — Une ville fanatique. — Un chêne antique. — Vasques de Salomon. — Jardin fermé. — Tombeau de Rachel — Un couvent grec. — Une vallée célèbre. — Une course à pied. — *Ecce virgo concipiet*. — Une armée détruite. — Une forteresse-séminaire. — Saint-Jean *in Montana*. — Fontaine de Aïn-Karem — *Magnificat*. — Egard. — Le *Salve Regina*. — Les Franciscains. — Un saint. — Une « vache espagnole. » — Une soirée délicieuse. — Le *Benedictus*. — De petites bêtes orgueilleuses. — Le tombeau de sainte Elisabeth. — Saint Jean au désert. — Les sauterelles de saint Jean. — Une grande route. 261

CHAPITRE XVIII. — LE RETOUR. — Départ des bagages. — Jérusalem, adieu! — David et Goliath. — Des pèlerins courageux. — Une voiture qui manque d'à-propos. — El Latroun. — Ramleh. — Saint Nicodème. — Bonaparte. — Les pèlerins d'Emmaüs. — La plaine de Saron. — Les jardins de Jaffa. — Un Lyonnais généreux. — Mauvaise nouvelle — Un pauvre prêtre. — Douaniers difficiles. — Le départ. — Inondations sur le *Poitou*. — Petit oiseau, d'où viens-tu? — Une dépêche par sémaphore. — Une première communion et une confirmation à bord. — La procession de la Fête-Dieu. — Notre-Dame de la Garde — En vue de Marseille. — Au port. — Merci ! — Jérusalem, au revoir! 277

APPENDICES

A. Itinéraire de 1891 285
B. Le *Poitou*, poésie. 289
C. Liste des pèlerins. 290
D. Salut, pèlerins de la France, chant. 297
E. Fleurs de France, chant 298
F. Notre guide, poésie. 300
G. Romance de Nazareth 301
H. Quelques commandements, à l'usage des Samaritains, poésie. 303
I. Les nuits au camp, chansonnette 305
J. Les sanctuaires, indulgences qu'on y gagne, messe qu'on peut y dire 307
K. Vision, poésie. 309
L. La ruche, poésie. 311
M. Les adieux à Jérusalem, chant 313
N. A notre petit frère, poésie. 315
Table analytique des matières 317
Table générale des matières 323

BESANÇON. — IMPR. ET STÉRÉOTYP. PAUL JACQUIN.

LIBRAIRIE DELHOMME & BRIGUET

PARIS, 13, rue de l'Abbaye. — LYON, 3, avenue de l'Archevêché

TRIPLE MOIS DE MARIE

PRATIQUE DE L'AMOUR ACTUEL ENVERS LA MÈRE DE DIEU ou Exercices pour aimer sans interruption la très sainte Vierge, avec méditations sur les grandeurs, beautés, vertus, actions et vie de la Mère de Dieu, par le P. Jacques TEYSSIER, des Frères prêcheurs. Nouvelle édition. 1 volume in-18. Prix . . . . . **2 fr. »**

Le R. P. Teyssier, dominicain de l'étroite observance, ardent zélateur du culte de Marie, établit, à la fin du XVIIe siècle, une pieuse association qu'il appela : *L'exercice de l'amour actuel de la Mère de Dieu*, exercice qui ne revêt aucun caractère de confrérie, de congrégation, mais consiste dans une mutuelle communication de prières, d'actes de charité, d'œuvres satisfactoires. Il en dressa le règlement, qui peut facilement être observé dans le monde comme dans le cloître, et pour permettre aux associés de s'acquitter avec le plus de fruits des devoirs de cette union, il écrivit quatre-vingt-quatre méditations sur les vertus, les beautés, les excellences de la Mère de Dieu considérée dans sa prédestination, sa naissance et son enfance bénies. L'ouvrage était presque introuvable. Nous félicitons les éditeurs de l'avoir fait revivre au grand profit des âmes si nombreuses qui, en ce siècle de Marie, aspirent à son règne complet dans les cœurs. (*Bibliographie catholique.*)

Exercice de l'amour actuel envers la Mère de Dieu, suprême effort de la vie d'union à Marie. (*Extrait de l'ouvrage précédent.*) Brochure in-18. Prix. . . . . **0 fr. 20**

RECUEIL DE DÉVOTIONS ET DE PRIÈRES en l'honneur de la très sainte Vierge, par le R. P. V. RAYMOND. — 1 vol. in-18. Prix . . . . **2 fr. »**

Les fidèles trouveront dans ce recueil tous les renseignements que l'on peut désirer sur le Rosaire, les Scapulaires, la milice angélique, etc., une intéressante notice sur Notre-Dame de Fourvière, et toutes les indications et prières nécessaires pour le pèlerinage lyonnais.

COURONNE DES QUINZE SAMEDIS (Mois de Marie et du Rosaire), par l'abbé THÉRIC, de Mâcon. 3e édition. 1 vol. in-32. Prix . . . . **1 fr. 50**

LE MANUEL DES CONFRÈRES DU SAINT-ROSAIRE, par le R. P. Anthelme CATHERIN, des Frères Prêcheurs. Brochure in-18 avec 16 gravures, élégamment imprimée . . . . **0 fr. 25**

LES CONGRÉGATIONS DE LA SAINTE VIERGE.
Souvenir du troisième centenaire de l'érection canonique de la congrégation *Prima Primaria*. 1 vol. in-18. Prix.   **0 fr. 60**

Il est difficile de raconter avec plus de clarté et en moins de pages l'origine, les développements et les épreuves de ces Congrégations; les fruits merveilleux qu'elles ont procurés dans le passé, dans le présent, et ceux que l'avenir leur réserve.   (Mgr L'ÉVÊQUE DE MARSEILLE.)

DIRECTOIRE DES CONGRÉGATIONS DANS LES COLLÈGES, conseils pratiques, par le R. P. Ch. FRANCHET, de la Compagnie de Jésus. 1 vol. in-12 . . . .   **1 fr. 50**

Dans le cours de ces pages, on trouvera, avec quelques conseils généraux, bon nombre de pratiques en usage dans les différentes congrégations.

PETIT MANUEL DE LA CONGRÉGATION DE LA SAINTE VIERGE. 5e édition. 1 vol. in-18. Prix, broché, 0 fr. 75; rel. toile. . . . .   **1 fr. 25**

Ce petit ouvrage est divisé en quatre parties. La première contient le règlement proprement dit. La seconde partie se compose de prières pour les réunions et le cérémonial des réceptions, le petit office de l'Immaculée Conception. La troisième partie renferme les Indulgences accordées aux congrégations, lorsqu'elles sont affiliées à la Congrégation mère de Rome. Dans la quatrième partie, les congréganistes trouveront des règles de conduite appropriées à leurs besoins particuliers et à leur situation dans le monde.

NOTRE-DAME DE LA SALETTE, son apparition et son culte. Avec une neuvaine en son honneur, par l'abbé J. BERTHIER, missionnaire de la Salette. Nouvelle édition revue et augmentée. 1 vol. in-18. Prix . . . .   **1 fr. »**

C'est un récit bien fait, succinct, mais exact, de l'apparition de la très sainte Vierge, du retentissement qu'elle a eu dans le monde entier, des contradictions qu'elle a subies, des dévouements qu'elle a suscités et enfin des progrès du culte de Notre-Dame de la Salette.

LE TIERS ORDRE DES SERVITEURS DE MARIE institué au XIIIe siècle, par les sept saints fondateurs de l'ordre des servites de Marie. Approuvé par la sainte Église et enrichi d'indulgences et de privilèges par S. S. Léon XIII. Traduit de l'italien, par le R. P. M. S. LEDOUX, O. S. M. In-18 raisin. Prix. . . . .   **1 fr. »**

LA PLUS AFFLIGÉE DES MÈRES ou Manuel de dévotion aux douleurs de Marie, contenant plus de cinq cents méditations ou considérations, d'après les saints docteurs et les écrivains ascétiques, avec un grand nombre d'exercices de piété et de prières, par le R. P. M. Sosthène LEDOUX, de l'ordre des Servites de Marie. 1 fort vol. in-18 raisin. Prix   3 fr. 50

Il y a dans ce livre une foule de choses très chrétiennes, très élevées et très bien dites. La forme, sans prétention, est accessible à toutes les intelligences. On a écrit des ouvrages très philosophiques et très profonds sur la douleur : ils ne font pas le bien de celui-ci. Il possède, en effet, éminemment le don de rendre la souffrance acceptable et même désirable en la montrant, avec toutes ses rigueurs, dans la plus douce, la plus sainte, la plus sublime des créatures : la Vierge Marie, Mère de Dieu et Mère des hommes. Il joint à ces mérites le grand avantage d'être un manuel formé d'un grand nombre de méditations, considérations, exercices de piété, prières et même cantiques ; en sorte que ce livre peut être lu et relu chaque jour avec un profit nouveau, sur un sujet où il y a toujours à apprendre et à se perfectionner.
(*Univers*, 3 décembre 1888.)

ÉLÉVATIONS AUX SACRÉS CŒURS DE JÉSUS ET DE MARIE, par l'abbé Jules HERBERT, zélateur des Sacrés Cœurs. 4e édition. 1 beau vol. in-18. Prix .   2 fr. 50

« Ce livre sera d'une excellente direction pour les âmes pieuses. Il les encouragera, ce qui est le principal devoir du directeur ; il faut le publier. » Ainsi parlait à M. l'abbé Herbert le pieux abbé de Solesmes, dom Guéranger. Encouragé par cette parole et par les nombreuses approbations qu'il recevait, l'auteur n'hésita plus à livrer ces pages au public. Le succès a couronné les *Élévations*, et leur 4e édition vient de paraître.

C'est que dans ces pages à la fois simples et élevées, l'auteur adopte une méthode pleine de fruits pour les âmes. Il laisse aller sa plume aux aspirations de son cœur, et s'abandonne sans apprêt aux inspirations de la grâce. Ceci n'empêche pas que, selon la parole du cardinal Saint-Marc, archevêque de Rennes, « son livre ne soit très bien écrit, » mais il est surtout, continue la même autorité, « rempli de cette suave piété qui vient du cœur, et je le garde comme capable d'opérer sur les âmes l'effet le plus salutaire pour les faire avancer dans le pur amour de Notre-Seigneur Jésus-Christ.   (Dom HENRI JAUBERT, O. S. B.)

LE MOIS DU DIVIN ÉPOUX ou trente jours consacrés à l'amour du Sacré Cœur de Jésus, par une pauvre Clarisse du monastère Sainte-Claire de l'Ave Maria de Grenoble. Ouvrage approuvé par plusieurs évêques. — 2e édition. 1 vol. in-18. Prix . . . . 2 fr. 50

MOIS DU SACRÉ CŒUR, composé de trois neuvaines et un triduum, par le R. P. LEFEBVRE, 11e édition. 1 vol. in-18 raisin. Prix . . . . 2 fr. 50

LIBRAIRIE DELHOMME ET BRIGUET.

LE DIVIN AMI DES HOMMES ou le Cœur de Jésus étudié dans l'Evangile, par l'abbé Perrier. 1 vol. in-18. Prix . . . . **1 fr. 50**

NOUVEAU PETIT MOIS DU SACRÉ CŒUR, par l'abbé Perrier. In-18. Prix . . . . **0 fr. 15**

MANUEL DES TROIS DÉVOTIONS au Sacré Cœur de Jésus, à l'Immaculée Conception de la sainte Vierge et à saint Joseph, par le R. P. Maurel. — 1 vol. gr. in-32, approuvé par Mgr l'archevêque de Lyon. Prix . . . . . **1 fr. 25**

MANUEL DU CONGRÉGANISTE DU SACRÉ-CŒUR DE JÉSUS. Recueil de pratiques de piété et de prières, suivies de petits offices du Sacré Cœur de Jésus et de la très sainte Vierge, à l'usage de la congrégation du Sacré-Cœur de Jésus, par M. l'abbé Th. de Beauvoys, chanoine honoraire d'Angers. — Beau vol. gr. in-32 . . . . **1 fr. »**

LA DÉVOTION AU SACRÉ CŒUR ET LES JÉSUITES, par le R. P. de Rochemure. In-16. Prix. **0 fr. 75**

TRAITÉ DE LA COMMUNION FRÉQUENTE, d'après la doctrine et la pratique de l'Eglise catholique, par l'abbé J.-L.-A. Maurel. 1 beau volume in-8. Prix . . . **7 fr. 50**

De nos jours, non seulement la communion quotidienne, mais même la communion fréquente n'est plus pratiquée que par le petit nombre. C'est cet abandon, ou du moins cette diminution d'une pratique si nécessaire qui a amené M. l'abbé Maurel à écrire le grand et important traité que nous signalons aujourd'hui. Tout ce qui a trait à ce grave sujet est exposé de main de maître. La première partie comprend tout ce qui se rapporte aux paroles de Notre-Seigneur et aux interprétations données à ces paroles par les apôtres, les Pères, les conciles, les docteurs.

La seconde partie s'occupe des dispositions nécessaires pour la communion; de l'obligation pour le chrétien de la recevoir fréquemment; des règles données à ce sujet par les maîtres de la vie spirituelle; des objections qu'on oppose à cette pieuse pratique; de la réfutation victorieuse qu'on peut et qu'on doit faire à ces objections comme aussi des moyens que doivent employer les chrétiens pour revenir à la fréquentation habituelle du banquet eucharistique.

On voit donc, sans qu'il soit nécessaire d'insister autrement, l'importance de l'ouvrage de M. l'abbé Maurel. Ajoutons seulement qu'à côté d'une science théologique approfondie, le *Traité de la communion fré-*

quente est comme embaumé par les parfums de la plus douce et à la fois de la plus ardente piété. *(Le Monde.)*

LE MOIS EUCHARISTIQUE, par Mme BOURDON. Manuel pieux des âmes qui pratiquent la fréquente communion. Préparations et actions de grâces pour tous les jours du mois. 3e édition, revue par Mgr OZANAM. 1 joli vol. in-18 glacé. Prix . . . . **1 fr. 50**

L'auteur, en composant cet ouvrage si goûté des personnes pieuses, a eu pour but la méditation de la vie de Notre-Seigneur, divisée en quatre principales phases, dont chacune fournit les méditations d'une semaine : 1° *Vie cachée de Jésus.* — 2° *Vie évangélique de Jésus.* — 3° *Vie souffrante de Jésus.* — 4° *Vie glorieuse de Jésus.*

Ces méditations sont disposées aussi chaque jour en PRÉPARATIONS et ACTIONS DE GRÂCES pour les âmes pieuses qui ont le bonheur de faire la sainte communion tous les jours. Celles qui communient plus rarement y trouveront donc amplement tout ce qu'il est nécessaire pour se bien disposer à recevoir ce divin sacrement. — Des instructions et des exercices très pratiques sur les sacrements de pénitence et d'eucharistie ont été ajoutés à cette nouvelle édition, qui contient aussi les messes spéciales de communion et d'actions de grâces, prières, litanies, etc.

JÉSUS N'EST PAS AIMÉ ! Gémissements d'une religieuse adoratrice du saint Sacrement, traduit de l'italien par M. le curé de CORPEAU. 4e édition, in-32. Prix. . . . **0 fr. 50**

OUVRAGES PAR L'AUTEUR DE *ALLONS AU CIEL*

ALLONS AU CIEL, manuel de l'âme pieuse. Ouvrage approuvé par S. Em. le cardinal Pie, par l'archevêque de Perga et par un grand nombre d'évêques. 6e édition

Un beau vol in-16 de 640 pages, couverture illustrée. Prix, broché . . . . **4 fr. 50**

Relié *imitation de maroquin poli*, tranches rouges ou dorées . . . . **6 fr. »**

Même volume orné d'un cadre rouge à chaque page, relié chagrin 1er choix. Prix . . . . **12 fr. »**

Ce beau et excellent livre a, en peu d'années, conquis son rang parmi les meilleurs ouvrages de piété. Il en devait être ainsi d'une œuvre qui répond si parfaitement à tous les besoins, à tous les états de l'âme, et qui, dans un ensemble de saints exercices, facilite au chrétien le chemin du ciel. En effet, en suivant l'auteur dans son pèlerinage mystique, les âmes que la tristesse et les épreuves accablent retrouveront des forces et des consolations; celles que la sécheresse désole sentiront renaître la confiance ; toutes enfin, quel que soit leur état, leur situation, finiront par répéter ce cri de l'espérance et de l'amour : *Allons au ciel !*

Solidité dans la doctrine, élévation dans les pensées, éloquence dans l'expression des sentiments les plus tendres et les plus affectueux, connaissance des besoins du cœur humain, style élégant et entraînant, en un mot tout ce qui peut convaincre et charmer se trouve réuni dans cet excellent livre. De nombreuses citations, toujours faites à propos, surprennent et ravissent le lecteur ; on voit que la langue des saints et la parole de Dieu sont familières à l'auteur et qu'il a puisé là, ainsi que dans la piété de son cœur, les précieux trésors que renferme son ouvrage. *(Univers.)*

Cette nouvelle et définitive édition a été revue avec le plus grand soin et publiée dans un format élégant et portatif.

ALLONS AU CIEL, abrégé du manuel de l'Ame pieuse.

In-18 de 500 pages. Prix, broché. . . . . . . **2 fr. 50**
Relié en chagrin 1ᵉʳ choix. Prix . . . . **6 fr. 50**

L'auteur de *Allons au ciel* a été très heureusement inspiré en faisant paraître un abrégé de cet excellent ouvrage, et en mettant ainsi à la portée de toutes les personnes avides des choses du ciel les trésors de piété, de doctrine, de sainte charité qu'il renferme. D'un format moins considérable et d'un prix très modeste, cette édition réduite aura sans nul doute une rapide diffusion et deviendra le manuel préféré des âmes pieuses. Ce livre est divisé en sept parties et peut, comme l'ouvrage complet, donner satisfaction à tous les besoins de la piété. *(Univers.)*

UN ÉCHO DES JOIES DU CIEL, ou l'Ame au pied des autels. Ouvrage approuvé par NN. SS. les évêques de Saint-Brieuc, Coutances, Versailles, Anthédon, etc.

1 vol. in-18, édition de luxe. Prix, broché . . . . . . **2 fr. 50**
Même édition, avec filet rouge, rel. chag. 1ᵉʳ choix. . . . **8 »**
— — rel. maroq. du Levant poli . . . **14 »**
Édition ordinaire, 1 vol. gr. in-32. Prix, broché . . . . **1 fr. 50**
— — — rel. toile, tr. jaspe . . . . **2 fr. 25**
— — — tr. dorée ou rouge . . . . **2 fr. 65**

Voici encore un livre exquis et plein de sève chrétienne. L'auteur est connu par bon nombre d'ouvrages auxquels les plus hautes et les plus élogieuses approbations ont été prodiguées à bon droit. *Un Echo des joies du ciel* est digne de ses aînés. On y trouve les mêmes épanchements d'une âme qui ne cherche qu'en Dieu sa consolation, son repos, son charme et son attrait. On y trouve aussi la même moelle théologique, saine, savoureuse et nourrissante. Ces pages, sur lesquelles il semble qu'on respire parfois le parfum des larmes consolées, sont surtout embaumées de la présence et de la bonté de Jésus-Hostie. Ce charmant volume se divise en quatre parties : 1° *Titres de Jésus dans l'Eucharistie*; 2° *Grandeurs et beautés de l'Eucharistie*; 3° *L'âme seule à seule avec son Dieu*; 4° *Pieuses aspirations de l'âme*.

(*Revue catholique de Coutances*. — Abbé M.)

Voici ce que dit Monseigneur de Versailles au sujet de ce beau livre : « Ce nouvel ouvrage est digne de ses aînés. On y trouve la même vivacité de foi, la même connaissance et le même emploi judicieux de la sainte Écriture, la même élévation de sentiments, le même charme de style. Vous y décrivez fidèlement les joies ineffables que procure l'usage fréquent de la sainte Eucharistie, et profitant de l'ardeur que cet avant-goût du ciel doit inspirer à une âme fidèle, vous l'entraînez à dire avec le pieux auteur de l'*Imitation* : « Mon Dieu et mon tout.... » Vous aviez écrit *Allons au ciel*, alors vous indiquiez la route, maintenant vous y faites entrer. »

LA DOULEUR CONSOLÉE. 1 vol. in-18. Prix. 2 fr. »

Dans une suite de prières, d'élévations et d'entretiens empreints d'une douce et pieuse onction, l'auteur démontre le bienfait de la souffrance, l'œuvre sanctifiante de la douleur ; de plus il donne à l'âme affligée le secret d'épancher sa peine dans le cœur de Jésus, de parler de ses angoisses à celui qui sait y compatir, de jeter vers lui le cri puissant d'une soumission chrétienne, d'un filial abandon, d'une foi héroïque, d'une espérance invincible et d'un amour généreux.

Il n'est point d'épreuve, point de peine, quelle qu'elle soit, qui ne trouve un adoucissement dans la *Douleur consolée*. Tel est le sentiment exprimé par Mgr l'évêque de Coutances au sujet de ce livre. « D'une » part, écrit-il, je sais votre foi, votre piété et la connaissance que vous » avez de nos saints livres. De l'autre, je sais également la parfaite ex-» périence que vous avez de la douleur. Quand on a bu, comme vous » l'avez fait, au calice du divin Maître, quand on en dévore, comme » vous, l'amertume, on est à même d'indiquer le mal et de signaler » efficacement le remède. Puissent tous ceux qui pleurent prier avec » vous ! Puissent-ils vous entendre tous ! et ils seront certainement » consolés. »   (*Univers*, 16 décembre.)

FLEURS DE PIÉTÉ pour tous les jours du mois. 1 beau volume in-32. Prix. . . . . 1 fr. 50

Lettre de Mgr Gay

« Vous continuez à faire valoir les talents que vous a confiés le Père de la famille chrétienne ; je ne saurais trop vous en féliciter. On retrouve dans vos *Fleurs de piété* les mêmes qualités que dans vos précédents ouvrages : exactitude dans la doctrine, vif sentiment de la bonté de Dieu, piété ardente, onction, tout ce qui peut enfin donner aux âmes méditatives le goût des choses divines et entretenir en elles la ferme volonté de suivre Jésus-Christ, d'imiter ses exemples et de servir Dieu avec une fidélité pleine d'amour, ce qui mérite sûrement de lui plaire en ce monde et de le posséder dans l'autre.

» Je suis heureux de vous rendre publiquement ce témoignage et vous prie d'agréer l'hommage de mes sentiments respectueux et dévoués en N.-S. J.-C.

» † CHARLES, évêque d'Anthédon, ancien auxiliaire du cardinal Pie, évêque de Poitiers. »

Joies et douleurs de l'âme exilée, ou paraphrase, sous forme de prières, des psaumes les plus usités. 1 vol. in-18 . . 3 fr. »

Marie, notre gloire et notre espérance, ou paraphrase des litanies de la sainte Vierge. 1 vol in-12. . . 3 fr. 50

Une Fleur à la reine des cieux, pour tous les jours du mois de Marie. In-32 . . . . 1 fr. »

LIBRAIRIE DELHOMME ET BRIGUET.

Marie, reine de l'univers, in-32, 0 fr. 40; *franco* . 0 fr. 50
Ouvrons le ciel à ceux que nous pleurons, in-32 . 0 fr. 60

Prière au cœur de Jésus pénitent pour nous.
Prière à N.-D. du Sacré-Cœur.
Prière à sainte Marguerite de Cortone.
Prière à saint Joseph.
Prière pour les âmes du purgatoire.
Prière à l'ange gardien.
Hymne au saint Sacrement.
Hymne à Marie Immaculée.

Chacune de ces prières forme 4 pages in-32. Prix, 0 fr. 75 le cent; 6 fr. le mille.

LES PLUS BELLES PRIÈRES QUI SE CHANTENT A L'ÉGLISE, expliquées par M. l'abbé A. RICHARD. 1 beau vol. in-18 de plus de 630 pages. Prix, broché, 2 fr. 50; rel. toile . . . . 3 fr. 25

« Nous avons confié, dit Mgr Isoard, évêque d'Annecy, à l'un de nos vicaires généraux l'examen de cet ouvrage, et le rapport qu'il nous a adressé, à la suite de cet examen, nous porte à donner avec beaucoup de satisfaction notre approbation au travail de M. l'abbé Richard. Il se proposait, en l'entreprenant, de donner à tous les fidèles l'intelligence des prières de la liturgie, des principaux rites sacrés. Il souhaitait que les chrétiens ne fussent pas seulement des auditeurs ou des spectateurs, lorsqu'ils assistent aux divins offices, mais qu'ils s'associent par la pensée, par le cœur, aux prières et aux cérémonies de l'Église.

» Nous pensons que Dieu a béni ces pieux désirs de l'auteur. Nous aimons à signaler ce bon livre à l'attention de MM. les curés; nous le recommandons à tous les chrétiens éclairés, aux directeurs et directrices de maisons d'éducation ; il sera pour tous un précieux auxiliaire. »

Mgr Mermillod, évêque de Lausanne et de Genève, félicite l'auteur « d'avoir cherché à faire apprécier et aimer des fidèles les saints offices de l'Eglise. » Il ajoute, entre autres choses bienveillantes :

« Vous avez cherché vos explications dans les livres saints, dans les écrits des docteurs et dans les pensées des saints. Je ne m'étonne pas que vos commentaires soient simples, clairs et onctueux; ils sont à la portée des fidèles, sans jamais abaisser la dignité de la liturgie.

» Il m'est doux de vous encourager dans votre travail, et j'espère que le succès de votre livre vous engagera à publier plus tard une *Explication des principales Cérémonies de la sainte Eglise.* »

Un ecclésiastique très instruit et très pieux écrivait à l'auteur, après avoir lu des fragments (des *épreuves*) de ce livre : « D'après la connaissance partielle que je viens d'en prendre, elles (*les plus belles prières*) seront un véritable traité de dogme, de morale, d'ascétisme et de philosophie chrétienne. Les âmes pieuses du monde et du cloître en feront leurs délices, et vous leur aurez procuré le plus grand bien, etc. »

BESANÇON. — IMP. ET STÉRÉOT. DE PAUL JACQUIN.

www.ingramcontent.com/pod-product-compliance
Lightning Source LLC
Chambersburg PA
CBHW060627170426
43199CB00012B/1468